未讀 | 探索家

未读之书，未经之旅

THE SCIENCE OF

STAR WARS

《星球大战》
里的科学

［美］珍妮·卡维洛斯（Jeanne Cavelos）◎著

周思颖　曹烨　吴奕俊◎译

北京联合出版公司
Beijing United Publishing Co.,Ltd.

目录

引言

1. 行星环境

2. 外星人

3. 机器人

4. 飞船与武器

5. 原力

后记

引 言

很久很久以前，在一个遥远的银河系……

1977 年 5 月的一天，还是初中生的我走进了锡拉丘兹[1]的一家电影院。当我走出来的时候，一切都大不一样了。开场镜头中歼星舰越飞越远，直到消失在屏幕中的场景让我心跳加速。我从来没有见到这样一个离奇、逼真、令人惊叹不已的宇宙。我真想住在那"遥远的银河系"里。不过在两个小时的电影时间里，我确实有身临其境的感觉。

当时，我已经被星际旅行这个想法吸引了，而《星球大战》更是为我在星际探险和外星生命方面的兴趣添了一把火。虽然在上大学修读天体物理学的时候，我被一遍一遍地灌输了科学真理，这些真理让《星球大战》变得不实际——我们不可能比光速更快； 各种因素难以置信的组合使得地球上产生了生命，然而其他的行星上存在这些因素并诞生外星生命的可能性微乎其微； 即使有一天我们能制造出先进精密的机器人，他们的行为依旧不能像人类一样——虽然他们会有逻辑，但绝不会有人类的情感。原力？更纯属幻想。

偶尔也有一些反对的声音，但大多数科学家认为乔治·卢卡斯的宇宙和他们所知道的宇宙是大相径庭的。

说句公道话，我不认为乔治·卢卡斯在创作《星球大战》的时候，特别考虑到了科学问题。电影的开场白听起来更像是神话故事的开头，而不像是科幻故事的开篇。从许多方面来说，《星球大战》感觉像是幻想，而里面的原力拥

1　美国纽约州中部城市。

有神秘的力量，被称为绝地武士的伟大巫师施展着这种原力，正义与邪恶的强大力量一次一次在史诗般的斗争中出现。在创作《星球大战》这个科幻、奇幻、神话各占三分之一的电影时，乔治·卢卡斯并没有追求创造出一个和我们当前对科学的理解一致的未来宇宙。如果他这样做了，这将会成为一部情节推动缓慢的电影。相反，他追求将许多不同来源的元素结合起来，将它们转变成崭新的东西。他成功了。

但《星球大战》还是包括了宇宙飞船、外星人、奇特的星球和高科技武器——这些都是科幻小说的元素。这些"科学"元素让幻想看起来更可靠。但这个"遥远的银河系"究竟有多大可能性是真实存在的呢？

在《新希望》刚推出的时候，答案是"完全不可能"。但是在《星球大战》系列电影推出之后，一些奇怪的事情发生了。科学开始追赶乔治·卢卡斯的想象。

物理学家得出了理论上可行的星际旅行的方法。最近的研究显示地外行星和外星生命比我们之前所认为的更加普遍。许多机器人科学家现在认为情感可能是制造智能机器人的关键部分。那么原力呢？一些科学家已经有了实现原力的理论学说。

我们已经意识到宇宙是一个远远超越我们认识的陌生的地方，充满了惊喜和永远新鲜的秘密。比如今天不可能的事情，明天你就能说明该怎样做到它。所以虽然乔治·卢卡斯可能不是有意创造出一个从科学的角度来说准确的宇宙，但科学可能正在把他的想象变成现实。

这并不是说《星球大战》没有时不时地在科学上栽大跟头。汉·索洛吹嘘说自己在不到12秒差距内跑完了科舍尔航程，这是《星球大战》电影里最糟糕的科学错误。因为秒差距是距离单位，所以汉实际上在吹嘘自己在12英里（约19.3千米）内到达了科舍尔。如果从这里到科舍尔是12英里，也没有什么大不了的。

但是本书的主题不是对《星球大战》吹毛求疵，而是从科学的角度探索我们深爱的《星球大战》。我们从最新的研究和理论中了解到了可以怎样实现超空间跳跃、怎样用光剑决斗、怎样与像加·加·宾克斯这样的外星人见面、怎样让 R2 执行秘密任务，或者用原力抬起一样东西。科学上那些不可思议的发明和发现可以给我们带来一些独特的见解，检验电影中出现的可能性将我们带到了科学那些引人入胜的前沿地带。在这里，我们的现实观念被打破了，在这里，还有未被解释的秘密，在这里，我们与根本的存在意义产生了矛盾。

你不需要特别的科学背景知识就可以理解这本书。每一个主题都建立在前一个主题之上，如果你按顺序阅读这本书，将会从书中获得最大的享受。本书中所有的度量衡都以美国通用单位给出，长度用英尺或者英里，温度用华氏温标，除非另有说明[1]。

本书涉及四部《星球大战》电影：《新希望》（原来名字是《星球大战》[2]）、《帝国反击战》、《绝地归来》和《幽灵的威胁》。应该清楚的是，我是在《幽灵的威胁》上映[3]之前写这本书的。我从各种资源搜集关于电影的信息，但我没有看这部电影。偶尔书中也包括了《星球大战》书籍和漫画的信息——当它们对问题的解答有帮助的时候。如果你最近没有看这些电影，你在看这本书的时候可能想再看一次（好像你需要理由再看一次）。

这本书也包括了一些所谈论领域中前沿科学家的观点、意见和反应。在和他们中许多人谈话的时候，我发现他们不仅是真心喜爱《星球大战》，而且他们相信总有一天，我们在电影中看到的包含有各种元素的未来可能会实现。

乔治·卢卡斯在 1977 年第一次将《星球大战》搬上银幕的时候，他是一位梦想家。在看完《星球大战》以后，我像许多粉丝一样，想要活在他的梦想里，活在那"遥远的银河系"里。科学发现也许有一天会使梦想成真。

---

1 中文版将有必要换算的度量衡单位均加注了换算。

2 《新希望》这一标题是在 1977 年电影正式上映之后添加的。

3 即 1999 年。

行星环境

长官，这颗小行星很可能不是十分稳定。

——C-3PO，《帝国反击战》

　　黑暗的宇宙中，有一个如沧海一粟般苍白的点，在浩瀚的星际中，如此暗淡无光，如此微不足道。但对我们来说，它是无边无际的真空宇宙中一个安全的避难所。只有在这里，在这个脆弱的小石头上，或者其他类似的星球上，生命才能得以生生不息。几十亿年前，在离太阳恰到好处的位置上，正确的元素按照适当的比例结合在一起，于是它便成形了，还带来了充满活力的生命。火山吐出了大气，雨恩泽了大地，于是这个小石头进化了。

　　随着它的进一步发展，小石头披上了色彩，面目越来越清晰。重要的特征也展现了出来：岩石、水、冰、云。大气保护着它，滋养着它，将它包裹起来，更多的细节特点逐渐成形。在它的表面，行星的特征变得清晰起来：地貌的形态和色彩，散射入大气层的来自恒星的特殊光线，空气的成分和气味，重力的牵引，脚下大地的质地，奇特的生命形式……这是星球发展的另一种表现形式。

　　我们已经拜访了许多这样具备生命发展条件的星球。每处的景色都深深地印在了脑海里。沙土平原，偶见几块粗糙、嶙峋的石头；被冰雪覆盖的荒原一望无际；雾气缭绕的沼泽，四处响起生命的声音；古老的森林，树木参天；一个行星大小的城市，一层叠加在一层之上。有些地方看起来很神秘，有些地方感觉和地球别无二致。行星和卫星在眼前闪过，我们甚至穿越了一个小星系群。每一颗都有自己的特色：阿纳金·天行者和卢克·天行者的家乡塔图因星球是一个双星系统的一部分；纳布星球有奇特的内部结构；伊沃克卫星围绕着恩多这颗庞大的气体星球运行。

在《星球大战》中，各种各样的事件让我们应接不暇，这些事件将我们带到一系列陌生而又迷人的星球。它们呈现出了一幅激动人心的宇宙图景，而这正是我们想要的：宇宙中充满了具有异族风情又热情好客的星球。总的来说，这些星球对人类都很友好——所以人类角色造访过那里。另外，它们有自己土生土长的生命体，种类繁多，让我们大开眼界，欢欣鼓舞。但根据我们现在已知的事实，这样的宇宙观有多真实？我们在《星球大战》中看到的类地星球真的存在吗？真的有这么多类地行星是外星生命体的家园吗？

没有星球，哪来帝国——行星是如何诞生的

要想有《星球大战》中一般的宇宙，首先我们需要的是行星，大量的行星。如果我们的太阳系只是一个意外，而我们恰好绕着宇宙中唯一拥有行星的恒星公转，那么我们将永远不能穿越银河系，到那头接受绝地武士的训练，在另外一个类太阳系建造秘密基地，或者卷入酒吧恶战，与具有智慧的外星生命打架。

宇宙中的行星数目有多么庞大？让我们先看看星球是怎样形成的，以及要形成星球，什么原材料是必需的。要构建一颗像地球一样的岩质行星，我们需要像铁、碳、氮和氧这样的重元素。不幸的是，这些重元素很稀少。两种轻元素——

氢和氦构成了宇宙中 99.8% 的原子。要想形成一颗恒星，氢和氦是最好不过的原材料了，但是要想创造类地星球或者是复杂的生命形态，这还不行。在宇宙起源的时候甚至都不存在较重的元素，所以恒星刚刚形成的时候，没有类地行星围绕它们运行。然而，在那之后，恒星通过核聚变反应稳定地产出较重的元素，这些反应同时也为恒星提供发光的能量。

在核聚变反应中，较轻的元素合成较重的元素，在这个过程中能量就产生了。当恒星消耗完能量、死去的时候，它通过爆炸或者喷射出它的外层来将重元素释放到太空中。超新星的爆炸释放出巨大的能量，创造出更加重的元素。

如果恒星所存在的星系足够大，比如像我们的银河系这样大，星系的引力就会把重元素保留在星系里面。它们与其他的碎片结合形成气体云或者尘埃，最终还可能成为新的恒星或者行星。这些新的、年轻的恒星有可能拥有类地行星，因为上一代周到地为它们提供了必要的重元素。

鉴于星球大战发生在"很久以前"，那么会不会因其发生在太久之前而不具备拥有类地行星的条件呢？宇宙在 150 亿年前形成，直到 100 亿年前才有足够的重元素来创造出像地球一样的行星。布鲁斯·贾科斯基（Bruce Jakosky）博士是科罗拉多大学波尔得分校大气和空间物理学实验室的地质学教授，他总结道："如果我们讨论的是几十亿年前，说'许多年前'是可以的，但是如果是一百几十亿年前——那就太久远了。"所以我们得把视野缩窄一点。

现在我们拥有了原材料所需的重元素，那么行星究竟是怎样形成的呢？根据目前的理论，碎片形成了旋转云。就好像是比萨的面团，如果我们甩动旋转它，它就会变成薄薄一层面皮；相似地，旋转云将会坍缩成一种薄的旋转物质盘。物质盘由气体、尘埃和冰冻的化学物质构成。物质盘密度大的内部首先结合成恒星。这时候，物质盘看起来像是旋转的飞碟，中间有一个洞，恒星就在中间的洞里。贾科斯基博士提到构成行星发源地的物质盘十分常见。"大约四分之一到二分之一的恒星，当它们形成的时候，会留下这些圆盘。"

物质盘中物体的颗粒聚集在一起形成大颗粒的灰尘。这些大颗粒互相碰撞构成更大的颗粒，最终成为被称作"微行星"的小型星体。微行星可能只有几英寸（1英寸＝2.54厘米）的直径，也可能像月亮一样大。一些微行星保持较小的体积，成为小行星或者彗星。其他的微行星绕着恒星公转，将继续相互撞击和融合。从某种意义上来说，它们将横扫相同公转轨道上的所有物质。当一颗微行星收集了恒星周围一条轨道上的所有物质后，它就能成为一颗行星。离恒星越近的轨道圆周长也就越短，继而制造行星的材料也就越少。所以，理论上，离恒星越近的行星体积越小，离恒星越远的行星体积越大。

与恒星之间的距离除了影响行星的规模以外，还影响行星的成分。离恒星越近，物质盘越热，只有那些具有高熔点的物质，比如铁和岩石，能够保持固态。因此，大多数微行星和行星是由这些元素组成的。在我们的太阳系中，离太阳近的四大行星——水星、金星、地球和火星主要是由密度大的岩石和铁构成的。离太阳远的地方，气温更低，更多的物质凝结起来，比如水、甲烷、氨气，它们构成了地外行星的核心部分。行星越大，引力就越强，也就可以吸引更多的轻气体，比如氢气，聚集在行星周围成为庞大的大气层。这一系列过程催生了遥远的气态巨行星，比如木星和土星。以木星为例，它的核心部分是地球的10倍重，这很了不起，但如果再算上它厚实的氢氦大气层，木星的质量可以高达地球的318倍。每一颗行星都是其独特形成环境的产物。

如果这个理论是正确的，那么行星的构成就是恒星形成的一个自然部分，宇宙中应该有很多行星。我们当前的理论在解释太阳系内的特征上效果颇有成效。但直到最近几年，我们一直都没有其他任何恒星系可以用来测试和比较。

在过去的几年里，一连串的发现让行星形成的理论变得疑点重重。行星比之前更加普遍，这支持了我们的理论，但人们发现在其他恒星周围的行星和我们自己太阳系内的行星不太一样，这让我们不由得产生思考。贾科斯基博士解释说："我们发现的许多行星都是古怪的行星。"为了解释这些古怪行星的存在，许多新的理论纷纷被提出。虽然大多数还是以物质盘围绕着正在形成的恒星旋转开始，但也有许多人提出了和太阳系形成的方式十分不一样的推测。这是为什么？因为我们渐渐意识到，宇宙比我们想象的更加奇特、多样。

一天一行星，帝国远离我——如何发现类地行星

虽然科幻小说一直以来都设定有其他行星的存在，但一直以来，我们只能猜测在宇宙中可能有行星围绕着其他恒星运行。关于发现我们太阳系外有其他行星（称为系外行星）的错误报告自20世纪40年代以来就层出不穷，但直到最近几年我们才掌握了确切的证据证实这样的行星确实存在。

行星十分难以被发现是因为它们比恒星小太多，而且只能依靠接收和反射恒星的小部分光线来发光。比如，我们的太阳比围绕它的行星亮100万倍。如果我们从望远镜中看恒星，恒星的光芒会完全掩盖来自行星的光芒。发现行星究竟有多难，从直到1930年才发现太阳系中一直存在的冥王星这个案例中可见一斑。最近的恒星比邻星，它离我们的距离是我们离冥王星距离的一万倍。这样遥远的距离使得通过望远镜看到行星变得几乎不可能。

天文学家并没有尝试看到并拍下系外行星，他们在寻找地外行星存在的间接证据。通常情况下恒星的轨迹是直的，如果产生了摆动则说明恒星被引力牵引着，因为有行星围绕它转动。

我们通常认为行星围绕着静止不动的恒星运动。但事实是行星和恒星都在运动，围绕着它们重心运动。想象两个体重几乎一样的儿童，比如卢克和莱娅这对七岁大的双胞胎。他们面向对方，拉起手，开始旋转。因为他们的质量几乎一样，他们的重心位置将恰好在他们中间，他们两个人都会围绕着这个点旋转。他们的足迹将构成一个具有直径的普通的圆。现在想象爸爸维达也加入了进来，他打破了圆圈，让卢克转过身面对他，拉起卢克的手开始旋转。因为维达远远

比卢克重，重心就会离维达更近。维达不是绕着一个固定点自转，他会稍微偏离那个点，他的足迹会构成一个小圆，而卢克的足迹构成一个大圆。

就像维达并不是完全静止不动的，在行星围绕恒星运动的时候，恒星也不是完全静止不动的。行星的引力影响着恒星就像恒星的引力影响着行星一样。因此恒星沿着一个小型环状的轨道运动。我们太阳的小型轨道主要是因为木星——它最大的行星产生的。因为木星的质量是太阳的千分之一，所以太阳的轨道是木星轨道规模的千分之一。太阳绕其旋转的重心刚刚超过太阳的表面。

恒星的运动是很细微的，所以很难被发现。比起观察行星，观察恒星有一个重要的优势：恒星闪耀的光芒使得我们更容易观察它们。所以天文学家通过观察恒星寻找行星。

天文学家有两大观测恒星轨道上的周期性运动的方式。一个是视觉上寻找小型的摆动，测量摆动的范围。这是十分困难的，因为这些摆动是十分微小的。假设说恒星和我们的太阳一样大，在 10 光年以外，围绕它运动的是和木星一样大小的行星。恒星摆动幅度有多小呢？想象在塔图因的沙漠中，莱娅公主站在两英里（约 3.2 千米）以外的地方，从发髻上扯下一根头发拿在手中。从两英里以外看到的头发宽度就是我们要寻找的摆动幅度。所以，许多科学家在汇报发现行星后才意识到他们发现的摆动只是简单的观测失误，这并没有什么好大惊小怪的。

一个更加有效的方式是寻找在恒星光芒中周期性的多普勒频移。科学家没有寻找视野范围内的摆动，而是研究恒星的光线，看其光线朝我们而来和离我们而去的过程是不是存在一个周期变化。这种类型的运动会造成恒星光芒频率的变化。我们中大多数人都体验过多普勒频移——不是光线变化而是声波变化。想象一辆火车驶向你并长时间地鸣响汽笛。声波从汽笛中四散而出。这些声波和火车的方向一致，都朝你而来，声波随着火车和汽笛的运动交叠在一起。火车与你相对运动的过程提高了声波的频率，使得汽笛的声音更加高亢。火车驶过了你，渐行渐远，依旧拉响着汽笛。朝你而来的声波现在和火车的行驶方向相反，声波实际上被伸展了。声音将变得越来越低，因为它的频率会降低。

恒星散发的光波也是同样的道理。如果恒星向你运动，光的频率就会提高；如果恒星背离我们运动，其发出的光的频率就会降低。同样，这样的变化也是十分微小的，如果恒星有木星那样的行星，才有千万分之一的变化，发现这些变化需要极高的精确度。但科学家在观测多普勒频移方面所实现的高度准确性，远比侦测视觉上的摆动准确。天文学家确实可以测量恒星向我们运动和背离我们运动的速度，准确到每小时7英里（约11.3千米）。

这种测量技术的准确性意味着多普勒技术可以让我们找到木星大小的气态大型行星，但不能找到地球大小的行星，因为地球大小的行星所能造成的变化更小。这种技术在寻找面向地球和背向地球高速运动的恒星时也十分有用，因为那时多普勒频变很明显。在行星靠近恒星的时候，这种高速运动发生的可能性更大。在近轨道上的行星围绕恒星转动的速度快于远处的行星，使得恒星也转动得更快。摆动技术和多普勒技术都是寻找围绕相对较小的恒星的大型行星的最有效方法，意味着这些天体系统更像是莱娅和卢克而不是维达和卢克，因为这些恒星系统会有较大幅度的星球运动。

第一个系外围绕类太阳恒星运动的行星是在1995年被发现的。两名瑞士天文学家使用多普勒技术发现恒星飞马座51号每4.2天摆动一次，这意味着一颗行星每4.2天围绕这颗恒星转动一周——对生存在这颗行星上的一切生命来说，这是一年的长度。因为我们已经知道行星离恒星越近，它绕轨道运行的速度也就越快，由此可以得知这颗行星离恒星飞马座51号十分近。在我们的太阳系中，离太阳最近、轨道周期最短的是水星，但水星的一年是优哉游哉的88天，这说明新发现的行星离它的"太阳"的距离是水星离太阳距离的八分之一而已。在这样近的距离下，恒星会将这颗行星加热到1900度（约1037.8摄氏度）！根本不适宜生命存活。根据我们的行星形成理论，这颗行星离恒星这样近，体积应该很小而且都是岩体。但飞马座51号行星却是庞大的气体星球，规模是木星的一半。

我们现在已经确认发现了围绕其他恒星运行的行星 15 颗[1]，大多数比木星大，但多数的公转轨道都比水星围绕太阳的轨道短。请记住，我们能找到这些"古怪的行星"的一个原因是它们很容易被发现。但是它们的存在让我们不由发问，我们的太阳系是一个例外还是普遍的规则？行星到底是怎样形成的？科学家正在努力弄清楚这些庞大的气体星球是怎样能够在离它们恒星这么近的地方形成的，或者是怎样在它们形成之后迁移来这里的。

我们发现的行星不全是古怪星球。我们也发现了围绕恒星的木星大小的行星在和木星差不多的轨道距离上运行，对一些天文学家来说，这也意味着在这些星系中可能有类地行星。虽然我们在类太阳恒星周围没有找到地球大小的行星，科学家相信它们也可能很普遍。这使得我们在《星球大战》中看到的许多类地行星看起来是合理的。

即使我们寻找行星的能力有限，但目前为止，据我们研究，每 20 颗恒星中几乎就有一颗恒星周围有我们可以发现的行星。科学家现在估计，大概 10% 的恒星拥有行星。这意味着我们的银河系将是 200 亿个太阳系的家。究竟有多少个类地行星，我们只能做很粗略的估算。但科学家现在相信大概有 20 亿个太阳系有类地行星。

但是，"类地"并不意味着行星看起来像是北加州一样。这只说明这颗星球有岩石结构和与地球相似的规模。除了这些，它可能和我们的行星并没有更多相同之处。水星、金星和火星都可以被视为类地行星，但这不意味着这些星球上存在外星生命或者人们可以在那里生存。

既然我们知道了行星的数量是充足的，我们还需要三个基本要素才能创造出《星球大战》中的宇宙。首先，行星可以孕育出自己的生命。第二，在有孕育生命条件的行星上确实产生了生命。第三，行星可以维持人类生存。

为了满足这些需要，行星要有怎样的特质？让我们先考虑第一个要素。

---

1 最新天文统计显示系外行星数量已超过 1000 颗。

双生太阳——行星可能有两个太阳吗

卢克·天行者的目光越过塔图因沙漠，落在壮美的落日之上。两个太阳，紧紧相依，坠入地平线下。

双星系统中，两颗恒星围绕着共同的重心旋转，这样的系统还是挺普遍的。但是科学家认为双星周围不太有可能有行星，因为一颗恒星的引力可能影响另外一颗恒星周围形成行星。两颗质量不一样的恒星围绕着对方旋转，这样周围的引力场会改变，给行星的轨道造成潜在不稳定因素。

即使稳定的轨道也很可能有复杂的轨迹线和多变的环境。比如，当行星绕过较大且更热的恒星，强大的引力场将把行星拉近，造成一段时间灼热的温度。接着当行星接近另外一颗较小、温度较低的恒星时，相对较弱的引力场使行星游离开一段较大的距离，造成行星上长时间的寒冷低温。另外，这样的行星可能有复杂、多变的日出日落周期。这会增加环境的不稳定性。

但是天文学家确实构思了两种可能情况，在这两种可能的情况下，在双星系统中可能形成行星，甚至可以维系生命。如果两颗恒星离对方十分遥远——比如几十亿英里的距离——那么行星可能能够围绕其中一颗恒星公转，受另外一颗恒星影响微乎其微。比如离我们太阳最近的恒星比邻星是三星系统的一部分。比邻星离它两个姐妹有一万亿英里（约1.6万亿千米）距离，是太阳到冥王星距离的250倍。许多天文学家认为比邻星可能有自己的行星，受它遥远的姐妹的影响很小。从任何一颗行星的表面上看，这两个姐妹只是天空上明亮的星星。

另外一种可能性是两颗恒星十分接近——相距几百万英里，这样对于距离它们足够远的轨道上运行的行星来说，这两颗恒星的引力场几乎像是一颗恒星的引力场。贾科斯基估计："如果恒星之间的距离是行星到恒星距离的十分之一，行星的状况可能会稳定。"在这种情况下，行星的轨道可能接近于圆，行星的温度可能也可以保持相对稳定。在清晨的时候两颗太阳升起，在傍晚的时候两颗太阳落下，就像我们在塔图因看到的一样。

　　因此，虽然说双星系统中的行星十分少见，塔图因可能会被视为特殊情况的例子，但在这种特殊情况中，行星有稳定的轨道。这样的行星可能存在，甚至可以维持生命。它们也将有十分壮观的日出。

恒星系从你的指尖滑过了吗——拥有类地行星的恒星系需要具备什么特征

　　在"一个遥远的银河系"中充满了生命。在每一颗行星上，每一个雪丘那边，每一个洞穴中，每一个垃圾处理器中，都充满了生命。这是使《星球大战》看起来真实而又充满想象力的一个因素。但是宇宙中的生命有多么常见呢？在几千年后，我们的后代可能走进一个挤满各种各样奇特生命形式的小酒馆、一个真实的"人渣败类聚集地"中吗？

　　科学家认为多种多样的因素影响着行星孕育生命的能力。许多必要特征都不取决于行星本身，而取决于行星所处的恒星系的条件和行星在恒星系中的位置。以下是几个关键因素。

　　第一，行星和恒星之间的距离必须适中，恒星不会让行星上的温度过高或者过低，这样就可以让水以液态形式存在。在行星与恒星之间有一个非常狭窄的范围，被称为宜居带。如果行星正好处在这个地带中，它就有潜力维系生命。在我们的太阳系中，这个地带从金星轨道稍微以外的地方开始，扩展到地球，到火星的轨道为止。所以火星位置上的行星有孕育生命的潜力。除了行星离太阳的距离还有许多因素决定行星表面的温度。这意味着有时候，在适宜居住地带以外的地方也可能有生命的存在；有时候，在宜居带以内的行星反而不能孕育生命。不幸的是，火星的质量太小，只有地球的十分之一，所以火星的大气层十分稀薄，这使得火星气温一直很低，地表没有液态水的存在。但是液态水——和生命——可能存在于火星地表之下。我们之后将讨论这种情况。

第二，行星必须要有足够的时间来孕育生命，特别是复杂的生命。在恒星的鼎盛时期，质量越大，燃烧氢气燃料的速度也就越快。我们的太阳有50亿岁了，如果我们足够幸运，它还有30亿或者40亿年的寿命。高质量的恒星，比我们太阳大10倍的恒星可以在1千万到1亿年的时间里燃烧完。一些基础的生命可能有时间形成，但是生命如此短暂的恒星很可能不能给予它们足够的时间发展成熟。贾科斯基博士认为："很有可能，在适宜的条件下，地球上的生命发展了1亿年。所以在这样的星系下有生命出现，但没有时间让它们进化到比单细胞生物更高级的状态了。"复杂生命需要多长的时间进化呢？地球上的智慧生命花了40亿年的时间才形成。

庞大炽热的恒星不适合生命产生，但是过小和过冷的恒星也不适合生命产生。大多数行星会离恒星太远，接收不到足够的热量。如果行星离恒星足够近，在适宜居住地带里，它又将面对危险的潮汐力。在强大的引力场里，潮汐力也成为了一个影响因素。引力随着距离的减少而增加，在近恒星轨道上的行星会受到恒星强烈引力的影响。实际上，在这样一个强烈的引力场里，行星面向恒星那面的引力比背朝恒星那面的引力强。如果这样的差异太巨大，它将撕裂任何具有潜力的行星，进而制造出一个小行星带。如果差异没有那么巨大，这样的差异也会对行星自转产生制动力。恒星真的可以抓住行星面向恒星的一面，阻止它继续转过去。因此行星会自转得越来越慢，它的一天——它绕轴线旋转一周花费的时间——变得越来越长，直到最后它的自转只足够使行星的一面永远面对恒星。这就意味着行星的一天有一年那么长。虽然行星也在运行，但是对于面对恒星的那一面来说是永远没有黑夜的。我们的月球，在离地球很近的轨道上运行，它屈从于潮汐力，一直是用相同的一面面对我们。被潮汐力制动的行星不适宜生命发展，因为一面极热，另一面极冷。

温度也会受到其他因素的影响。如果行星的轨道是很扁的椭圆或过于不规则的形状，因为离恒星的距离有时过近有时过远，它将会经历剧烈的温度变化。

行星倾斜度的变化也可能造成气候变化。法国天文学家雅克·拉斯卡（Jacques Laskar）的理论认为月球帮助地球稳定了其倾斜度。地球的轴线是一条连接北极和南极的穿越地心的直线。地球绕着这条线自转，所以我们有了白天和黑夜。同时，地球也绕着太阳转。然而地球的轴线不是垂直的。相反，它倾斜大约 23 度。这个倾斜度使得北半球在夏天的时候靠近太阳，冬天的时候远离太阳。这就使得气候有了适度的变化，创造了四季。

轴线的倾斜角并不是保持不变的，它会有轻微的变化，从 22 度摆到 24.6 度，每 41000 年重来一次。这个细微的摆动被认为是造成地球冰河时期的一个可能原因。如果没有月亮，拉斯卡博士估计地球轴线的倾斜角度会在 0 度到 85 度之间，这会造成剧烈的气候变化，超过 54 度的倾斜将使得两极比赤道热。这样不稳定的气候将使得生命难以发展，并难以长时间生存继而进化成更加复杂的形式。不够幸运拥有卫星的行星可能就会受到这种不稳定性的影响。

另一个危害生命发展的因素是流星撞击。流星是穿越了行星大气的宇宙中的大块状物体。流星可以是一小点灰尘，一万分之一英寸直径，也可以是直径庞大的物体。它们有不同的来源，但是大多数落到地球上的流星是小行星带的碎片。这个小行星带都是小型的岩石，在火星和木星之间的地带运行。偶尔，这些岩石以超过每小时 10000 英里（约 16093.4 千米）的速度撞击另外一个，产生的碎片就会被推向地球的轨道。还有一些流星来自于奥尔特云，这是一个彗星地带，沿着极度奇特的路径围绕我们的太阳运动，这种轨道最远延伸到了 2

光年以外的地方。

乔治·威瑟雷尔（George Wetherill）博士是华盛顿卡耐基研究所的行星科学家，他的理论宣称木星和土星强大的引力场可能已经将几万亿个彗星和其他流星散播出了我们的太阳系。如果是这样，这俩行星就充当了守卫者的角色，使得地球免受许多致命性的碰撞。太阳系中庞大行星的存在可能对于小行星上生命的发展来说是必要的。威瑟雷尔博士估计，如果我们的太阳系没有木星和土星，地球可能已经遭受了比现在多1千倍的撞击。

虽然小撞击可能对我们影响不大，但是大撞击可能会对行星造成巨大的影响。科学家相信6500万年前，6英里（约9.7千米）长的物体撞击了地球，导致了恐龙的灭绝。没有木星和土星保护我们，贾科斯基博士估计地球可能遭受如此撞击的间隔不会是每5000万年至1亿年，而是每1万年。"很难想象在那样极端的袭击下，生命如何存活下来。"

虽然这些理论中许多仍然是推测性的，但可以明确的一点是，一个恒星系为生命的形成和发展提供的友好环境因素中，一些特殊的特征是必需的。我们只能假定在《星球大战》中那些可以产生生命的星系中的行星——塔图因、霍斯、达戈巴，具备这些必要的特征。

而这有可能吗？科学家相信在我们的银河系中可能有20亿颗类地行星，估计其中有250万颗可能在"友好"的恒星系中，这些恒星系可以提供长期可居住性。所以我们在电影中看到的行星比较容易存在于这样的恒星系里。如果"遥远的银河系"也包含有250万个这样"友好"的恒星系，我们就有可能遇见更多的外星物种。

在你开始庆贺并想象250万颗拥有外星生命的行星之前，请记住目前我们讨论的只是一个恒星系让它的一颗行星支持生命存在的条件。现在我们必须考虑行星自己必要的特征了。

是流星，还是帝国探测器
——如果一颗行星频繁遭受流星撞击会对生命有怎样的影响

　　在《帝国反击战》中，义军在霍斯星球的冰天雪地里建立了根据地。霍斯虽然气候寒冷，受到严重的流星撞击，但它不仅供养着人类义军，还供养着它自己的本土生命——汤汤、万帕冰兽和其他生物。我们之后将讨论冰冷环境中的生命。现在，让我们思考为什么霍斯上会有如此严重的流星撞击活动，这对生命又有怎样的影响。

　　霍斯不断受到流星撞击，它们落下得太频繁，导致卢克一开始将帝国探测机器人也当成了流星。我们之前讨论了流星活动的危险，以及木星和土星在保护我们免受流星撞击上可能扮演的角色。

　　即使有那样的保护，据估计每天仍有8700吨的流星物质落向地球。但这些物质散播的范围很广，经常落下的只是一小点灰尘，我们甚至不会注意。义军既然已经注意到并且对频繁的流星活动有自己的判断，霍斯上的流星活动一定比地球上的剧烈，而且流星的平均体积一定比落向地球的大。

　　总的来说，科学家相信行星系统越年轻，就会有越多的撞击。如果我们行星构成的理论是正确的，一个年轻的行星系内将有许多大块的石头和冰块，它们还没有被行星捕获。行星系越老，这些碎片就会被扫得越干净，不是和行星撞击了就是被行星吸引了，或者被引力场抛到了行星系外。

　　可如果我们假设霍斯星系是年轻的，一堆毛茸茸的庞大生物又反驳了这个观点，准确地说，是冰雪生物汤汤和万帕冰兽。这些物种和其他我们没有看见的物种一起在行星上进化。为了发展这样复杂的生命形式，霍斯必须十分年长，可能有几十亿岁。所以它又不太可能是年轻的行星系。

　　如果霍斯是成熟行星系中的一颗成熟行星，那么为什么会有这样严重的流星活动呢？我们有两个可能的解释。

首先，我们知道木星和土星可能保护地球免受流星的撞击。如果霍斯星系没有这样的行星，流星撞击的速度可能比撞击地球的快 1000 倍。

在围绕霍斯的恒星运行的小行星带上，乔治·卢卡斯提供了第二种可能的解释，这就是汉·索洛为了逃过帝国追踪，惊险驾驶穿越的小行星带。我们之前讨论过，大多数撞击地球的流星是我们的小行星带岩石撞击产生的碎片。类似地，也许霍斯小行星带的碎片也成了霍斯的流星来源。

霍斯小行星带可能是什么样的？很幸运，在我们的太阳系里有样本：在火星和木星之间围绕太阳运转的由几百万颗小行星构成的行星带。在这几百万的小行星中，只有不到 10 颗的直径有 200 英里（约 321.9 千米），这相当于小型卫星的规模。有 250 颗左右直径超过 60 英里（约 96.6 千米）。最多的是直径 0.5 英里（约 0.8 千米）或者更小的小行星。虽然我认为电影里的小行星带比上述的夸张，但和我们的并没有本质的不同。

在我们的小行星带里，受到引力的影响，较大的小行星已经将自己撞成了球体，而较小的小行星有不规则的形状。这和霍斯小行星带的样子也是一致的。汉着陆的较大的小行星是球形，而较小的形态不一。

我们小行星带中的每一颗小行星都和地球一样，围绕着轴线自转。科学家为 400 颗小行星测量了自转周期。从 2.3 小时到 48 天不等，平均一颗小行星自转一周的时间是 10 个小时。总的来说，小行星的体积越小，自转的周期就越长，因为在碰撞中，碎片失去了许多能量。霍斯小行星自转得更快，它们中的许多自转的周期是 5 到 15 秒。体积小的有时候看起来旋转得比大的快。我们还没有观察到任何小行星自转的周期少于 2.3 小时，科学家认为任何旋转快于这个速度的小行星都会被向心力破坏。也许，霍斯的小行星是由一些更坚实的材料构成的。

虽然在太阳系的小行星带中有几百万个小行星，它们之间的距离却很少小于50万英里（约80.5万千米）。这是因为它们散播的范围很广阔，有60亿兆立方英里。我们在平均100兆立方英里内能找到一颗小行星。所以驾驶飞船穿越我们的小行星带不是很大的挑战。实际上，曾经就有几艘太空飞船毫发无损地穿越了过去。汉·索洛飞行穿越的小行星带很明显有许多障碍，小行星之间的距离紧密了太多。

即使在我们稀疏的小行星带中，确实还会发生碰撞。这些碰撞并不频繁，但却在过去的40多亿年里从不间断，所以许多小行星已经经历了多次碰撞，我们也可以从它们身上的撞击坑看出来。在太阳系早期，小行星和许多微行星一样围绕着太阳旋转。一些小行星轻轻地撞在一起结合起来，形成了更大的物体，就像微行星逐渐成长组合成行星一样。但科学家认为它们堆积增长的过程被附近木星的形成干扰了。木星强大的引力场扰乱了小行星的轨道。虽然它们之前都在相似的圆形轨道中，但现在许多都被拉到了更偏椭圆的轨道中，这样它们之间就不再是柔和地撞击并结合在一起，而是以每小时10000英里（16100千米）的速度强力地撞击，相互都撞成了碎片。因此，小行星从来没有形成过行星。我们当前观察的小行星是较大的小行星被破坏后剩下的碎片，这个过程依旧在继续，小行星将彼此碾压得更小。

我们可以总结理论说在霍斯小行星带中相同的引力也产生了作用，因为那些小行星也没有结合成行星。但是小行星相当高的密度和我们见到的体形较大的物体产生了矛盾。如果它们之间的距离真的和汉在驶过小行星带时看到的那样近，它们早就相互撞击无数次了，碾压成片的过程也就比太阳系小行星带中的过程加快了无数倍。我们有霍斯小行星撞击的证据，土豆形状的小行星上撞击坑和汉所降落的更大的小行星。如果霍斯小行星撞击的速度和太阳系中小行星撞击的速度相似——它们中一些看起来的确运行得十分快——那它们将会很快被撞击成碎石大小。查尔斯·卢里奥（Charles Lurio）博士是航空航天工程顾问，他估计："它们可能会在远少于100年的时间里成为沙砾大小的石头。"若要延续几十亿年，小行星带里的撞击频率就不能这么频繁，就像太阳系小行星带一样，或者它需要用可以使小行星变大的平缓撞击来平衡毁灭性的高速撞击。也许霍斯小行星带中的撞击不知道什么缘故符合了后一种选项。

如果霍斯小行星带的碎片以相对较高的频率纷纷落到霍斯星球上，这样的撞击会对生命产生影响吗？1英里（约1.6千米）直径或者更大的流星每30万年撞击一次地球。如果流星撞击霍斯的频率提高1000倍，那么这样的撞击将每300年发生一次。这样大小的流星爆炸的能量和地球所有核武器爆炸的能量一样，将会留下10英里（约16千米）直径的大坑。它会激起大量的灰尘到大气层中，可能造成重大的气候变化，使得行星冷却下来，甚至可能引发又一段冰河时期。实际上，在义军到来之前，霍斯上很有可能已经发生了这种情况。如果义军在那里的时候又发生了一次，那么帝国甚至不需要出手摆平这些讨厌的义军。

宇宙是半空的还是半满的——行星产生生命有什么必要条件

我有一个好消息和一个坏消息。先说坏消息：即使太阳系为行星孕育生命提供了有利的长期环境，为了产生生命，行星仍然必须具备许多特殊的品质。如果大量的有利条件结合在一起才能让地球孕育出生命，这样多的特征同时具备一定是十分少见的。你甚至能够说地球上生命的发展是宇宙中的意外。

我刚才和你表述的是我所称的"悲观主义理论"。20世纪90年代，科学家普遍都是这样认为的，现在许多科学家依旧这样认为。让我们讨论一下这种悲观的观点。这个观点认为，其他星球上有生命发展比幸免于帝国歼星舰的直接攻击更加不可能。

地球上产生生命归功于许多因素。其他行星要产生生命也需要同样的因素。以下只是诸多因素中的一些。

行星需要有例如碳和氧这样的重元素，这样的重元素是有机分子的基础，因此也是复杂生命的基础。地球正是这样元素的宝库。

行星还需要有适度的自转速度，这样白天和黑夜不会太长也不会太短。水星的白天有 88 个地球日那么长，晚上也有 88 个地球日那么长。这样长时间的加热和冷却导致了极端的温度——白天的温度有 800 度（约 426.7 摄氏度），晚上的温度有零下 300 度（约零下 148.9 摄氏度）。另外，十分快的自转可能导致温度的快速变化，可能产生恶劣的天气模式，不利于生命的形成。

行星需要有强大的磁场，保护我们免受太空的高能带电粒子的干扰。

行星在早期的时候要有足够热量——通过重力收缩、流星撞击、元素放射性衰变获得——使自己达到熔点，这样就可以分层，比如地壳、地幔和地核。行星熔化的地核中的电流产生了保护地球的磁场，也推动火山活动的发生。火山活动熔化了岩石，而岩石中包含了大量的水、二氧化碳和其他的物质。这些物质以气态的形式从火山中释放，科学家认为这些气体是地球大气和海洋的主要来源。

行星质量要足够大来留住大气层，而不能像水星和月球那样。大气层提供了保卫地球免受高能带电离子干扰和毁灭性辐射破坏的第二道防线。大气层一定不能包含大量诸如二氧化碳、臭氧和水蒸气等的气体，这些气体会让大气困住太多的热量。正是这样的温室气体使得金星十分炎热，比水星还热，即便金星离太阳的距离是水星离太阳的两倍。温度十分重要，因为科学家认为液态水对生命来说是十分必要的。

为什么液态水如此重要呢？特伦特·斯蒂芬（Trent Stephens）博士是爱达荷州立大学解剖学和胚胎学教授，他解释说："这是为了让原子或者分子能以足够快的速度，在刚刚好的距离里运动，以保证化学反应的发生，我们需要为它们提供介质让它们在其中运动。它们不能在固态中足够快地移动，而在气体中，原子间的距离十分大，它们不能足够频繁地撞击以参与到生命的产生过程中。液态介质是必要的。为了让以碳为基础的化学反应发生，目前来说水是最好的液体。"

水有许多对生命有益的特质。水是唯一一种液态时候的密度比固态时候的大的物质，所以冰是漂浮在水面上的。在寒冷的环境中，冰可以形成保护层，延长冰面下水存在的时间。我们所知的元素几乎有一半能够溶于水，这使得水可以充当营养进入有机体和排出废弃物的介质。氧气溶于水使得鱼可以呼吸。营养溶于水，这样植物的根和动物的消化系统就可以吸收。"水和生命经常一起出现，"新墨西哥矿业及科技学院地球化学教授肯特·康迪（Kent Condie）博士说，"二者不可分割。"

一些科学家认为其他的液体可以取代水，比如液态甲烷或者氨水。但是贾科斯基博士解释说："水十分充足，因为氢和氧十分丰富，我们受限于水并不是一种可怕的限制。我们希望在类地行星上水比其他任何液态物质更加丰富。"

我们不仅需要水，还需要海洋潮汐。潮汐力是由我们附近的月球引起的，月球创造出了地球上的海洋潮汐，潮汐创造了潮池和海岸带，它们在退潮的时候露出来，涨潮的时候被淹没。这也许促进了既可以在水中生存也可以在陆地上生存的生命的形成。柯利弗德·皮寇弗（Clifford Pickover）博士是一名生物化学家，还是《外星人科学》（The Science of Aliens）的作者，他相信如果没有月亮，"向陆地的进化过渡可能永远不会发生，因为水和陆地的分界就是不可逾越的壁垒。地球上生命的多样性可能会剧减——人类可能进化不出来"。

我还可以继续说下去，还有很多，可以写一整本关于生命发展必要因素的书。但是我想你已经知道了大概的意思。在悲观主义的观点里，为了产生生命，我们基本上需要复制地球的环境，只能有微小的改变。虽然这可能对制造类地生命来说是必须的，但是说这对于产生任何生命来说都是必要的，这个假设就有点太过了。

　　我们在《星球大战》中看到的大多数行星确实复制了地球的环境——甚至比悲观主义者的想法更加接近地球的情况。这么多行星具有所有这些特征，这看起来非常不可能。但正如我们所知的，科学家估计可能有 250 万个和地球大小和成分相似的行星处在有益于生命的恒星系中。只要其中有那么万分之一的行星复制地球的环境，那它们就有可能和我们在电影中看到的行星一样。

　　悲观主义者可能会说万分之一的概率太微乎其微。实际上，许多悲观主义者认为在宇宙的历史中所有这些特征组合起来产生生命这种事只发生了一次——就是在地球上。

　　但是乐观主义者的观点完全不一样，现在，让我们看看"乐观主义理论"。在他们的理论中，其他行星上具有生命不只是可能的，还是必然的。

家外之家——不同星球上的物种能相聚在一个星球上吗

　　之前，我提到了要想有《星球大战》中描述的宇宙需要的三个必要条件。我们已经讨论了前两个：行星要有能力，且确实孕育了生命。在这些讨论中，一个最大的未知就是外星生命可以存活的条件范围有多广。第三个条件就涉及了我们更加熟悉的生命形式：人类。我们需要可以维系人类生命的行星。但是人类可以存活的条件范围有多广呢？

　　电影向我们展示了许多看起来似乎已经被人类定居的行星。对于那些想要说我们在《星球大战》中看到的不是人类，而是有我们不熟悉的器官和能力的外星物种的人，我有两点要说。首先，我们没有看到任何特征可以将《星球大战》中的"人类"与地球人类完全区分。他们的样子和行为完全像是人类；第二，在电影中他们确实被称为"人类"。C-3PO的特性是"仿人类机器人"。有一次，C-3PO 这样说卢克："他很聪明，你知道的……对于一个人类来说。"

在《绝地传奇》漫画中，我们知道了在旧共和国时代，发生了许多星系殖民。因此我们可以想象人类起源于一个和地球相似的世界[1]，然后扩散到其他的世界。称汉·索洛为科雷利亚人就像称他为法国人一样。这告诉我们他来自哪里，但没有告诉我们他属于什么物种。

我们思考在另外一个星球殖民的时候，大多数人想象的是庞大的密封穹顶，我们在里面生存，躲避恶劣的环境。但是在《星球大战》中，住在许多不同行星上的人类都没有隔离穹顶或者呼吸设备。他们是怎样幸存于这样的外星环境的？以下有三个选择。

第一，殖民者可能通过基因改造来适应不同的环境。如果进行了这样的改变，已经改造得适应塔图因的卢克就很难生存在霍斯，因为霍斯的环境十分不同；此外，我们没有看到这种基因差异的表现。如果它们确实存在，我们可能要考虑一下和不同行星居民杂交繁殖可能会产生的问题，也许都不可能繁殖。但是汉和莱娅似乎没有考虑这个问题[2]。

第二，与其改变殖民者，我们可能还不如改变环境。一些科学家认为我们可以通过地球化改造来使星球宜居，用人工的手段将不宜居的星球改造成类似地球的样子。比如，我们可以给予火星维系生命的大气和液态水吗？可能这得耗费大量的能源，但是我们可以假设具有星际穿越能力的《星球大战》科技有这般等级的能量。詹姆斯·奥博哥（James Oberg）是美国国家航空航天局（NASA）的轨道会合专家，也是《新地球》（New Earths）的作者，他认为大气稀薄、寒冷的火星可以通过一些技术来进行改造。因为暗色物质吸收的太阳能比浅色物质多，他建议在行

1　《星球大战》中的人类起源于科洛桑。
2　指汉和莱娅生下了杰森·索洛、杰娜·索洛和阿纳金·索洛。

星表面铺上煤渣。"如果永冻土层（广阔的被灰尘覆盖的冰川）存在，它可能会融化，淹没干涸了十多亿年的地面。"进一步的热量"可以通过庞大的太空镜子给予，镜子的一面有1000千米宽，聚集太阳光到行星上"。除了创造出液态水以外，热量还可以将极冠和土壤中冰冻的二氧化碳转化成气态。大气层就可以变得足够厚实，这样就能引种植物，建立有益于人类居住的生态系统。这些想法目前还只是非常理论性的推测。

无论如何，上述所说并没有发生，至少在《星球大战》中，我们还没见过这样的事。比如，将塔图因地球化，大幅改变其大气和温度，如此这般很可能会杀死所有塔图因的土著生命。我们知道，沙人和矮小怯弱的贾瓦人以及其他的物种都是土生土长于塔图因星球的。

还有另外一个可能性。殖民者在刚到达的时候可能使用了人工辅助手段，但是渐渐地适应了新环境。这样的适应发生在人的一生中，被称为"获得性状"。虽然我们在适应能力上受到了极度的限制，但就像我们可以增厚脂肪来御寒，可以增加红细胞来适应高纬度上的稀薄大气，可以锻炼出强壮的肌肉来支撑变重的身体，相似地，那些住在寒冷的、空气稀薄的、引力更强的行星上的人可以做出小幅的适应。

一代又一代的殖民者可能进化出帮助他们适应新环境的特征。这种进化的过程受到随机基因突变和适者生存的共同驱动，贯穿地球的历史，使地球生物适应新的家园或者改变的气候。如果在旧共和国早期，殖民者几代人都被隔绝在一颗行星里，这样的进化适应则有可能发生。但我们在电影中看到，星系间的旅行已经很成熟了，一颗行星上的居民经常旅行到另一颗行星上，而在电影里没有人类身上有任何获得性状或者进化适应的迹象。我们必须假设这样情况发生的可能性微乎其微，这就意味着这些环境和人类行星家园的环境十分相似。

　　因此我们要寻找人类不用任何特殊装备和适应就可以生存的行星。找到这样绝佳住处的机会有多大？

　　这样的绝佳住处需要有以上所列出的所有特征，还要满足更多可以使我们能在那里生存下去的条件。甚至我们需要的不仅仅是单纯地生存下去，还希望这颗行星为我们的生活提供舒适的环境。

　　科学家估计在超过104度（40摄氏度）或者低于14度（零下10摄氏度）的气温下，人们就会过得不舒服——这也许是霍斯不是一个大型度假村的原因。

　　超过地球引力1.5倍的引力会让生活在那里的人变得很累。每一个动作都需要付出更多的力气，因为在那里，你的体重也是你当前体重的1.5倍——就好像你连续看完一百遍《幽灵的威胁》，每看一次吃掉3盒糖果增长的体重一样（实际上，这听起来不像是个坏主意）。引力比地球上的低太多会让你失去肌肉和骨量，使得你十分虚弱，骨质疏松。

　　其他星球最难拥有的特征可能是适当的大气。贾科斯基博士认为，别的行星上的大气适合我们呼吸似乎是不可能的，"想要它适于呼吸是一件很难的事情。地球大气的成分几乎是历史的一个偶然。我们难以找到有相似环境的行星"。柯利弗德·皮寇弗博士表示同意："考虑到行星大气的构成和在上面进化以适应这种环境的生物的样子，这简直是不可能。"

　　正如同每一颗行星都是其形成和存在的特殊条件的产物，我们人类在地球上进化，是地球这颗行星的产物，并且经过了巧妙的设计以适应这个特别的环境。找到另外一个能让我们感觉像在家中一样的行星环境是十分困难的。行星不能只是简单地与地球类似，它们必须几乎复制地球的环境，这确实是《星球大战》中行星的样子。正如同之前估计的，相对较少的这样的行星可能存在。但是我们最有可能找到的，还是一些需要使用最低限度科技来保证人类生存的行星。

> 所有这些引出了另外一个结论，正如同人类很难在与自己的天性不相符的世界生存一样，外星人也很难在与他们天性不相符的世界生存。因此莫斯艾斯利小酒馆，这个在单一的环境中混杂有许多外星人的地方是不太有可能存在的。
>
> 但如果你的脸上挂了一个呼吸面罩，小酒馆还有什么乐趣呢？也许达斯·维达知道答案。

"天地之间有许多事情，是你的睿智所无法想象的"[1]——宇宙中曾遍布生命吗

虽然许多年以来，人们都接受了悲观主义者的理论，但现在似乎生命的存在不需要具备所有这些条件。根据最近的发现，许多科学家越来越相信外星生命可能和地球生命不太一样，也许超越了我们之前的设想，能够生存在更宽泛的条件之下。

在过去的 20 年里，科学家屡屡被地球上极端环境里发现的生命所震惊，我们之前都认为这些地方是对生命有害的。我们发现的这些原始生物体，它们生存在地下两英里（约 3.2 千米）的地方，只依靠水和岩石为生；它们在海底超热的火山口沸水中生生不息；它们在严寒的北冰洋中茁壮成长。因为能在极端环境下生存，这些类似细菌的生命体被称为极端微生物。科学家现在相信地球上存在数千种尚未被发现的极端微生物。

这些生物体不仅仅稀奇古怪，实际上，它们可能是地球上第一批生命形式。你可能听说过地球上的生命起源于"原始汤"——闪电激发了化学反应——这

1　语出《哈姆雷特》第一幕第五场："There are more things in heaven and earth, Horatio, than are dreamt of in your philosophy."

个理论。但是当今许多科学家相信地球上的生命起源于海底火山口，也被称为"热液喷口"。这些深海热液喷口喷出极度高温的热水和矿物，提供能量帮助引发有机分子的生成，促进更加复杂的生命的形成。因为地球在其存在的早期经历了严重的流星撞击，当时应该比现在更热，热液通道附近的高温应该更加常见。许多科学家相信嗜热极端微生物可能是 40 亿年前地球上的第一批生命，是所有生命的祖先。

在这样极端的环境中发现生命意味着在其他星球相似的极端条件里可能也存在生命。虽然火星的表面是干燥寒冷的荒原，美国国家航空航天局约翰逊航天中心资深的行星探索科学家大卫·麦凯伊（David McKay）博士认为，火星地表一千米以下的条件可能和地球地下环境相似，都有来自火山活动和地下水系统的地热，"火星的地下是寻找生命的好地方"。

在 1996 年，人们发现了一些可能的证据表明火星上几亿年前有生命存在。麦凯伊博士和同事宣称在南极洲的火星陨石中发现了有机分子和疑似的细菌化石。虽然这个证据一直富有争议性，但岩石包含的元素组合确实强烈暗示了生命的存在。"我坚信，"斯蒂芬博士说，"至少可以谨慎地说，来自火星的陨石里面确实包含生命存在的证据。"

如果生命能够在比我们所认为的更加宽泛的条件下生存发展，我们就不再需要另外一颗行星来复制类地条件就可以产生生命。这样，我们可以将生命发展的条件减少到三个：复杂的有机分子、水和能量。分子想要成为有机的，不一定要在与生命有关的过程中被创造，它只需要包含碳、氢和氧。贾科斯基博士认为我们甚至不需要有机分子的存在，我们只需要构成有机分子的元素。

在这种新观点下，我们在每个地方都看到了生命的预备条件。我们已经在太阳系外行星上、彗星上、陨石上和星际尘埃里，甚至在其他星系也发现了有机分子。"外面有充足的碳。"斯蒂芬博士说。一些科学家认为外星来源物上的分子给地球带来了生命的基础。落在地球上的陨石物质十分之一是由有机分子构成的，在地球上播下了生命的种子。一些陨石甚至有氨基酸，这是构成蛋白质的基础。地球也不是唯一收到这些"种子"的行星。

许多科学家认为被冰雪覆盖的木卫二——木星的卫星，比我们的月球小一些——可能也有生命。木卫二的大气十分稀薄，包含有氧气，但不足以在寒冷的地面维系生命。因为木卫二在太阳系宜居地带以外很远的地方，我们之前认为这颗星球被150英里（约241.4千米）厚的冰层覆盖。但是1996年伽利略探测器传来的数据显示，在相对较薄的冰层下可能存在液态水，其所形成的海洋可能是生命的温床。木卫二只能从太阳那里得到一点光和热，液态水是怎样形成的呢？来自木卫二地核放射性元素的热和木星及木星其他卫星的引力很有可能引发了地质运动，提高了它的温度，阻止了水结冰。科学家现在推测木卫二内部的热量可能已经在海底创造了热液喷口，就如同地球一样，这些喷口可能激发生命的形成，就好像我们认为它们激发了地球的生命。约翰·德莱尼（John Delaney）博士是华盛顿大学的海洋学家，他确定木卫二确实存在生命。如果木卫二上有生命，霍斯上有生命也就是顺理成章的事情了。

我们的太阳系另外两颗星球上也可能存在外星生命。科学家还相信过去在更多的星球上存在过生命，特别是金星以及土星最大的卫星——土卫六。因为相信在这四颗不同的太阳系行星或卫星上存在或者曾经存在生命，所以我们觉得很有可能其他星系也有生命。

支持乐观主义理论的另外一个证据是科学家现在相信地球上生命的形成早于我们之前认为的时间，合适的条件一旦产生，生命的存在就有了可能。大约在40亿年前，在地球形成阶段的末期，微行星撞击地球的节奏终于慢了下来。现在，证据显示生命可能在38.5亿年前就已经出现，35亿年前就广泛分布了。这意味着生命只花了几亿年的时间就形成了。贾科斯基博士认为这样快速的发展"意味着生命的起源一定是一个直接、自然的过程。任何具备我们认为生命必需条件的行星应该都经历了生命的起源，很难相信不是这样的，最有可能的结果就是生命曾遍及宇宙"。

甚至乐观主义者也会得出与悲观主义者相同的答案，即认为我们的太阳系以及地球体现的独特特征组合很有可能不会再现。为什么？乐观主义者问，为什么我们的太阳系如此独特？我们在银河系里一个相当不起眼的地方围绕着一颗非常平常的恒星运转。与其说我们的太阳系如何独特，为什么不理性一些，认为在类似环境下的类似恒星，也很有可能孕育生命呢？如果生命起源发生过一次，乐观主义者争论说，它就可能发生过许多次。他们的观点在科学家中逐渐占据了主导的地位。

贾科斯基博士认为"生命是普遍存在的"，并且认为我们正处于重大突破的临界点。"就在近几年里，我们发现了一些行星，还发现了其他行星上可能存在生命。这使得现在成为了人类史上的一个特殊时期。我们是第一代有机会发现其他行星上存在生命的人。"斯蒂芬博士也对外星生命的存在满怀希望。"一些生物学家认为我们是一系列意外的产物。我认为这个想法是十分荒唐的。它误导我们相信宇宙除了我们这一丁点渺小的角落就是一片贫瘠的，我们不过是恰好碰上了好运。我认为完全不是这样。"认为宇宙充满生命的新观点似乎完美地反映在了《星球大战》的宇宙中，在这里每个可供利用的地方都存在着生命。

旅行到纳布星内部——内部布满洞穴的行星可能存在吗

纳布星球是一个谜。根据《星球大战》官方网站的资料，这个星球是由岩石构成的，直径有几千英里。这些石头没有很好地结合在一起，而是在星球内部创造出了蜂巢一样结构的洞穴。这种十分奇特的结构违背自然常理。最有可能的解释是人工制造的，要么就是像死星一样一点一点建起来的，要么就是通过某种大型的挖掘作业改造的。但是网站的描述没有体现出它有任何人工成分或者改造的迹象。那就让我们思考这样的行星自然形成所涉及的因素吧。

纳布和其他星球之间主要的差异似乎就是构成纳布的诸多石头不会

熔化、熔合成一个一体化的行星。纳布保持了石头的独立聚集形态，石头凭借引力结合在一起。行星是由微行星聚合构成的，所以纳布由许多石头构成的结构是合理的。但是当微行星撞击的时候，和流星一样，它们要么高速撞击在一起，将彼此撞得四分五裂，要么低速撞击在一起，彼此结合。当它们结合起来的时候，大部分动能转化成了热能，热量会将岩石熔合在一起。如果构成纳布星球的微行星没有熔合，那么产生的热量一定十分地少，这就意味着微行星在缓慢接触时候，它们一定在以相同的速度向同样的方向运行。

两颗小型微行星可能像这样结合，但当纳布的原始形态越来越大的时候，我们就遇上了麻烦。最终成为纳布的岩石结合体不断变大，它的引力也会越来越强。它逐渐增强的力量把微行星拉了过来，微行星会越来越快地飞向纳布，接着高速撞击纳布。热量不可避免地产生。

因此要让这些石头合并到一起还不产生巨大热量的唯一方法就是所有石块同时以较低速度结合到一起。这就需要某种奇特的引力将微行星赶到一起，这种力量难以想象。

如果行星确实以某种方式形成了这种样子，这种样子会保持下去吗？大多数行星会分化成一个地核和若干独立的分层。正如我们知道的，早期受到引力收缩、流星撞击和放射性衰变的影响，地球被加热到了熔点。这就是地球分为地核、地幔和地壳的原因。

某些热量产生的因素可能在纳布星球上很少见。纳布可能比地球经历了更少的流星撞击，它岩石中的放射元素可能较少。这可能能解释为什么它没有达到熔点分层。

但是纳布的引力似乎不是很弱，我们可以假设它和地球质量相似。和地球一样质量的行星内部会有很强的引力。行星上的岩石被拉向中心，这样行星可以保持整体的形态。离地面越远的岩石承受的来自其上的物体的压力越强，所有的力都指向地心。

这种外层压迫内层的力量将大型小行星与行星压缩在一起，形成球的形状。如果行星内部的洞穴是用一种承受不了这种压力的材料构成的，它就会坍塌。在纳布这种情况下，似乎这些洞穴很有可能坍塌，特别是离地面很远的洞穴。纳布的岩石一定有某种特殊的结构力量使它们可以承受这种压力，防止它们压缩结合为一体。

纳布星球的特殊结构让人很难理解它是怎样拥有水或者大气的。科学家相信在地球上这二者是通过火山活动产生的。纳布星球没有足够的熔化岩石和消除缝隙的热量，那里是没有火山活动的。

另外一个理论假定星球的水可能来自彗星撞击。彗星经常被形容为"脏雪球"，它带来了一定量的冰。但是科学研究让人们不由得怀疑这个理论。

不论答案是什么，纳布星球一定是奇特因素组合的产物。为什么一个和地球差异如此之大的行星可能发展出和地球相似的气候？这是个谜。

恩多[1]的卫星——卫星上可能存在生命吗

现在我们知道了生命必需的一些条件，那么就让我们看看《星球大战》里，一些存在生命的星球是不是满足这些条件。

在银色的气体巨行星恩多的周围有九颗卫星围绕旋转。最大的一颗卫星有小型行星大小，是古老森林和一种叫作伊沃克人的毛茸茸的小型生物的家园。但是卫星会是伊沃克人的家园吗？卫星可能是生命的家园吗？

1　《星球大战》中位于莫德尔星区的气态巨行星，它的同名卫星恩多遍布森林，伊沃克人就生活在森林的树顶上。

如果我们的太阳系具有什么特征的话，那就是卫星的普遍性。除了离太阳很近的两颗行星——水星和金星，太阳系中的所有行星都有卫星。太阳系中共有超过 60 颗卫星，木星最多，有 18 颗[1]。其中，大多数卫星都比较小，只有 10 英里（约 16.1 千米）左右的直径。这些可能是被散播到小行星带的行星，但是被行星的引力吸引了。这样小的行星不能保持大气，也不能孕育复杂的生命。大型的卫星不常见，土星只有一个——土卫六。木星有四个：木卫一、木卫二、木卫三和木卫四。土卫六、木卫三和木卫四与水星的大小差不多。以此来看，恩多有九颗卫星，而其中有一个的体积可能十分大的说法似乎是合理的。在我们的太阳系中，土卫六是唯一一个有厚厚的大气层的卫星，所以能够孕育生命的大气虽然说并不普遍，但是至少是可能存在的。

这样卫星上的条件是怎样的呢？如果构成伊沃克人家园的材料和地球一样，但是却和木卫三的体积相似，它的引力就只能有地球的 7%，要费些力才能适应，因为如果你在地球上显示 150 磅（约 68 千克）重，在恩多星的卫星上你就只显示 10.5 磅（约 4.8 千克）重了。

因为气态巨行星恩多质量大，卫星很有可能受到潮汐力的影响。即便伊沃克卫星和恩多之间的距离没有近到可以毁灭卫星，这个力也会减慢卫星的旋转。就像我们之前说的，地球潮汐力制动月球的旋转，所以月球一直只用一面面对地球。相似地，木卫三也总是用同一面面对木星。如果这在恩多星上行得通，住在卫星一边上的生物将会总看到恩多在天上，一天的变化和月球上的变化相似。而住在卫星另一边的生命将永远看不到恩多星。对于卫星来说，受到这样潮汐力的控制并不是一件严重的事情，但如果行星被潮汐控制住了，一面永远面对太阳，这样行星的一面就会被炙烤而另外一面就会寒冷无比。在上述情况下，虽然卫星的一面永远面对恩多，但是两面都可以获得阳光。白天和黑夜的周期不会取决于卫星围绕轴线的自转，而是取决于围

1　目前木星卫星总共已发现了 67 颗。

绕恩多星的公转。

伊沃克卫星上的一天是它围绕恩多公转一周所需的时间。木星的大卫星要花 1.7 ～ 16.7 个地球日来围绕它们的行星公转。卫星离行星的距离越远，它公转所需的时间就越长。正如我们之前说的，如果伊沃克卫星的一天只是地球日的几天长，它很有可能有复杂的生命。较长的白天很有可能导致极端温差，出现对生命不利的严酷天气模式。因此伊沃克卫星离恩多星还是近一些好。

潮汐力也可以提供对生命有利的能量。它们可以在卫星内部产生热，就像我们认为发生在木卫二上的那样。这种内部产生的热可以帮助产生火山活动。火山爆发可以将水蒸气排放到大气中，最终产生海洋，就像我们认为发生在地球上的那样。

但是卫星上的温度会允许液态水的形成吗？如果要出现我们在伊沃克卫星上见到的类地环境，恩多就需要在它的恒星的宜居地带运行，就像地球一样。这会把该行星的卫星也放到宜居地带中。恩多星是一个像木星和土星一样的气态巨行星，它们运行的地带远离宜居地带。但是正如我们所知的，科学家在过去几年中已经发现了气态巨行星距离其他恒星的距离比我们认为可能的距离近了许多。因此在这样的卫星上存在生命是十分可信的。如果在近轨道上气态巨行星和我们现在认为的数量一样庞大的话，在这些气态巨行星周围的卫星的生命可能比类地行星上的生命还要丰富。

然而，伊沃克卫星上的生命可能还不能相拥而歌。卫星面对的下一个问题就是辐射。木星有致命的辐射带，就像地球的范艾伦辐射带一样，只是木星的更大更剧烈而已。这些辐射带是由木星强大的磁场产生的，比地球的强 10 倍。在宇宙中，磁场捕获了高能电子和质子，导致它们沿着磁感线高速螺旋式米回运动。

为了在脑海中描绘出磁感线的样子，你可能需要回忆在物理课上的经历。你将铁粉撒在一张纸上，然后把磁条放在纸上。铁粉开始移动，按照磁感线排列，从磁铁的北极出发，呈半弧绕到磁铁另一边，回到磁铁的南极。现在想象磁铁竖立在木星的中心，磁场从北极产生，绕到木星的周围的太空中，然后回到木星的南极。现在想象带电粒子在这些线上快速地做螺旋运动。

虽然磁场让大多数粒子远离行星，但是对于行星周围的东西来说却是一个坏消息。伽利略太空探测器飞到木星的辐射带的时候，它的隔热板每秒被几百万高能粒子穿透。

木星的四个内卫星[1]在木星的辐射带中穿行，被这些粒子轰击。高能量粒子可以穿破物质、撕裂分子——包括 DNA——和原子。这样的辐射对几乎所有生物来说都是有害的。贾科斯基博士说："被移植到木卫二上的地面生命形式也都不能存活太长时间，因为它们的化学键会被破坏。"但是也有例外，一些适应力强的地面细菌可以承受高强度的辐射。实际上，贾科斯基博士指出："它们就活在核反应堆的水中！"虽然承受了危险的基因破坏，但是它们有适应这种破坏并快速修复的特殊方式。如果伊沃克人有相似的能力，他们可能可以在这样的环境中生存。但是我对卢克、维达和所有非当地居民能够在这种环境中生存不抱太大希望！

另外一种可能性——对于游客更加友好——就是伊沃克卫星的大气保护地面免受辐射。我们的大气就提供了相似的保护。伊沃克卫星的大气必须要抵抗更强烈的辐射威胁，才可以保证毛茸茸的小居住者的安全。

还有一个更进一步的可能性，如果有一圈岩石物质在恩多和伊沃克卫星之间运行，它可能会吸收带电粒子，清理上方区域。土星周围的岩石圈已经被证明了可以减少带电粒子的存在。地球周围发现的一圈太空岩屑也有类似的作用。

在所有这些因素中，关键是卫星离恩多的距离。卫星需要离行星足够近，来使白天足够短和有足够的潮汐热能，但它也需要离行星足够远，来防止潮汐

1　内卫星，即在低轨道上绕大行星运行的小卫星，一般比其他的规则卫星更接近母星，一般周期短、质量低、体积小、形状不规则。木星的四个内卫星为木卫五、木卫十四、木卫十五和木卫十六。

力破坏卫星，使辐射保持在最低限度。所以，恩多和卫星之间的距离不能太远也不能太近。

"宇宙的闪亮中心"[1]——像塔图因一样的沙漠星球适宜人类移民吗

我们拜访次数最多的行星就是塔图因。现在我们对它感到很熟悉，我几乎觉得我到过那里。

塔图因是阿纳金·天行者和卢克·天行者的家，是个环境恶劣的行星。塔图因的地面上没有水源，狂烈的沙尘暴席卷无人的沙丘、险峻的高山、狭窄的峡谷和贫瘠的戈壁。很明显，水在星球的地面之下，并且空气中有水蒸气。

虽然我们不知道塔图因环境的所有细节，但是地球上确实有相似的环境：沙漠。沙漠的定义性特征就是降水少：每年少于 10 英寸（254 毫米）。《星球大战》取景地突尼斯南部地区每年的平均降水只有 6 英寸（152 毫米）。而热带雨林平均每年的降水量是 80 英寸（2032 毫米）。阿拉伯语中"沙漠"意思是"没有水的海洋"。这与塔图因的"沙丘海"异曲同工，这片无人沙丘是《绝地归来》中沙漠怪兽沙拉克的巢穴所在。

水源缺乏是生命产生的主要挑战。在撒哈拉的一些地方，20 年都没有降过一滴雨，而突然的降雨造成的洪流会席卷大陆。在它渗到地下之前，它冲开挡在前面的大石头，在地面上切削出沟壑。我们在塔图因上看到了相似的降雨侵蚀。塔图因有几条干涸的河床：在一条上，贾瓦人抓住了 R2，另外一条是贾巴的宫殿所在地。

在沙漠中，大陆十分干旱，空气也是干燥的，只有 2% 到 5% 的湿度。云

1　语出《新希望》卢克对塔图因星球的描述："如果宇宙有一个闪亮的中心，那你就在离它最远的那个星球上。"说明塔图因十分偏远。

是十分少见的，阳光直射，大约95%的阳光都到达了地面。中午的时候，被烤热的黑色岩石温度可达185度（85摄氏度），根本不能在上面行走。水可以缓和气温，没有水的地方升温和降温都快了许多。夜晚的时候，温度可以跌到50度（10摄氏度）。这样极端的温度变化可以导致岩石破裂。当卢克·天行者在一天中最热的时间站在莫斯艾斯利的山崖上时，他可能会听到一系列像是大炮开火的破裂声，那是山上的石头裂开的声音。当岩石破裂落下山的时候，它们碎成了更小片的岩石。风化作用将这些碎片变成了沙子甚至是灰尘。

　　阿纳金与卢克可能熟悉的另一个现象是"鬼雨"。在沙漠中，略高于地面的上空通常会形成一层热空气。如果下雨，雨点打在热空气层上就会蒸发，永远不会到达地面。

　　和你想象的不一样，沙漠不一定全是沙子。沙子和灰尘只是高温和风化侵蚀下岩石的最后形态。撒哈拉只有20%的沙子，剩下的包括山、高原、碎石堆、满是沙砾的戈壁、峡谷。我们在塔图因看到这样的许多特征：贾瓦人藏在岩石悬崖面的山洞里；卢克在峡谷里抓到了逃跑的R2；当沙人攻击的时候，C-3PO落下了高原。

　　在《幽灵的威胁》中，在险象环生的飞梭大赛中展示了更多的塔图因的地貌。比赛场地似乎是深邃曲折的沟壑和裂隙网的一部分，其中有一些奇怪的岩石结构，比如一系列的天然石门。撒哈拉的阿杰尔塔西里高原是阿尔及利亚的南部地区，和塔图因这个部分的地貌出奇地相似。塔西里高原是由几百块庞大的砂岩组成的，几百年前它们分裂开了。悬崖峭壁之间狭窄的峡谷，有2000英尺（609.6米）深，将这些区域隔开。无数个较浅的峡谷有200英尺深，纵横交错在高原上。德国自然学家、《身处地球上的沙漠里》（*In the Deserts of This Earth*）的作者乌·乔治（Uwe George）说："这些峡谷遍布高原，就像大城市里的街道一样，街道与街道之间还有'公寓楼'。"这座城市里有死路、十字路口、隧道、山洞和100英尺（30.5米）高的石针，像街道上的天桥一样的石桥。这些奇特的结构是风化作用和流水侵蚀造成的。流水侵蚀发生在很久以前，当时撒哈拉的气候比较潮湿。后来，在这个极度干旱的地区，流水侵蚀就被风化侵蚀取代了。风可以携带沙子和灰尘，据乌·乔治说，高速的风就像"喷沙机器一样"。在塔图因上找到这样的结构是合理的。从它们身上也可以看出，可能曾经某个时候塔图因上的水比现在多。

在我们尝试弄清楚塔图因过去的样貌之前，让我们先考察一下它当下的情况。据我们所知，整个塔图因星球看起来是一片沙漠。地球上的气候更加多样，只有 30% 的大陆是沙漠。由于各种各样的原因，沙漠只在特殊的地方形成。大多数沙漠在北回归线和南回归线附近，相对来说，在北半球和南半球夏天的时候，这里的日照最强。大气循环模式、海洋洋流和海拔也对沙漠的形成起到一定的作用。沙漠一旦形成了，就会扩大。强烈的风吹干了附近地面的表土层，然后将土吹走。沙尘暴甚至会导致更加戏剧化的侵蚀，它们可以将车上的油漆磨下来，将地表吹得只剩下光秃秃的石头。地球上的沙漠按照这种方式扩展，撒哈拉沙漠每天都会扩大 40 平方英里（约 103.6 平方千米）。

地球的陆地没有成为广阔的沙漠，除了这点，我们的行星与塔图因之间还有一个关键的区别：海洋。我们在塔图因没有看见任何大型的水体，除非他们把水体藏在了行星遥远的另一面，我们只能假设他们没有。康迪博士认为地表水的缺乏很难接受，"整个行星是沙漠，但是在大气中还有水分，我认为这是十分困难的"。

正如我们之前讨论的，科学家相信地球大多数的自由水都来自岩石中的水，而且塔图因总体来说和地球的构成相似，可以假设塔图因的石头中也有水。在地球上，火山活动解放了水。在塔图因，较少的火山活动可能也释放了较少的水。

为什么塔图因的火山活动更少？可能是塔图因用来加热行星的放射性元素更少。或者如果塔图因的构成和地球相似，那么可能是因为塔图因比地球的质量小。质量小的行星内部热量少。像这样的行星有火星，它只有地球的一半大。

火星有一些火山活动，但是次数一直在稳定地减少，火星地质从来没有像地球那样活跃，因此也不难解释为什么水比地球少。根据这个理论，塔图因上的自由水比地球少，也将永远只有很少的自由水。流水侵蚀的痕迹仅仅是偶尔大雨的结果，正像地球沙漠中那样。

然而在很多方面塔图因也和地球不一样。我们也必须要十分注意，正如我们之前讨论的，生物能够在地球上生存是各种不同的因素处于微妙平衡的结果。在各个方面与地球有太大区别的行星不太有可能孕育生命。比如，如果塔图因有火星地质活动，人类就不能在上面存活。记住是液态外核中的电流产生了行星的磁场。火星的内部活动十分少，磁场十分弱，因此就不能像有强磁场保护的地球一样，将具有破坏性的高能带电粒子挡在地面之外。所以我们必须说塔图因和地球之间也有巨大的差异，微小的变化就足以产生我们看到的巨大差异。可毕竟，塔图因比我们太阳系中其他任何行星都更像地球。虽然这样说，但注意，我们考虑的任何理论都是推测性的。行星是十分复杂的系统，许多不同因素相互作用，我们还没有完全弄清楚它们是怎样相互影响的。毕竟，说到行星，我们只有很少的样本用来研究，只有地球，我们是详细研究了的。

如果我们想要推论说塔图因在早期的时候有更多的水——想要这样做的唯一原因就是那侵蚀的痕迹——我们就需要更加努力地研究。太阳系中的一颗行星给我们提供了便利的比较——虽然火星现在是一个沙漠星球，但它上面有流水侵蚀的痕迹。科学家认为火星曾经可能更加温暖和潮湿。但是水去哪里了？当前的理论认为这是由多种不同的作用同时发生造成的。其中的一种作用可能与塔图因上的情况有关。

科学家认为火星上的一些水是从大气蒸发到了太空中。行星的引力保持着大气，大气中的分子是不断移动的，彼此撞击。温度越高，分子移动的速度也就越快。在这些撞击中，较轻的分子能从较重的分子那里获得了速度。较轻的分子可能会因此达到逃离行星引力的足够速度。它们将逃离大气，冲向太空。

分子经常从行星的大气泄漏到太空中。行星的质量越小，分子逃离所需要的速度也就越低。约翰·希林（John Schilling）博士是斯巴达公司的研究工程师，他解释说："大气上层分子偶尔从一系列幸运的撞击中获得了足够的速度逃到了行星间的太空中。"蒸发率取决于这些分子的质量、行星的质量和大气温度。这些因素使得较轻的元素，比如氢和氦逃离地球的大气。火星的引力较弱，像水一样重的分子有时候也可以逃逸，即便温度和分子速度较低。

我们不认为塔图因的引力和火星的一样弱。火星毕竟大气稀薄不能孕育复杂生命。如果水分子很容易逃离大气，我们就剩不下任何水了，同时还会失去其他的元素。

然而，大气失水并不仅仅因为失去了整个水分子。双生太阳的紫外线辐射可以轰击塔图因大气上层的水分子，将它分成氢和氧。氢的质量轻，可以逃离，但是较重的氧仍然被留在大气中。水分确实是流失了，但是整个分子并没有离开行星。这种过程也发生在地球上，只是速度很慢，因为我们的大气层就像是屏障一样，挡住了大部分紫外线。只有能够到达大气上层的分子有可能受到紫外线的轰击。

如果我们推论塔图因的质量比地球轻，那么从一开始它的自由水可能就很少。在引力较弱的情况下，大气中的水分子可以升得更高，更容易到达大气的上层，暴露在紫外线辐射之下。我们甚至可以想象塔图因的两个太阳所释放的紫外线比我们的太阳释放得更多——但不是太多，除非你想让卢克和阿纳金得皮肤癌。另外一个因素也起到了重要的作用。如果塔图因有比地球稍微弱一些的磁场，它保护行星免受高能带电粒子影响的能力就会稍微弱一些。这些带电粒子也可以破坏水分子。因此我们就可以解释几十亿年间由大气水分的缓慢流失导致的星球逐渐干旱。几亿年的时间里，塔图因虽然流失了大量的水分，但它仍然剩下足够的水分保证塔图因适宜居住，人类恰巧在这个时候找到并殖民到了塔图因。

所以如果我们得出结论说塔图因比地球的质量"稍微小一些"，那么究竟质量有多少呢？火星只有地球一半大，质量只有地球的10%，似乎很小。迈克尔·伯恩斯（Michael Burns）博士是理论天体物理学家和科学、数学和工程公司的总裁，他认为体积是地球三分之一、质量是地球30%的行星可能适宜居住。

即使塔图因可能正在很缓慢地流失水分，但是在我们看到它的时候，它依旧保持有一定量的水分。水分存在于塔图因的空气中。我们在大气中看见了云，卢克住在埃尔温和贝露的湿气农场里，《星球大战百科全书》中说这样的农场从空气中凝结水汽。塔图因的水汽会在塔图因循环，就像在沙漠中一样。大气中的水蒸气会形成鬼雨或少见的大雨，大雨侵蚀地面，然后渗入地下。这些雨水提供了地下水。从深井中可以获得地下水，水也有可能汇集在地面的低洼处，滋润出罕见的绿洲。撒哈拉沙漠就有可观的地下水。塔图因的一些雨和地下水可以蒸发到大气中，继续循环。

要从很深的地方抽出水的成本十分高，所以从空气中收集水可能更加便宜和方便。康迪博士指出"在地球上的某些地方，你很难从地表获得水。地下水位可能很低，甚至不存在。在这种情况下，你只能从井里或者别的地方引水"。如果很难从塔图因别的地方抽来水，而凝结技术又是一件简单的事情，那么凝结可能是更好的取水办法。如果许多农民都做这件事，这可能导致空气中稀少水汽的极大消耗。幸运的是，塔图因的人口似乎很稀疏。

我之前说过，假定塔图因历史上存在过更多的水，不仅仅对于解释侵蚀痕迹来说很重要。如果关于地球上的生命在水下热液喷口旁边诞生的理论是正确的，那么很难想象沙漠星球塔图因上的生命是怎样开始的。我们可以想象原始地下生命的发展，正如同科学家认为火星上存在地下生命一样，但是复杂生命该怎么办呢？贾科斯基博士说："如果要诞生大型的生命体，我认为需要长期存在的水源。微生物可以生存在地壳岩石的缝隙中。但是更大的生命体需要空间移动。"所以，如果塔图因地面上曾经有过更多的水，我们就更容易理解复杂生命是怎样进化的了。但是这是怎样的生命？你必须要等到下一章才见分晓。

　　20 年前，大多数科学家说行星可能很稀有，适宜居住的行星更加稀有，适宜居住并且具备生命所需多种条件的行星则极度稀有。现在，宇宙中的行星似乎相当普遍，适宜居住的行星占了相当一部分，生命需要的条件更加宽泛。生命也许在我们周围的星系中发展、生存、死亡。虽然要去拜访它们，我们可能需要一些技术支持，但如果得到一些帮助，我们应该可以在各种各样的世界中生存。在这个人口爆炸的时代，我们究竟可能找到什么样的邻居呢？

2

外星人

你永远找不到一个比这里更加令人厌恶的人渣败类聚集地。

——欧比-旺·克诺比，《新希望》

一个黑乎乎、三角脑袋上嵌着闪着金光的眼睛的外星人忽然出现在本地的小酒馆里；古老、没有眼睛的蚝蝓潜伏在小行星内；头上挂着潜望镜的蛇形生物在死星的垃圾处理器里来来去去。

《星球大战》中一个最有意思的地方就是奇形怪状的外星生命频繁出现。"遥远的银河系"中几乎任何地方都有外星生命。你要么降落在它们中间，要么走在它们上面，要么被它们吃掉。塔图因沙丘上沙蛇的骨架回响着过去的声音；像龙一样的生物潜伏在纳布的水下洞穴中；R2掉进达戈巴的沼泽中，几乎马上被吃掉，可很快又被吐了出来。无论你走到哪里，无论你做什么，总会有一个外星生物在你身边。

卢克·天行者第一次进入那间小酒馆的时候，我们对外星人的认识以及科幻小说中描述它们的方式彻底改变了。我们不再会沉迷于单一的外星人形象。在卢卡斯的想象中，宇宙充满了生命，不仅许多行星都发展出了生命，而且在任何一个行星上，许多不同的生命都进化了，就像地球上的一样。即使是像塔图因、霍斯或者小行星那样不适宜居住的环境中，生命都想方设法生存了下来。

但是这些多种多样的环境中究竟孕育了怎样的生命呢？最近的科学发现让我们相信外星生命种类丰富。如果确实如此，它们会和《星球大战》中的外星人相似吗？宇宙真的是眼睛放光的贾瓦人、蠕动的赫特人、可爱的伊沃克人、饥饿的沙拉克、黏糊的迈诺克、呆萌的冈根人的家园吗？

外星人长什么样

在地球上，我们眼前有各种各样的生命——有叶子的生命体、有翅膀的生命体、有爪子的生命体、有蹼的生命体、有喙的生命体、有触角的生命体、有角的生命体、有刺的生命体、有鳞的生命体、有毛的生命体、有尖牙的生命体、有壳的生命体或是有黏液的生命体。生命体通过孢子、种子、分裂、互相交配、自体交配的方式繁衍。有的生命体住在其他生命体中；有的生命体依附在其他生命体外部生存；有的生活在水、空气、岩石、泥土、血液、稀泥中。在我们行星的历史中，存在过数亿种不同的物种，柯利弗德·皮寇弗博士说："当我盯着长相惊人的甲壳类生物、湿软有触角的水母、怪异的雌雄同体蠕虫、黏糊糊的菌类这些比科幻小说作者狂野的想象更加复杂的生物时，我知道上帝是有幽默感的，我们将在宇宙中其他生命形式上看到他的幽默感。"

鉴于在我们这一个星球上就有如此多种多样的生物，外星人不太可能恰好有人类的特征和形态。《星球大战》中许多外星人都有人类的普遍形态，有两只干活的手、两条走路的腿、有长着感觉器官的脸，比如尤达大师、贾瓦人、沙人、加·加·宾克斯、万帕冰兽、格里多、阿克巴上将、云城的乌格瑙特人、蜥蜴赏金猎人博斯克、头上长触角的比布·福图纳、歌手西·斯努特尔斯、兰多的副驾驶尼恩·农布、丘巴卡、伊沃克人、酒吧乐队，和电影中其他各种各样的外星人。

　　然而《星球大战》也向我们展示了许多没有人类特征的外星人，比其他的科幻电影提供了更广泛的外星人类型，比如班萨、汤汤、沙蛇、沙拉克、赫特人、湿背蜥、迈诺克、太空蛞蝓等等。因此人们觉得《星球大战》十分真实、独特、具有生命力。加来道雄（Michio Kaku）博士是纽约城市大学理论物理学教授，也是《超越时空》（Hyperspace）和《幻想》（Visions）的作者，他对此表示同意，说："在《星球大战》中，外星人看起来不再和我们一样。他们尝试使外星人有不同的外形结构。从这个角度说，《星球大战》比我见过的一些东西更加真实。"但是这是外星生命真实的样子吗？

　　我们将来可能遇到的外星生命最有可能和地球细菌相似。38.5 亿年前，地球上最先出现了细菌，在接下来的几十亿年里，细菌一直是地球上唯一的生命类型。直到 10 亿年前，多细胞生物才出现。6 亿年前动物开始进化，仅在不久之前，地球上的物种才丰富起来。虽然现在地球上复杂的生命形式很普遍，但是细菌依旧占据了我们行星上生命的绝大多数。斯蒂芬博士认为我们在宇宙中寻找的原始和复杂生命形式有着相同的比例。"我认为我们未来会找到的行星和卫星，上面的许多生命才刚刚起步，甚至是类似于细菌的东西。"所以我们有可能遇见许多有原始生命形式的行星，和较少拥有复杂生命的行星。贾科斯基博士也得出了相同的结论："地球生物花了 30 亿年的时间才从单一细胞生命体发展出了多细胞复杂生命体。这意味着那不是一个偶然事件。10 亿年前复杂生命体刚一出现，地球就经历了迅速的生命多样性爆炸。一旦复杂的生命发展起来了，惊人的多样性就可能出现。"这样复杂的生命是什么样的呢？

　　为了弄清楚外星生命可能的样子，思考一下地球生命是如何发展成我们现在这副模样是很有用的。物种通过进化被创造出来。如果变异恰好是有利的，可以帮助生命体在其特有的环境中生存，这种变异就有可能会遗传下去，传递到后代身上。如果变异是有害的，生命体可能就会在有繁殖机会之前死亡，这样变异就会从基因库中消失。

　　进化不论是在基因方面还是生态方面，都包含了许多偶然情况。贾科斯基博士称这些偶然情况为"历史的意外"。变异的发生可以使鱼更加适应它所生存的小池塘。但它恰好生在干旱的一年，在它有机会繁殖之前，池塘干了，鱼死了，所以变异就没有被传下去。同一时候，另外一条鱼出生了，它身上的变异使它不是那么适应小池塘。正常情况下，之前那条鱼会把这条鱼当早餐吃了。但是因为池塘干涸了，第二条鱼可以在一段时间内在池塘外生存下来，这段时间足够它翻滚到几英尺之外没有干涸的更大的湖中。这条能在池塘和陆地之间移动的奇怪的鱼就可以生存和繁殖，也许成了所有脊椎动物，包括人类的祖先。但如果那一年多雨，并不干旱，这条鱼就不能存活下来，生物进化的方向就会改变。

杰克·科恩（Jack Cohen）博士是生殖生理学家、华威大学数学与生态学院的专家及顾问，他指出了鱼的一些有趣特征——离开水是在 3 亿年前出现的，鱼成了所有脊椎类动物的祖先。"在它的食道中穿插有气管，在它的消化系统中混杂有生殖器官。许多鱼身上都没有发生这些错误，发生了这些错误的一条鱼可能爬上了岸。"机遇在我们的发展中起到了重要的作用，创造了我们这些可以通过同一张口呼吸和吃东西、生殖系统和排泄系统合并在一起的生物。许多《星球大战》的外星人似乎身上都有这些错误——至少他们看起来都是用同一个口呼吸和吃饭，这似乎挺奇怪的。我们只能推断他们的生殖系统是怎样的。

这些"历史的意外"是怎样和其他星球结合起来的，这很难预测。蒂姆·怀特（Tim White）博士是加州大学伯克利分校综合生物学的教授，他认为："我们很难想象其他类型的生命是怎样的。动物通过进化适应它们的环境，我们不知道太阳系外的外星环境是怎样的。另外，时不时总有偶然事件打破生物与环境的平衡，因此生命的结构和它们的进化历程成为一件难以预测的事情。"

即便是和地球相似的行星也可能孕育截然不同的生命体。实际上，科学家认为如果 6500 万年前，恐龙没有被巨大的流星毁灭，人类就不可能进化出来。怀特博士说："如果这件事或者那件事没有发生，我们甚至都不会在这里有这番谈话。"

外星人很有可能比我们想象的更加奇特。柯利弗德·皮寇弗博士同意说：

"章鱼、海参、管虫和松树与我们有密切的关系。和外星人比起来，鱿鱼可能还比较像我们一些。"

所以根本没有办法弄清楚外星人可能长什么样吗？外星人和我们一样都是生命形式，面临着和我们相似的问题——移动、感知、改造环境、成长和繁殖。适用于地球的解决方案应该也适用于"遥远的银河系"。因此，即使外星生命的进化途径和我们不一样，DNA和我们也不一样——如果它们有DNA——但我们和外星人可能也有相似的特征。

行星上的生命必须处理引力问题，这可能使得生命体有明确的头和尾。可以移动的复杂生命可能也有前和后。为了感知环境，生命体需要一种或者多种下列能力：觉察有用的电磁辐射光谱（视觉）；觉察四周大气的变化（听觉或嗅觉）；觉察热量和评估物体表面（触觉）；评估食物（味觉）。如果一个生命体必须寻找食物，那么将这些感知器官集中在生命体的前面就很合理。为了改造环境，复杂生命体需要肢体。为了在环境中穿越，他们需要一些移动工具。某些对称结构会使得移动更加方便。但是有多大的概率，外星生物行动的方式像人一样用双腿；像长颈鹿一样用四肢；像蛇或者鱼一样用肌肉发达的躯干；像鸟或者昆虫一样使用翅膀；像章鱼一样使用触须；或者是通过其他方式移动呢？

我们可以通过检验某特征在地球上独立进化出来的次数来了解该生物特征的普遍性或者可能性。在不同时间和地点发展出来的共同特征肯定特别有用或者有效。比如，飞行的特性在地球上发展出来了三次：一次是鸟，一次是昆虫，一次是蝙蝠。眼睛发展出来四次。所以这些特征更加有可能在另外一个星球出现。柯利弗德·皮寇弗博士指出了三种不大相关的动物：哺乳动物海豚、鱼类三文鱼、灭绝的爬行动物鱼龙。"它们都在近海活动，四处游窜，搜寻小鱼吃。这些生物在生物化学、基因和进化上都毫不相关，但它们却有相似的外形。它们不过是有生命、能呼吸的鱼雷。它们进化出了流线型的身体来加快在水中前行的速度。我们可以认为，水中的外星生命也会以更小的、游得很快的猎物为食，它们也有流线型的身体。"有些生命特征在地球上只出现了一次，这让它们看起来似乎不太可能出现在其他的星球上。比如，虽然所有的陆地动物都发展出了获得水的方式，但是只有大象这一种动物使用长鼻子汲水。

斯蒂芬博士认为这些特征发展的方式很大程度上取决于物理限制，而物理限制是物理、化学、生物定律的结果。比如，让我们思考一下手指。如果外星人搭乘宇宙飞船到达地球，他们可能有多少根手指？一个具有智慧、能穿越宇宙的种族需要能够用肢体处理周围的事物，每个肢体末端有手指。海豚可能有智慧，但是它们从不生火，从不建造宇宙飞船。物理世界的现实会决定出最实用的手指数目。"有理想的数字吗？"斯蒂芬博士问，"答案是肯定的。"

一根手指明显在进行复杂任务的时候不实用。相似地，两根手指也不太好用，如果你曾经戴着两指手套做过精细活，你就会明白。斯蒂芬博士说："如果你要做重要的操作，三根是最低起点。"如果三是最低数，最大数是多少呢？"如果你有七根或者八根手指，我想你会很难适应四肢末端有这么多手指，做事情会变得很别扭。"虽然我们没有做实验证明五是最好的数字，但是斯蒂芬博士认为五是最理想的。"科学家认识到，我们的两栖类祖先并没有五根手指，而是六根或者七根。进化和选择为我们决定了五根手指，这意味着五根从某种程度上来说是理想的。"斯蒂芬博士认为有智慧的外星人可能和我们一样有五根手指。

因为某些物理限制是宇宙普遍有效的，斯蒂芬博士总结说，虽然有智慧的外星人可能从各种不同种类的生命体进化而来，但他们可能和人十分相似。"找到一个长得和我们差不多的外星人的概率大概有80%之高。"

但是他似乎代表的是少数人的看法。科恩博士认为相反的观点才是对的。"找到另一个有我们地球恐龙或者人类的行星，比找到一个遥远的太平洋小岛，岛上人说得一口流利德语的可能性更低。"外星人可能经历了完全不一样的进化过程，经历了不同的"历史的意外"，导致了不同的适应方式。柯利弗德·皮寇弗博士认为类人的外星人"难以置信，《星球大战》中一些生物可能经历了完全不一样的进化路程，但他们看起来有点太像人类了"。对怀特博士来说，电影里这些有智慧的外星人最令人烦恼的特征就是他们大多数都是两足行走的。

"两足行走和高智慧之间没有必然的联系。"加来博士则认为,有智慧的外星人只需要有三个重要元素:"对生拇指或者某种触手、用于交流的语言、可以搜寻和发现目标的立体成像的眼睛。"贾科斯基博士表示同意:"进化成人类并不是一种必然趋势,虽然所有的这些证据都表明了我们的结构是多么完美。"

　　虽然有人类特征的外星人数量可能挺多,但是《星球大战》也包含了许多不具备人类特征的生物。是外星人进化出了更多使他们更为相似的"普遍"特征,还是拥有了只出现过一次的进化特征,使你在别处再找不到这样的生物,还是他们发展出了独特的外星生命特征呢?

毛球还是天才——外星生命拥有智慧吗

　　如果我们真的找到了外星生命,它会是有智慧的吗?《星球大战》里充满了有智慧的外星人,丘巴卡、赫特人贾巴、格里多、加·加·宾克斯、尤达等。我在这里说的"有智慧",指的是智商可以和结构复杂、有自我意识、有智力水平的人类相比。我的大蜥蜴名字叫伊格默,它十分聪明,但我不能说它和我们一样有思考、推理和理解的能力——至少它不懂欣赏《星球大战》,在我看来这就是没有智慧的表现。

　　有一些科学家认为虽然外星生命可能种类繁多,但是有智慧的外星生命可能就少了许多。他们称,进化通过"适者生存"发挥作用,但是更加聪明并不意味着更加适合。生命体可以不具备高智商,但是在生存和繁殖方面很成功。比如蟑螂,它们是适应能力最强的物种,甚至超越了人类。如果额外的智慧对它们是一项优势,按照科学家们的观点,我们就应该看到它们的智商一代一代逐步提高,然而并没有这样。当然,我不知道有没有人对蟑螂进行过智力测试。贾科斯基博士同意进化并不一定伴随着智力的增长。"生命体更趋向于拥有一个刚好能控制它们的身体的大脑，并不是越大越好。我们人类是个例外。"他指出，在40亿年、几百亿种生物里，只有人类发展出了有自我意识的智慧。所以说这是一个不同寻常的事件。"换个说法，这是解决生存问题的一个不同寻常的方案。"我认为外星生命是没有智慧的，不能制造飞船离开它们的世界。这是智慧生命蓬勃发展的《星球大战》宇宙显得不真实的一个主要原因。

但是另一些科学家认为智慧生命可能更加普遍。虽然某种特定物种的智慧可能不会提高，但是科学家指出，因为地球上生命进化出了更加复杂、先进的形式，大脑所占身体的比例也增加了，智慧也提升了。虽然人类等级的智慧在这个行星上只发展了一次，但是较低等级的智慧在所有不同类型的动物中都有了独立的发展。天文学家卡尔·萨根（Carl Sagan）认为，对一切生命体来说智慧都是多多益善的，可以帮助它们找到食物、适应环境的变化。这样，智慧生物就有更多的机会生存下去。智慧是生存和进化的自然结果。弗兰克·德雷克（Frank Drake）博士是搜寻地外文明研究所（SETI）的主任，他估计，有一万到十万种拥有智慧的文明存在于我们的银河系里。

但是如果有智慧的外星生命普遍存在，那么为什么没有任何外星人来拜访我们呢？这个问题就是著名的费米悖论，科学家在超过200年的时间里一直在寻找答案。以下是他们总结出的一些答案：

- 外星文明在他们发展出星际旅行之前就自我毁灭了。
- 外星人确实拜访我们了，但是他们想秘密进行。这话可能会传到讨厌的赏金猎人耳朵里。
- 恒星之间离得太远，拜访实在是太困难和昂贵了。也许如果我们在气体燃料上投入些钱……
- 地球离宇宙的闪亮中心太远了，吸引不来外星游客。
- 外星人更愿意待在家里，炖上一锅菜，通过原力观察我们。

可爱的傻瓜加·加·宾克斯——冈根人是如何进化的

在《星球大战》里的所有外星种族中，我们知道他们母星的只有几个[1]。不知道这个信息就很难说他们的特征是否相似。即使是有了这个信息，也很难得出肯定的结论。比如，假如长颈鹿不是地球上的物种，而是下一部《星球大战》中的外星物种。我们可以不停地推测这种外星物种的生存能力——那么长、那么重的脖子？不可能吧！它们会一头栽下去的。它肯定来自引力较轻的行星，只有这样，四肢瘦弱的它才能存活下来。行星一定森林密布，树木的叶子也是在地面往上 15 ～ 20 英寸（38 ～ 51 厘米）的合适位置。这些结论似乎都合理，但每一个都是错的。因此，对于特定外星人的任何猜测从这个方面来说都已经超越了合理的猜测。

一个因素可能会有些用。因为我们在电影中看到的外星人可以和人类在同种环境下生存，于是我们可以假设它们进化的环境可能和地球的环境相差不大。现在让我们检验几个我们喜爱的外星人吧。

《幽灵的威胁》为我们带来了可爱的傻瓜加·加·宾克斯，他是纳布星球的土著居民。加·加有我们之前讨论的复杂智慧生命的基本外部特征：有头有脚、有前有后，有对称结构、感觉器官、移动方法、改造环境的肢体。总的来说，加·加的形态类似于人。加·加还有一些奇特的特征，这使他真正成为一个令人着迷的谜。很明显，引导加·加种族进化的"历史的意外"和引导我们的不一样，但是最后又使他们的身体特征总体上和人类有许多相似的地方。长长的口鼻让他看起来像是骆驼或者马，长长的耳朵有些像兔子，手臂上的色块分布让人想起蜥蜴。

加·加最显著的特征就是他的眼睛。他的双眼从头上凸出，长得反而有点像两只耳朵。它们和所有地球生物的眼睛不一样。眼睛奇特的生长位置

1　现有的设定已经远远超过了这个数值。

和结构意味着它们对加·加的种族——冈根人的生存可能很重要。虽然我们不知道冈根人在纳布上进化的地方具体是哪里或者他们的进化方式具体是什么，不过地球上确实有动物和加·加具有相似性，这可能可以帮助我们了解加·加的情况。

在鳄鱼身上，鼻孔保持张开，眼睛高过了头顶。这让鳄鱼在水面漂浮的同时，大部分身体和头部留在水下，但仍可以看见和闻见周围的事物。因此鳄鱼在潜伏等待的时候，看起来就像是一截漂浮的木桩，直到潜在的食物来到水边喝水——这就是它们生命中最后一次喝水了。电光火石之间，一顿饭到手。也许冈根人或者他们的祖先获取食物的方式与此相似。他们的鼻孔位于头上很高的位置上，但是没有眼睛那么高。

另外一些地球生物提供了不同的可能性。许多甲壳类动物，以及一些昆虫和鱼的眼睛长在了小棒上，称为"眼柄"。眼柄让眼睛可以自由移动。虽然加·加的眼睛不在眼柄上，也没有眼柄那样的灵活性，但是他的眼睛也可能有一定的灵活性。眼睛根部的肌肉让他的眼睛可以向前后倾斜或者扭向不同的方向。在一些有眼柄的生物身上，每只眼睛都长在软骨棒的末端。在软骨棒的根部有控制软骨棒运动的肌肉，这样软骨棒就可以移动，让眼睛往几乎所有方向看去。因为甲壳动物一般移动缓慢，在黏稠的水里移动更加慢，它们不能像鸟一样快速摆头观察四周的情况。但是加·加的头部可以快速移动，所以并不清楚在他可以快速移动头的情况下，灵活的眼睛可以给他们带来什么好处。

眼睛的灵活性可以提供广阔的视野。如果生物是一种食草动物，广阔的视野范围对于监视捕食者鬼鬼祟祟的潜行很有用。在陆地生物中，多数食草动物的眼睛可以看向不同的方向，有近360度的视野范围。如果动物是食肉动物，立体感对于准确定位和捕获猎物来说也很有用。食肉动物的眼睛一般都向前。加·加的眼睛在休息的时候确实是向前的，所以他可能能够实现两种方式：既有立体感视觉，需要的时候还有广阔的视野。

　　这种结构的另一个优势就是随着眼睛脱离了头骨，大脑就有了更多的空间发展。在许多种陆地生物身上，大脑和眼睛必须争夺头骨里的空间。眼睛越大，视觉分辨率就越高，所以大眼睛和锐利的目光有利于生物生存。但是眼睛越大，留给大脑的空间就越少。高速飞行的鸟类需要锐利的目光，于是鸟类放弃了大脑空间给眼睛。眼睛脱离头骨可以使加·加有比骆驼和马更大的大脑。

　　然而，这种头骨空间问题的解决方案却使眼睛失去了骨骼的保护，很容易受到伤害。斯蒂芬博士指出："你看任何有脊椎的生物，感觉器官都受到骨骼的保护，甚至鳄鱼在眼睛上方也有拱形的骨头。我想不出任何脊椎动物的感觉器官悬在半空中不受到保护。"摔到头会糊一脸黏液，捕食者一口就可以撕扯下加·加的重要器官，美餐一顿。似乎眼睛必须要提供重要的优势才能弥补这一危险缺陷。

　　他的眼睛还可以提供更多的信息。昼伏夜出的动物必须进化出十分敏感的眼睛，必须有很大的瞳孔来让更多的光线进来，还需要有特殊设计的视网膜来发觉微弱的光。眼睛后面的光感视网膜通常由两种细胞构成——视杆细胞和视锥细胞。视杆细胞对于微弱的光线敏感，视锥细胞处理明亮的光，提供色彩视觉。夜间活动的动物视杆细胞多于视锥细胞，这使得它们有更好的夜视能力。但是当这些动物进入明亮的光线中时，它们就很难适应。

　　它们的瞳孔可以收缩，将大部分刺眼的光挡在外面。眼睛的肌肉缩紧，瞳孔就能打开得小一些。但是肌肉的特定排列为圆形瞳孔收缩的程度设定了限制，即使是收缩到最小，也会有超过夜间活动的生物可以承受的光线射入。细狭的瞳孔肌肉排列却不一样。当瞳孔扩张的时候，它呈圆形，但当它收缩的时候，肌肉就会将它关闭成一条细线，只让一点点光线进来。细狭的瞳孔对夜间生活的动物来说更好，在白天的时候也能出去。鳄鱼主要是夜间活动的生物，却可以享受日光浴，它就有细狭的瞳孔。于是我们可以得出结论：加·加也主要是夜间生活的生物。这一定使他很难适应人类伙伴的日间活动。奎-刚可能会在夜间发现他鬼鬼祟祟蹑来蹑去，就像宠物猫一样。

关于他的生活方式，另外一条线索可能就在于他修长灵活的脖子。许多陆地生物都进化出了长脖子，所以在外星人身上发现这个特征似乎也是一件合理的事情。陆地生物由于各种各样的原因要使用到长脖子。长颈鹿靠脖子够到高处的叶子；鹳靠脖子捕捉鱼。但是关于加·加靠脖子获取食物的方式，我们所做的任何推论都站不住脚。像他这样有两条腿和两只手的两足动物更有可能用手捉鱼，或者用手够到长有美味树叶的树枝并拉到嘴边。斯蒂芬博士问："如果你能抓到比你高两个头的东西，为什么你要进化出长脖子呢？"

也许，如果他的生活方式和鳄鱼一样，他会等猎物靠近他，然后一下抓住猎物，长脖子给了他额外的灵活性。或者可能脖子的优势不在够到食物，而在于能把眼睛抬得更高。骆驼既有长腿又有长脖子，这二者加在一起就可以把它们的头抬高，免受沙漠沙尘暴中刺眼、窒息的沙砾影响。同样的环境也可以解释为什么加·加的身体如此努力地把眼睛抬高。也许是因为冈根人进化的地区夜间会形成一层地面雾。这在地球上的许多地区也会发生，比如河谷、湿地或者是沿海地区。到了一定的高度这些雾就会消失，眼睛高于雾层的生物就具备了优势。

另一个有趣的特征是加·加的长口鼻，这在地球上的四足动物中很普遍。四足动物一般有长口鼻，因为它们在吃东西的时候，需要用嘴叼住并操控食物。有上肢的两足动物，比如人类，可以用手拿住和操控食物，因此不需要长口鼻。加·加的口鼻让斯蒂芬博士认为"他们的手可能很笨拙"。加·加肯定有一些身体协调上的问题。

关于加·加生存环境的最后一条线索就是他巨大而下垂的耳朵。在陆地生物中，大耳朵帮助动物向周围的空气中散热。住在沙漠中的野兔和其他沙漠动物大都有超级大的耳朵，帮助它们让血液凉下来。非洲象的耳朵也有相同的功能：耳朵上突出的血管帮助把血液带到皮肤表面降温。而且，大象还可以靠扇动耳朵来加速冷却。加·加的耳朵可能有相似的用途。它们可能还有交流的作用。大象扇动耳朵来向其他的公象宣示它们的领地，捍卫它们的疆域。也许电影将给我进一步的线索显示加·加的耳朵是否也有这样的用途。

　　我们因此可以下结论：冈根人可能是在气候炎热，捕食者虎视眈眈的条件下进化的。主要在夜间捕猎是他们避开高温的一个方法，巨大的耳朵也是白天出行时的一种处理热量的方式。由于可能出现因环境导致视野模糊的情况，所以眼睛长得高也会给他们带来巨大的优势。或者他们眼睛所在的位置可能能帮助他们威吓狩猎者。但是眼睛也是加·加最大的软肋，他们必须时时刻刻保卫它们。狠狠摔一跤，眼睛可能就瞎了。

忠诚亲切的丘巴卡——什么环境造就了伍基人

　　在《星球大战》的所有外星人中，最让我感到亲切的就是丘巴卡。丘仔[1]有7英尺（约 2.1 米）多高，年龄超过 200 岁。他就像一块会走路的笨重地毯，忠诚、勇敢，有时候也很凶猛。如果他的鼻子感知到了别人忽略掉的事情，他就会变得异常警惕。根据《星球大战百科全书》所述，伍基人来自卡希克这颗森林行星中。和伊沃克族不一样，伍基人在距离地面 1 英里的茂密树冠上建立城市。修长的四肢可以帮助他们爬树，从一根树枝荡到另外一根树枝上。脚上的爪子又细又锋利，也可以帮助攀爬。但是丘仔的爪子被修短了——也许它们像猫的爪子一样，可以收缩进去。我们看不到他的手上是否有爪子，因为他的身体大部分被毛覆盖了起来。伍基人十分强壮，可以把人的手臂撕扯下来，C-3PO 很清楚这一点。他们以呼喊、嚎叫和哼唧为语言进行交流，虽然听得懂英语，却不能说。

　　从外貌上来看，伍基人基本上就是被毛覆盖的人类。他们就像是真实存在的生命体，所有的部位都恰到好处，能够协调工作。在地球上，体表长有皮毛

────────────

1　电影中丘巴卡的昵称。

或羽毛的性状已经独立进化出了好几次，所以外星人身上有皮毛很合理。这样的身体覆盖物可以将生物和极端的温度变化隔离开来。由此看来，很有可能伍基人面临的气温波动和地球上的相似，所以就使用了相似的解决方案来应对。丘仔锋利的牙齿、看向前方的眼睛和爪子都表明他是食肉动物，而他敏感的嗅觉可以帮助追踪和定位猎物。

人们也狩猎——至少我们的祖先狩猎——所以我们可能会问，为什么伍基人的嗅觉比我们更灵敏？科学家最近发现，控制人类嗅觉受体形成的基因中有 72% 都已经发生了严重的变异，无法正常工作，而这些受体正是我们产生嗅觉所必需的。我们的嗅觉退化严重，而这些变异是什么时候发生的还不清楚，可能是在人类进化过程中发生的，甚至可能更早，早到人类进化之前。很明显，灵敏的嗅觉对于人类的生存并不是很重要，所以这些不是很灵敏的鼻子延续了下来。

对伍基人来说，嗅觉要重要得多。他们可能需要——或者曾经需要——嗅觉来帮助追踪躲在茂密森林中的猎物，或者可能使用嗅觉来感知其他生物的情绪。比如生气的蛇就会有被淋湿的狗的独特味道，这样就可以很方便地发觉蛇什么时候生气。伍基人可能也用气味来发送信号、标志地盘、表达交配欲望，或者提示危险。他们的语言词汇可能很有限，气味就提供了另外一种交流的方式。狗的嗅觉比人类灵敏 100 万倍，如果丘仔的嗅觉能力和狗相当，甚至超越了这个水平，他就可以通过鼻子获得更丰富的信息——可以分辨贾巴是否在房间里埋伏了一群拿着爆能枪的赏金猎人；可以数清香料的数量；也可以发现被碳凝的汉·索洛。

灵敏的嗅觉甚至可以解释为什么伍基人更加情绪化。科学家认为嗅觉比起其他感官能激发起更加强烈的情感。爱人毛衣的味道可以唤起对那个人的清晰印象，引起强烈的回忆和感受。新鲜出炉的巧克力末饼干可以引发愉悦感和激动的心情（起码对我来说）。气味可以是充满信息的，可以是让人不悦的，还可以是使人开怀的、令人畏惧的、唤起感情的。

　　科学家认为嗅觉是陆地生命进化出的第一种感官。我们的其他感觉器官接收到的信息会传送到进行更高级思考的大脑皮层，而气味信息则被直接传到了大脑最原始的部分——大脑边缘系统，尤其是叫作"杏仁核"的古老结构那里。杏仁核主要用来存储感情记忆，给事件赋予强烈的感情。

　　对我们原始的祖先来说，气味会引发强烈的感情，强烈的感情进而引发行为：美味的食物——吃！虽然理智会阻止我们将欲望付诸行动——把你的手从饼干罐上拿开——气味依旧能够直接触发我们的情感。这些大脑的联系是"历史的意外"的结果，丘仔的感觉也是按照相似的方式联系起来的。他的嗅觉灵敏，气味可以激起他强烈的情感。

　　虽然伍基人的嗅觉能力比我们强，但是他们的说话能力似乎太过于有限。从这个方面来说，伍基人和大猩猩很像。大猩猩通过表情、动作和许多独特的发声，包括呼喊、嚎叫和哼唧来交流，它们缺少像人类一样发出多种声音的能力。

　　许多器官都对人类发声能力有贡献，比如嘴唇、舌头、牙齿、口腔上部的硬腭和软腭。最重要的器官是咽，那里是声带所在的位置。人类咽喉的位置比猿类咽喉的位置低，这种改变在人类开始直立行走的时候就产生了。人类的大脑增大，与脊椎相连的头骨位置的调整实现了更好的头部平衡。较低的咽喉为声音创造出了管形共鸣腔。大猩猩咽部的结构限制了它不能发出许多人类讲话所需要的声音，但也可以教它们说一些有限的词语，比如"妈妈"——就像《猩球崛起》（*Planet of the Apes*）电影里演的一样。伍基人咽喉所在的位置可能也不能让他们发出人类讲话的声音。他们为什么会这样呢？外星人没有设定人类发声所需要的身体结构，这似乎更加可信。

　　丘仔和人类的相似点很多，他不像加·加那样让人费解，但是他确实也引出了一个吸引人的问题：为什么伍基人是两足动物？直立行走的特性在地球上进化出了许多次，在恐龙、袋鼠、鸟、原始人类身上都有所体现。所以这也似乎是我们可能在外星人身上发现的一个特征。但这是我们应该在伍基人身上发现的特征吗？

我们不知道伍基人是否从一开始就生活在树上，还是直到他们的科技水平允许他们在树上建造城市的时候才搬到那里的。但是在地面上进化的物种突然决定搬到树上确实是一件奇怪的事情。他们可能会觉得生活在地面上更加舒适，他们当作食物的动物也在地面上，更加适宜他们身体结构和生活方式的环境条件也在地面上。向下爬 1 英里到地面上狩猎再爬 1 英里回去会让狩猎变得麻烦而困难。

更有可能的推测是伍基人一直住在树上，他们不用爬下树到地面上就可以满足所有的需求。但如果伍基人确实是在树上进化的，我们就更会好奇他们为什么能进化出直立行走的特性。在树上直立行走似乎不是一种便捷的生活方式。即使你可以在巨大的树枝上找到平衡直立起来，有必要冒这个风险吗？四足行走的树上居民可以更加快速灵活地活动。

怀特博士更偏向于掌握更多信息后再推测伍基人的进化方式。"假设伍基人不是想象出来的，而是一种真实的生物来到了我的面前，为了推测其进化过程，我想检查他们依旧存在的亲戚和过去的祖先，从古老的化石记录中找到尽可能多的信息。"但鉴于缺乏这样的信息，我们还能不能将伍基人和地球上的树上居民相比较，并从中了解些什么呢？

四足生物需要许多特征才可以直立行走。脊椎、骨盆、腿和脚的骨骼都需要特定的比例和形状来承受它们上面的压力，保证身体轻松地移动。躯干和大腿的肌肉需要进化出维持平衡和支持全身重量的能力，推动身体向前。

科学家认为爬树的经历为人类祖先的直立行走做了准备。会爬树的动物，前肢会逐渐进化出和后肢不一样的特征。它们用前肢够到食物或者树枝，用后肢支撑身体的重量。耶鲁大学的人类学家迈克尔·西曼（Michael Seaman）指出："因为它们总是上上下下地爬来爬去，于是就会保持躯干直立。"这些适应充当了预备性改变，这些改变对于准备直立行走来说是必需的。所以善于攀爬的生物进化成两足生物似乎很合理。

但是多年以来被广泛接受的理论是：人类祖先——原始人类进化出直立行走

特性的一个重要因素是气候的改变。400万年前，地球上的气候开始变得干燥。非洲东部以前是潮湿的树林，当时也开始变成开阔的热带大草原了，树木逐渐死亡。于是人类的祖先被迫离开树木，适应地面上的生活。实际上，保存在火山灰里的脚印揭示了他们正是360万年前在这个地区发展出来了直立行走的能力。

如果热带大草原的理论是正确的，的确因为气候的变化导致原始人类从树上转移到地面上从而进化出了两足动物，那么有人可能会好奇伍基人——和伊沃克人——是怎样变成两足动物的。据说他们都生活在森林茂盛的星球的树上，我们已经推断过他们都在树上进化，而这样的条件似乎和草原理论不相符。

在过去几年里，草原理论被新的化石发现和更新的类人猿进化时期的气候变化推测所挑战。现在大家认为非洲的气候直到280万年前才开始变干燥，然而我们还发现早在420万年前就已经有了猿类直立行走的征兆。最近发现的两种新的原始人类物种比之前发现的任何种类都要古老，这更增添了这个理论的不确定性。甚至有迹象显示，在不同种类的类人猿中，直立行走的特性可能不只独立进化出了一次，这使得直立行走仿佛更有可能成为外星人的特征。不过，虽然草原理论已经被严重质疑，但问题是科学家也不清楚用什么来取代这个理论。

美国肯特州立大学的埃尔温·洛夫乔伊（Owen Lovejoy）博士提出的理论似乎是首要竞争者。在他的理论中，直立行走的促成因素是雌性原始人和雄性原始人成双成对，建立一夫一妻制度。雄性开始为雌性和宝宝提供食物。原始人类发展了此项新技能，雌性就可以更加频繁地生育，而雄性也获得了专有的交配权，这就使成功配对的夫妻可以将他们的基因遗传给更多的后代。交配和走路有什么关系？有了这种新的生活方式，雄性就需要搬运大量的食物给雌性和宝宝。为了实现这个目标，他需要直立行走，解放双手来搬运。怀特博士相信"洛夫乔伊的模式是最可行的方式"。

如果洛夫乔伊的理论是正确的，它可能也揭示了伍基人进化出直立行走特性的秘密。虽然在电影中没有看到太多伍基人的生活方式，但1978年的《星球大战假日特辑》却给我们提供了重要的信息。糟糕的两个小时的电视节目却那么吸引人。但是节目提供的正是我们需要的。在节目中，丘巴卡拜访了卡希克，他回到了母星，那也是他的妻子马拉和儿子伦帕居住的星球。这样我们就看到了一夫一妻的生活方式，这可能为伍基人直立行走提供了合理的解释。我的猜测是：如果直立行走意味着他们可以规律地交配，许多雄性会去自愿尝试的。

巨型鼻涕虫——赫特人贾巴如何在塔图因的环境下生存

最恶心的外星人必然是赫特人贾巴。他的身长超过 16 英尺（约 4.9 米），身体像膨胀的鼻涕虫一样，胳膊短壮，头像一个大脓包。贾巴在银河系的下层世界里蠕动，他的家在塔图因星球上的一座大宫殿里。根据《星球大战百科全书》记载，贾巴通过皮肤分泌黏液和汗水，这使他的身体黏糊糊、滑溜溜的，不容易被敌人抓到。他"最高兴的事情"就是把海洋生物当点心享用。他把海洋生物养在大殿里高台附近的一个小鱼缸里。这意味着贾巴原本的栖息地可能在水边。

虽然地球上的蛞蝓最多只有几英寸长，它们却是我们身边和贾巴最相似的生物。蛞蝓有柔软黏滑的身体，经常在夜间活动。虽然常见的蛞蝓吃霉菌和腐烂的叶子，一些蛞蝓也是肉食动物，和贾巴一样，它们吃蜗牛和蚯蚓。蛞蝓雌雄同体，有雄性器官也有雌性器官。《百科全书》告诉我们贾巴也是一样的。实际上，我们应该称贾巴为"它"，但是似乎也有些奇怪，所以让我们按照《百科全书》，称贾巴为"他"。蛞蝓可以通过扮演雄性，把精子射进另一只蛞蝓的雌性器官中来繁衍，也可以简单地结合自己的精子和卵子——这种方式从本质上来说，就是和自己交配。贾巴可能也有这两种选择，这就让人好奇为什么他会被衣不遮体的莱娅吸引。柯利弗德·皮寇弗博士指出："贾巴认为人类女性诱人的概率就像你和我认为雌性鱿鱼诱人的概率一样高。"我个人更加喜欢雄性的大蜥蜴。

蛞蝓的肚子是它唯一的、锥形的足。蛞蝓收缩肌肉，扭动脚，从尾部抖动至头部来移动身体。帮助蛞蝓移动的还有脚上的小纤毛，还有脚前面分泌出来的黏液，蛞蝓就像是一块黏糊糊的毯子一样向前滑动。

分泌黏液使得蛞蝓损失了大量的水，所以所有的蛞蝓都需要潮湿的环境来繁衍。蛞蝓和蜗牛都属于腹足纲，但是蜗牛生活在湿度变化无规律的地区，因为它们的壳可以在干旱时期保存水分，防止水分流失。它们可以把自己封在壳里，等待多年，直到下雨。蛞蝓没有壳的保护，需要在常年潮湿的地方生活。为了保证自己不脱水，它们会节约自身的水分，重新吸收尿液中的水。但是如果蛞蝓需要水分，贾巴是怎样在塔图因这个沙漠星球生存下来的？

无论是在《新希望》的特辑中还是在《绝地归来》中我们都没有看见贾巴待在室外。即便是下令将汉·索洛扔进沙拉克处死的时候，他还是躲在船的甲板下面，不能清晰地看到壮观的场面。我相信贾巴不愿意错过目睹汉·索洛的死亡。贾巴大部分时间都必须要待在黑暗之中，躲避阳光、高温和干燥的空气。贾巴喜爱黑暗，和蛞蝓的夜间生活方式一样。他狭长的瞳孔也印证了赫特人天生昼伏夜出。他的船和宫殿都保持阴暗，可能还使用某种增湿器来保持空气湿润。当然这样的方式在一个水源稀缺的沙漠行星上来说是极度奢侈的，但他可是赫特人贾巴。塔图因星球偏远且无人看管，也许会成为他这个犯罪大佬十分舒适的家。

贾巴似乎还是能适应那里的环境的，至少从最低限度来说。在《新希望》中，我们看见他待在"千年隼号"的船库中，那里肯定没有安装任何增湿器。这里，贾巴的体形可能给了他陆地蛞蝓所没有的优势——

一条大蛞蝓变干的速度比小蛞蝓缓慢得多。所以贾巴可以在低湿度的环境中生存较短的时间而没有什么问题。

和蛞蝓之间的比较确实给了我们几种可能能用来对付赫特人的方法。如果你面对着一个赫特人，手里也没有铁链可以绞死他，首先不要尝试捕捉，因为黏液会帮助他逃走。如果你确实捉到了他，赫特人还有另外一个小暗招。几种陆地蛞蝓有能力折断腹足的后面部分。这个部分会剧烈地扭动，分散敌人注意力，蛞蝓的其他部分就可以逃跑了。在《新希望》中，汉跳到贾巴背上的时候，贾巴似乎吓了一跳。我不知道他是否已经吓到想要断开他的身体。想要杀死赫特人，你只要把他们扔到沙漠里，让他们脱水而死就够了。如果想加速他们死亡的过程，你可以刺激他们的皮肤。就像是眼睛里进了一粒沙尘就让你眼睛湿润一样，让蛞蝓皮肤粘上一些恼人的物质也会使它立刻分泌大量的黏液。将沙子或者盐撒到蛞蝓的必经之地十分有效。黏液的过度分泌会让蛞蝓迅速脱水，耗尽水分，最终死亡。这本来可以省下汉、莱娅和卢克很多工夫。

外星人有可能长得像蛞蝓吗？化石记录显示，从比较原始的构成开始，住在陆地上的食肉蛞蝓在地球上独立进化了许多次。这意味着蛞蝓的特征对生存来说是相当有用和有效的，有可能在其他星球再次出现。所以你前往太空度假的时候，可能还得带上一篮子沙子。小心赫特人脑袋的右边，那里有蛞蝓的雄性生殖器官。

小行星上的怪物——太空蛞蝓这样的生物能活在真空中吗

最让人惊奇的外星人之一、最难以理解的外星人之一，就是住在霍斯小行星带其中一个小行星上面的太空蛞蝓。太空蛞蝓藏在洞穴或者岩石隧道里面，而汉毫不知情地将"千年隼号"着陆在了那里面。太空蛞蝓似乎使用了和塔图因上的沙拉克、地球上的蚁狮或者瞻星鱼相似的策略——它们一动不动,张开嘴巴,等待猎物掉进去或者猎物离它足够近,可以一下擒住。瞻星鱼首先把自己的尾巴埋在沙子里,只有眼睛和嘴巴露在外面——这还需要你知道你在找什么才能看见它。当猎物游过的时候,它就一口吞下。许多陆地生命体都有这样的生活方式,这似乎也让太空蛞蝓相当可信。

我们已经讨论过了住在地球地下的生命体,它们只靠岩石和水就可以生存,这表明生命体在小行星上找到足够的营养生存下去是有可能的。有人认为一些小行星上有一层永冻层,还有证据显示过去它们曾被加热到足够使内部熔化的温度。虽然任何加温都几乎不可能长久到足以产生生命的程度,但我们也许可以认为,在一些不同寻常的条件下,最大最热的小行星上可以产生一些活跃的微小生命。

但是很明显,太空蛞蝓并不以水和岩石为食。它是捕食者,隐藏着等待猎物,它的牙齿锋利,可以捉住猎物将其撕碎。这意味着在这些小行星上必定有一套完整的生态系统,必须有太空蛞蝓可以吃的生物。我认为可以假设它们的食物不是宇宙飞船,因为飞行员"一定是疯了"才把飞船停到小行星带上。为了供养像太空蛞蝓这么大的生物,食物一定也相当大或者相当多。即使太空蛞蝓长时间冬眠,它也总有一天要进食。但是在那里我们却没有看见生命的迹象[1]。就算有微生物住在地底岩石里面,太空蛞蝓也不能吃它们,因为它的嘴巴是伸向太空的。我们可以假定其他的一些微生物飘浮在太空中,庞大的太空蛞蝓以它们为食,就像鲨鱼以小型浮游生物为食一样。但是为什么太空蛞蝓有这样锋利的牙齿,或者有能力离开洞穴捕捉猎物呢?"千年隼号"对它来说太小了甚至注意不到,它的猎物一定是又大又活跃的。

1　显然,作者忽略了自己在上文提到过的,《帝国反击战》中的生物迈诺克。迈诺克正是太空蛞蝓的食物之一。

让我们暂且把它吃什么的问题放到一边。假设有众多疯狂的科雷利亚飞船驾驶员飞到小行星上，而且在过去十亿年里从不间断，那么太空蛞蝓可以住在这样不友好的环境中吗？太空蛞蝓依然面临一大堆问题，包括低温、流星冲击和高能粒子辐射。但是我们先只关注一个问题：压力。小行星太小了，不能维持大气，所以没有将太空蛞蝓和真空宇宙隔离开来的方式。

许多人认为在宇宙中缺乏压力的环境会造成生物爆炸。理由如下：我们的身体和地球大气处于流体静力平衡状态。在海平面上，大气施加在我们身上的压力是每平方英寸 15 磅（即 1 标准大气压），我们体内的液体和气体也会向外施加同样大的压力，形成平衡。压力上的任何改变都会造成麻烦。如果你受到的压力小于每平方英寸 14.7 磅，身体就会膨胀，血管里也会生出气泡。潜水员从高压的海底迅速升到低压的海面时也会经历这样的压力变化，患上"潜水病"。如果你快速地将一条一直生存在高压之下的深海鱼带到海面上，它们体液中溶解的气体就会膨胀，把鱼的肠道从口腔中挤出来，鱼就会爆炸——但那是鱼。

事实上，每寸肌肤都不受到任何的压力对于人类来说是非常不健康的。这虽不会使人爆炸，但我们将会得上严重的潜水病，体内的气体会冲出身体的所有孔洞——称为放屁都不足以形容——人在几秒内就会失去意识。这样的实例发生在 1971 年，一艘苏联宇宙飞船意外失压，将三位宇航员暴露在了真空中。他们的身体并没有因此爆炸或者变形，但不幸的是，他们都死于缺氧。柯利弗德·皮寇弗博士估计："在晕倒之前，你应该还有 15 秒的意识，距离死亡还有几分钟的时间。"暴露在真空中的猩猩近皮肤的血管流出了血，比如鼻道、眼睛和肺，但由于暴露时间短，并没有造成永久性的伤害。人类和猩猩都在地球上进化，也都有可能在真空缺乏压力的情况下生存下来，所以有生命形式可以在真空中进化和生存也并没有什么不合理。

从本质上来说，生物是一袋装有液体和化学物质的物体，就像装有水的塑料袋一样。如果袋子足够结实，就可以保持完整。太空蛞蝓看起来没有鼻道和眼睛，可能的危险源头就被消除了。

然而，对于太空蛞蝓来说还存在另外一个巨大的威胁——它的嘴巴和喉咙都暴露在真空中。如果没有某种类似气闸的器官来封住喉咙，太空蛞蝓的整个消化系统就都会暴露。如果消化道内部的细胞和太空蛞蝓的外皮细胞一样强壮，可以提供足够的保护，那就没什么问题，但是消化道的作用就是吸收营养，为了实现这个目标，消化道细胞膜就必须具有渗透性，这意味着细胞必须允许物质跨膜进出。如果真是如此，细胞中的水分就会很快蒸发到太空中。确实，当汉·索洛和其他人走出太空蛞蝓的喉咙时，喉咙是潮湿的，这意味着它正在流失水分。贾科斯基博士指出："任何流失的水分都要被补充回去，假设是通过吸收新鲜水分补充的，那么水源在哪里呢？"

他们在"洞穴"中的行走引发了更多的问题。太空蛞蝓的嘴张开，任何水分都应该立刻被吸入太空中。而且因为蛞蝓的嘴巴是张开的，喉咙里的压力应该是零，这样的压力会让汉·索洛、莱娅和丘仔在 15 秒内失去知觉，他们血液中的气体也会冲出身体。这个场面应该十分有意思。

如果太空蛞蝓在喉咙里有某种气闸器官，可以安全地使食物从真空的外界进入相对高压的内部，这一切就能解释得通了。但是汉驾驶飞船穿越太空蛞蝓出来，并没有遇到这样的屏障。

科学家确实认为生命也许有能力在太空中生存，但仅限于适应力强的细菌。也许它们正处于休眠孢子状态，被厚厚地包裹在大流星的岩石内部。柯利弗德·皮寇弗博士指出，在阿波罗 12 号飞船收回留在几乎真空、温度极端的月球上三年的相机的时候，他们在上面发现了地球细菌的存在。

所以可能有更加高级的生命形式生存在真空的太空中吗？斯蒂芬博士说："我认为这件事实在是太不切实际了。"但是贾科斯基博士则认为那里的生命可能比我所知的更加丰富："我不愿意排除这个可能性。"

需要多少外星人才可以引发一场酒吧斗殴
——外星人的感官和我们一样吗

我们之前讨论过，来自不同行星的外星人身处在一个单一的环境中——比如莫斯艾斯利小酒馆中——是多么不可能的一件事。柯利弗德·皮寇弗博士提出了除了环境以外的另外一个问题："外星人的感官可能十分不一样，交流将会成为难题。"他指出，地球上的每一种生物感知世界的方式都是不一样的。"它们可以闻到我们闻不到的，它们可以看到我们看不到的，它们可以听到我们听不到的。"比如蜜蜂可以看见我们看不见的紫外线，狗可以听到我们觉察不到的声音。"如果地球上的生物能通过某种方法向你描绘它们感知到的世界，那很可能和你认识的世界不一样。有可能我们将永远不能完全理解外星人的思想，就像我们不能理解海豚的'语言'一样。"柯利弗德·皮寇弗博士如是说。除非我们和外星人的关系十分密切，就像汉和丘巴卡之间的友谊一样，不然误解是十分常见的。

在来自同一个国家的人之间都会很容易引起误解，在来自不同国家、语言、文化的人之间，就会产生更多的问题。考虑到外星人的视觉、嗅觉和其他的感官和我们不一样，小酒馆里的外星人毫无缘由地讨厌卢克也没有什么好奇怪的。那里很容易发生暴力，在你回过神儿之前，酒保就有更多的残肢断臂要清理了[1]。

---

1 《新希望》中，由于以庞达·巴巴为首的几名外星人在莫斯艾斯利小酒馆中找卢克的麻烦，欧比-旺用光剑切下了庞达·巴巴的胳膊。此类现象在银河系的酒馆中很常见，已经成为星战迷之间流传的一个梗。

毛茸茸的"泰迪熊"——伊沃克人是在什么环境中进化的

在上一章中，我们讨论过伊沃克卫星。基于各种各样的环境元素，我们发现那里有可能孕育出生命。现在让我们看看已经在那里进化的生命。

伊沃克人是矮小、毛茸茸的生物，看起来像泰迪熊。他们直立行走，四肢短小，小小的手指和脚趾上都没有毛。每只手都有一个对生拇指，就像人类一样，这可以让伊沃克人使用工具。他们的指甲和趾甲都和人类的相似，而且还仔细修剪过。在《绝地归来》中我们知道他们设陷阱捕获食物，所以伊沃克人是掠食者。根据《星球大战百科全书》记载，他们不仅是猎人，还到处采食，这说明他们是杂食动物。伊沃克人群居生活，在森林大树顶上建造村庄。

依我看，矮小的身材阻碍了伊沃克人工具和技术的发展。他们只能用人类二十五分之一的力量使用工具，很难想象他们是怎样劈柴、建房子或者用矛猎杀动物的。他们短壮的手指很难做精巧的活，短小的胳膊也让人很难想象他们要怎样生火才不会烧到鼻子——也许他们格外熟练和耐心。

陆地生物中，和伊沃克人最像的就是考拉。考拉是澳大利亚的本土动物，有 30 英寸（76.2 厘米）高。这些矮小、毛茸茸的动物脑袋上立着圆圆的耳朵，就像伊沃克人一样。每只考拉都有独特的毛色和花纹，这也和伊沃克人一样。考拉的手指较长，每只手、脚上都有两个对生拇指（趾），这使得它们可以牢牢地抱住树枝。考拉也有长爪子帮助爬树，手下和脚下都有硬垫可以增强攀爬时的牵引力。考拉过着松散的群居生活，但每只考拉都喜欢住在自己的树上。它们是草食动物，靠桉树的叶子生存。

和其他的陆地生物比，大猩猩也会给人一些启发。大猩猩在 15 只到 80 只的群体中生活，在树上筑巢，也和伊沃克人一样，晚上一起睡觉，防止掠食动物（如狮子和老虎）的袭击。虽然大猩猩主要以素食为主，它们有时会杀狒狒、野猪来吃。大猩猩用它们有力的手和脚爬树，每只手、脚都有一个对生拇指（趾）。它们也用长胳膊从一根树枝上荡到另外一根树枝上。

我们一下就能看出伊沃克人和这些物种的主要区别。伊沃克人缺少住在树上的脊椎动物的标志性特征。怀特博士指出，这样的动物至少有以下两种特征之一："第一，手上和脚上都有用来攀爬树木的利爪。第二，四肢末端都有类似于手的解剖结构。如果你观察原始人的脚，就会发现它看起来像手，可以抓东西。"虽然伊沃克人每只手都有对生拇指，但是他们的手指实在太短太肥了，不能用这些拇指来抓细树干以外的任何东西。而且他们的脚上也没有对生脚趾。他们的胳膊和腿不能环抱树干，指甲也不能插入树皮中，很难想象他们攀援周围的大树。人类学家迈克尔·西曼认为伊沃克人的身体结构是不可能爬树的："他们看起来不适应任何环境。"

我们可以分辩说伊沃克人不是天生就住在这些大树上的，就像人类不是天生住在公寓大楼里。伊沃克人可能只是因为大树吸引了他们，或者因为大树可以保护他们免受住在地面的掠食者的袭击，所以才决定搬到大树上。他们可能不会徒手爬树，而使用楼梯和梯子爬上去。迈克尔·西曼认为这更加合理。"他们可能在不同类型的森林中进化，或者就在地面上乱窜。"在矮树丛林中，他们短壮的四肢可能更有用途。他们可以双脚夹住树干，把自己推上去，就像我们爬绳子一样。

如果伊沃克人的确是在矮树丛林中进化的，那到底发生了什么，或者说，为什么伊沃克人要搬到高大的森林里？也许只是因为伊沃克人的数量激增，扩散到了原来的栖息地之外；也可能他们是被帝国军队赶过来的；或者他们认为大树更适合成为规模宏大、精心构造的村庄定居点，他们可以在上面举办大型的绝地烧烤。

湿背蜥、龙驼、班萨、沙拉克——塔图因上的非人形生物如何适应沙漠环境

为了找到本章要说的最后一组外星人，让我们回到塔图因行星。在第一章中，

我们得出结论：行星可能在几十亿年的时间里慢慢变干了。生命怎样适应沙漠的气候？在这样严峻的条件下生存，需要生物适应极端的气温，靠一点水就可以生存下来，还要能最大限度地利用水资源。在地球上，许多动物和植物都适应了沙漠中的生活。它们有许多机制处理缺水的情况，一些是内部机制，一些是外部机制。我们没有任何关于塔图因居民内部机制的信息，但是我们可以通过他们的外部特征推断出他们对沙漠环境的适应性。

小型哺乳动物在一天中最热的时候倾向于躲在地下洞穴里来应对高温天气。仅仅地面以下几英寸，气温就低得多。此类生物的大多数都不能通过喘息或者出汗来散发多余的热量，因此通过行为躲避高温对它们来说是十分重要的。这种应对方法只限于小动物，因为动物越大，它们就越难在地下挖出足够大的洞穴。

地球上，跳鼠或者沙鼠白天都待在这样的洞穴里，洞穴里的气温一般不会超过 68 度（20 摄氏度）。夜间出来的时候，它们的行动速度很快，看起来就像是卡通哔哔鸟[1]模糊的身影一样。较长的后肢可以使它们像袋鼠一样，一跳 6.5 英尺（约 2 米）远。它们的大脚有些像雪鞋，可以帮助它们在松散的沙土中快速移动。这种跳跃的运动方式能将它们的脚和火热的沙子之间的接触降到最低。跳鼠和袋鼠另外一个相似的特征就是长尾巴，即使是忽然掉转方向的时候，长尾巴也能帮助保持平衡。这些特征使得它们可以费最小的力而移动得尽可能快。在沙漠中，如果你想在日出前找到食物回家，这些能力是十分珍贵的。

跳鼠很擅长依靠少量水存活。它们从吃的种子中提取出身体需要的所有水分。它们也比人类擅长保持水分。因为不通过喘息和流汗来降低体温，所以它们不像人类需要这么多水。跳鼠排泄出的水也很少，比普通啮齿动物少 20%。白天，它们会把洞穴封住，将水分锁在里面；睡觉的时候，它们的嘴巴靠在种子旁边，

1　美国华纳公司出品的著名动画，在动画片中哔哔鸟的奔跑速度非常快。

呼吸中的水分就会重新进到储存的种子里，循环使用。虽然不同类型的小型啮齿动物生活在不同的沙漠里，但是它们都有修长的后腿和短小的前腿，这意味着这些特征是十分有价值的。

在《新希望》特辑中，我们在莫斯艾斯利看到了与跳鼠惊人相似的生物。卢克和欧比-旺进入城市的时候，这些生物一哄而散。它们也有很短的前腿和较长的后腿、有一条长尾巴、用较长的后腿奔跑——就像跳鼠一样。不过我们却能看见它们在白天出没，这可能是因为它们的正常生活节奏被人类打乱了，或者可能白天才是在塔图因星球上觅食的最好时机，从一座装有空调的大楼快速跑到另外一座也许让它们保持足够凉爽。

塔图因上也有大型的物种。大型生物升高体温的时间比小型生物长，因此它们更能经受高温。如果你把一杯冰茶和一加仑（4.55 升）的冰茶一起放在太阳下，一定是一杯冰茶更快变热。物体越小，升温或降温的速度就越快。如果动物体形太大，不能在地下打洞，必须要在阳光下生活，那么体形越大就越有利。

湿背蜥是塔图因星球的本土爬行动物。帝国冲锋队的士兵们都骑着这种巨大、笨拙的四足动物。它有灰绿色的皮肤、厚实健壮的尾巴、干瘦的腿和鸟一样的脚，一颠一簸、摇摇晃晃地穿越沙漠。

虽然爬行动物不能耐受酷热的天气，但是在沙漠环境中，它们确实比其他类型的动物多一些优势：粗糙、带鳞的皮肤将身体的水分散失降低到最低限度；它们的蛋有坚韧粗糙的壳，保护里面的水分不至完全流失。但是沙漠中的爬行动物很难应对高温，因为它们是冷血动物，体温不像我们一样保持稳定，而是随着环境温度而升降变化，这使得控制体温成了爬行动物的首要任务。在沙漠炎热的白天里，暴露在太阳下面会使许多爬行动物的体温上升至它们无法承受的程度。没有爬行动物可以在超过 118 度（47.8 摄氏度）的温度下存活。阳光明媚的日子里，新罕布什尔州白天的气温 85 度（29.4 摄氏度），我的大蜥蜴依格默在屋外阳台上晒太阳，一个小时左右就会开始气喘，努力将过多的热量排出。爬行动物控制体温的一个办法就是控制暴露在阳光下的身体面积。为了最大限度获得热量，它们调整修长、筒形的身体，使一面面对太阳。为了最低限度获得热量，它们要么将头，要么将尾巴朝向太阳，尽可能减少身体暴露的面积。即使是这样，体温还是经常会超过它们能容忍的范围。为了应对这种情况，大多数爬行动物都在早上和夜晚活动，白天最热的时候躲在石头缝隙里或者地下洞穴里。

希望帝国冲锋队不要把湿背蜥赶到太阳下去承受它们不能忍受的高温。我们看到，它们似乎对白天的时光应对得不错。通过控制自身和太阳的相对方向，它们至少可以减少一些热量的吸收。

另外一种适应温度的技巧被飞龙蜥蜴用上了。它们有长长的腿支撑身体远离高温的沙子，这样可以缓解一些高温冲击。另外，飞龙蜥蜴在静止不动的时候，会不断轮流换脚，总让一只脚悬在半空中，这样任何一只脚都不会太热。

湿背蜥干瘦的腿足够长，可以保持它的肚子离火热的沙子一两英尺（0.3～0.6米）远，这样它就像飞龙蜥蜴一样，能够避开高热。我认为它也会换脚，虽然我没有长时间观察过湿背蜥来证明这一点。

湿背蜥的脚是最让人困扰的地方。它的脚和鸟爪很像，两个足趾向前呈"V"形，一个足趾向后。足趾的这种分布方式有助于将湿背蜥的体重分散到更大的区域。这个功能使这样的脚比蹄子更具有优势，但是细小的足趾不能有效地扒开沙子。比如骆驼，在它宽大的脚趾之间有膜，脚和盘子一样大。湿背蜥足趾的排列暗示它一般不住在沙子松散的区域。最有可能的情况是，它就像许多爬行动物一样，住在沙漠中石头多的地方。在那里，粗糙的、像鸟一样的脚就可以派上用场了。但是在松散的沙子上，这种脚很有可能陷下去。所以我不建议帝国冲锋队骑湿背蜥进入沙丘海——等一下，也许我可能会这么建议。

湿背蜥最后一个有意思的特征就是它的名字。夜幕降临的时候，沙漠地面很快凉了下来，同时将上方的空气也冷却了。冷空气不像暖空气能保持那么多水分，于是就会在地面上凝结出一层薄薄的露水层。这和湿背蜥有什么关系呢？

有一种陆地爬行动物——澳洲棘蜥就会使用露水。它的皮肤在夜幕降临的时候很快就冷却了下来，露水便冷凝在它的身体上，就像冷凝在地面上一样。然后，露水滑入澳洲棘蜥皮肤上的几百个棘状褶皱里，褶皱进而将露水引到澳洲棘蜥的嘴里，它就可以喝下去了。湿背蜥可能也有相似的机制——露水形成于背上，滑到褶皱里，然后皮肤将露水引到湿背蜥可以喝的地方。

住在塔图因的另外一种爬行动物是龙驼。它是一种长脖子的野兽，背上有驼峰，看起来就像一种新型恐龙一样。龙驼身上体现出了许多完美适应沙漠环境的特征。龙驼的长脖子是许多沙漠生物所共有的特征。长颈羚不仅有很长的脖子帮助它们吃到其他动物够不到的树叶，它们还可以使用后腿站立，吃到更高的植物。龙驼用脖子够树叶的方式也许和它们相似，我们也看过它用后腿站立起来。我们之前提到过，骆驼也有长脖子，它们脑袋的高度是长脖子和长腿的共同结果，可以保护头部不受多数沙尘暴的影响。沙子颗粒的大小一般是一致的，因此风刮到一定速度的时候，沙子被吹起的高度大概是可以预测到的。沙子可能会升到 3 ～ 6.5 英尺（0.9 ～ 2 米），这取决于风暴的猛烈程度。在这个高度以下，空气中满是刺激的沙子，会被吹进鼻子和嘴巴中，能见度十分低。而在这个高度以上，空气几乎是干净的。在沙尘暴中，骆驼的头能抬高到沙子所能到达的高度之上，这使得它可以轻易地呼吸，视觉也不会受很大影响。龙驼也有这样的优势。

与湿背蜥相比，龙驼的腿能把它支撑得更高，它的肚皮离地面足有一个贾瓦人那么高。热气层一般在沙漠地面之上几英尺形成，龙驼的腿可以将它抬升到比热气层更高的地方。另外，龙驼又大又圆的脚和骆驼的脚很像，与托盘的大小差不多，可以让龙驼不陷入沙子中。

龙驼的脖子很粗，骨头也多，在脑袋后面有一块凸出的骨头。不同种类的恐龙脑后和脖子部分的奇特骨头结构有不同的用途。原角龙头骨背后长有骨头，看起来就像是龙驼脑袋后面的凸起。三角龙有宽大的骨质头盾，就像是脑袋后面凸起了皇冠一样。

通过研究头盾的化学成分，科学家发现它可以帮助恐龙散发多余的热量。里斯·巴里克（Reese Barrick）博士来自北卡罗来纳大学，他测试了三角龙不同区域骨头的氧同位素水平。同位素只是同种元素的另外一种形式，其原子核中比该种元素的常见原子有更多或更少的中子。氧的原子核中一般有8个中子，但是重氧有10个中子。重氧趋向于冷的地方，而轻一些的氧原子趋向于暖的地方。随着三角龙逐渐长大，身体较冷部分的骨头聚集了更多的重氧，而在较暖部分的骨头聚集了更多的轻氧。因此，通过测量不同骨头上不同的氧同位素水平，巴里克博士就可以推测出三角龙身体不同地方的温度。他发现头盾中间部分较暖，周围的地方较冷，这显示了头盾可以帮助散热。

相似的还有沙漠野兔，它们用大大的耳朵散热，就像我们讨论它和加·加之间关系时候说的那样。野兔的耳朵有密布的血管网络，血管网络将热腾腾的血带到皮肤表面，使其更快地向周围散发热量。血液冷却下来后回到身体内部，给兔子降温。科学家发现三角龙的头盾也有相似的血管网络纵横交错的迹象。

虽然科学家还不确定原角龙凸起骨头的作用，一个可能的解释，同时也是一个对龙驼形状奇怪的脑袋和脖子的解释是：这个结构帮助动物散发多余的热量，让动物感到凉快。

塔图因上另外一种大型动物是班萨——沙人使用的有着大象一般体形的坐骑。虽然班萨不是塔图因星球的本土动物，但是它们在沙漠高温中表现不错。班萨最惊人的特征就是它们又长又厚的毛。你可能认为毛在沙漠中是一种糟糕的负担，会像皮毛大衣一样焐热它们的身体。但是毛能将动物和外界隔离开来，将多余的冷和热挡在外面。从跳鼠到羚羊再到骆驼，许多沙漠动物都有毛。在沙漠中，动物背上的毛吸收了大部分热量，能防止热量渗透进入皮肤。经测量，骆驼背上的毛有158度（70摄氏度），然而体温只有104度（40摄氏度）。班萨的毛肯定也可以帮助它适应高温。

　　班萨还有长长的、毛茸茸的尾巴。虽然我们看见它经常被拖在地上，但就像多数动物的尾巴那样，它可能有重要的用途。纳米布沙漠松鼠会松散开尾巴，举在头上就像太阳伞一样挡太阳——也许班萨的尾巴也有相同的用途。

　　塔图因上还有一种我们需要讨论的非人形居民。《星球大战百科全书》上说沙拉克不是塔图因本土居民，但是似乎对沙漠气候也适应得不错。它将自己埋到地下，等着猎物到来。我们不确定沙拉克的体形有多大，但是它的胃口这么大肯定体形也不会小。虽然在地球上，洞穴似乎只适用于小型动物，但是沙拉克不知道通过什么方式在地下建起了庞大的洞穴。地球上有这样行为模式的动物是更加小型的动物——蚁狮。

　　在多种气候环境下都可以见到蚁狮，它们主要分布在美国西南一带。在幼虫阶段，蚁狮有个大脑袋、带刺的下巴，布满刚毛的身体大约有 0.5 英寸（约 1.3 厘米）长。幼虫阶段的蚁狮倒着走，在地上挖出一个圆洞，然后旋转着往里面打洞，钻得越来越深，直到在沙地上挖出一个陡直、圆锥形的洞，最后将自己埋在里面，唯一露出地面可以看见的就是长长的弧形下巴，在洞里张开嘴巴等待食物。

　　当一只不幸的蚂蚁走到沙坑边上的时候，沙子就会崩塌，蚂蚁就会落入陷阱中——就像兰多·卡瑞辛一样——然后便再也爬不出沙坑。当受害者企图爬出来的时候，就会发现边沿角度太陡，所以就摔了回来。兰多企图爬出沙拉克的坑时也遇到了这种情况。很少的情况下，猎物似乎可以逃出去，蚁狮就会把沙子弹到猎物身上，触发新的崩塌，让受害者摔进它饥肠辘辘的肚子里。蚁狮合上下颚，将致瘫毒药和消化酸液注射到受害者体内，然后吸收它维系生命的液体。蚁狮吃完后，一甩头，将动物的尸体扔出坑外。

　　虽然说猎物的身体不会在蚁狮的体内消化一千年（像传说中沙拉克那样），不过它从猎物身上吸取的液体确实会一直留在蚁狮的体内，因为它没有办法排泄出废物。直到蚁狮转化进入蛹的阶段——幼虫和有翅膀的成虫之间的不活跃状态——它才能够排泄废物。这就意味着，蚁狮在幼虫阶段的三年时间里必须保存它所有的废物。我觉得看完一部电影不去厕所已经是很难的了。

贾瓦人和沙人——塔图因星球上的类人物种怎样适应环境

塔图因有两种本土类人物种——贾瓦人和沙人。沙人也被称为塔斯肯袭击者。我们从来没有看见过一个不戴防护面具或者不裹得严严实实的沙人，所以很难说清楚他们是否拥有什么独特的特征有利于沙漠的生活。很明显他们需要人工帮助才能在最严酷的沙漠环境中生存，就好像我们冬天需要大衣、手套和靴子才可以活下去一样。如果一种生物足够聪明，会使用工具来生存，他们就不需要天生适应环境来求生存。所以除了说沙人聪明，我们得不到更多的信息。

贾瓦人也十分神秘，袍子将身体包得严严实实的，只露出明亮的目光。贾瓦人的手毛茸茸的，《星球大战百科全书》称它们"像啮齿动物的手一样"，所以我们可能可以认定他们是某种长毛的哺乳动物。他们突袭 R2 的时候，穿行在石头和洞穴之间。也许在炎热的白天，贾瓦人躲在洞穴里——或者至少在他们有大型的空调设备过上舒适生活之前都是这样生活的。

贾瓦人最明显的特征就是他们明亮的双眼。虽然这两道光芒一开始确实让人觉得是眼睛，但其实我们并不清楚到底是不是。它们可能是人工制造出来的一样工具，就像是矿工的灯一样，帮助他们在洞里和其他黑暗的地方看得更清楚。但如果真是这样，为什么他们一整天都开着呢？

也许可能我们刚开始的感觉是正确的，这两个发光的圆盘确实是他们的眼睛。让我们思考一下眼睛是怎么工作的。眼睛是敏感的光线接收器，来自环境中的光线进入瞳孔，让我们看得见周围的情况。如果眼睛自身像手电筒一样发光，这强烈的光线就会干扰进来的光线。从本质上来说，放出的光线将进来的光线冲了出去。柯利弗德·皮寇弗博士提出一种比喻："如果我们的耳朵持续发出声音，外界的声音能听得多清晰？"

相反，眼睛和发光的圆盘可能是分开的器官，一个接收光线，另外一个放出光线。许多地面生命都可以发光，包括萤火虫、蚯蚓、藻类、霉菌、水母、甲壳类动物和鱼。多种化学反应可以导致生物发光。最能够放出绚烂光彩的动物应该是加勒比地区的火甲虫，它的肚子上能放出心形的橘黄色光线，肩膀上放出黄绿色的光线。女人甚至把火甲虫放在头发里当成装饰——这对于追寻女士奇特发型的乔治·卢卡斯来说大概是个好主意。泰国的雄性萤火虫上演了最了不起的集体灯光展示，它们在树林之间集中，为了吸引雌性表演一出令人印象深刻的同步闪光节目。

最值得和贾瓦人相比的地球生物就是深海鱼。三分之二的深海鱼天生就可以发光。在深海鱼生活的一片黑暗中，它们身上的光可以帮助吸引猎物或者异性、辨别捕食者、靠近同类。这些鱼有发光的腺体，称为"发光器官"。发光器官由许多细管道组成，发光细菌就在发光细管中。发光细菌和鱼之间有共生关系，鱼给细菌提供可口的酶食用，细菌摄入酶的时候发生化学反应，发出光线。

灯颊鲷和灯眼鱼这两种鱼也被称为灯光鱼，它们每只眼里都有发光器官。这些发光器官甚至可以旋转入和旋转出鱼头部的骨架，就像是高档轿车上的车头灯一样。所以这些鱼可以通过将灯弄进弄出，使灯"闪烁"。鱼也可以把灯藏起来，使自己隐形。肌肉甚至可以帮助发光器官更向前伸一些，这样它们就更像是车灯了。在进食的时候，鱼和同类聚集在一起，它们利用光线把周围照亮，这样就可以看见它们吃的浮游生物了。从正面看这些鱼，发光器官看起来就像目光灼灼的眼睛一样。如果贾瓦人确实在洞穴中进化，他们的光可以发挥同样的用途。

甚至是在不完全黑暗的环境中，生物也觉得发光是一种优势。发光的一个主要用途就是吸引异性。雌性的环节动物发光虫在海上排出一堆发光的卵子。雄性被卵子吸引，闪光回应并且排出它们的精子。如果贾瓦人的光是这个用途，那他们就像是一直在寻找爱一样。

生物发光也可以是为了邪恶的目的。有一种萤火虫，雌性模仿其他雌性的闪烁模式。当雄性出现，准备发出"攻势"的时候，对交配完全没有兴趣的雌性就会把它生吞活剥了。相似地，贾瓦人可能利用他们的光吸引猎物靠近。

鳂鱼肚皮上面有放光细胞。当游在它下方的捕食者抬头看鳂鱼的时候，发光细胞会帮助鳂鱼融入波光粼粼的水面背景中。也许发光霉菌长在洞穴里面，贾瓦人的头灯帮助它们融入洞壁的背景中，伪装起来，让捕食者看不到。

光在沙漠中可能格外有用。之前，我们讨论过骆驼和龙驼的高度使它们的头高于沙尘暴的水平高度，让它可以呼吸、视野清晰。贾瓦人很矮，可以会完全被沙尘暴埋没。许多矮小的动物可以移动得很快，在必要的时候找到庇护。贾瓦人的运动似乎也不是很快。如果贾瓦人要跋涉很远才能找到食物，他们就可能会遇上沙尘暴。在这样的情况下，闪亮的眼睛就像灯塔一样，可以帮助贾瓦人找到同伴。

如果你在沙尘暴中完全迷失了，找到朋友又有什么好处呢？骆驼可能可以为我们提供一些答案。骆驼顶着白天的高温在外面和同类挤在一起。这看起来很奇怪，我们觉得它们可能会分开站立。但是记得吗，小型动物获得和失去热量的速度比大型动物快。骆驼聚集在一起的时候，从本质上说，它们组成了一个单一、巨大的整体。这样它们的体温受到环境的影响就更少一些。相似地，身处在沙尘暴极度高温和干燥的风中的贾瓦人若找到同类，他们就可以挤在一起，形成一个更大的集合体，这也许可以帮助他们存活到沙尘暴过去。

绛德兰荒地，家一样的感觉——人类是怎么适应塔图因的环境的

最后，让我们讨论住在塔图因星球上的人类居民。人类是怎样应对沙漠环境的？塔图因星球的居民似乎喜欢厚厚的带帽斗篷和披风。欧比-旺、奎-刚、卢克，甚至沙人和贾瓦人似乎都更喜欢这样的衣服。你可能认为在沙漠的高温中，穿得越少越好（或者刚好可以避免晒伤的厚度），但是厚重的袍子提供了动物皮毛那样的隔热效果，将里面的适宜温度和外面环境的极端温度隔绝开来。

阿拉伯人身穿厚袍、头缠头巾也是出于相同的原因。围住身体旁边一层空气的松散衣服是最好的。

许多人认为白色衣服在烈日当空时候比较适合穿，因为白色反射热量的能力比黑色强。这个说法不完全正确。白色确实可以反射可见光，而黑色只能吸收，但沙漠中多数热量来自于低频率的红外线而不是可见光。白色衣服吸收红外线的能力和黑色袍子一样强，因此欧比－旺和贾瓦人的棕色斗篷是相当适宜在沙漠中穿的。

即使有这样的衣服，人类也必须坚持不懈地斗争才能在沙漠中存活。在沙尘暴的时候，温度会升高，而且空气变得十分干燥。人会在一个小时内失去身体四分之一的水分。如果没有喝下大量的水，人会在几个小时里死去，慢慢干成木乃伊。

即便是没有沙尘暴的时候，环境也没变得多好。人类通过流汗降温，这样的降温方式会快速耗损体内的水分。如果卢克·天行者被扔在沙漠中，受两个太阳的炙烤，没有防护服或者躲避的地方，他会在夜幕降临前就通过流汗损失21品脱（约10升）的水。他的身体会先从脂肪，再到组织，最后甚至从血液中抽取水分。血液变浓稠的时候，他的体温就会上升，就像发烧一样。血液循环通过把血液带到皮肤以下散出热量来降温，因此破坏血液循环会让情况更加糟糕。他一天也活不下去。乌·乔治说了一个关于一对夫妻在撒哈拉沙漠的故事：这对夫妻决定从一大片绿洲驾车到另外一个20英里（约32.2千米）以外的小绿洲。他们安全地到达了小绿洲，然后掉头开回大绿洲。他们觉得归途会和来的时候一样太平无事，所以就懒得把水瓶的水加满。他们也忘记加满油箱。在距离大绿洲10英里（约16.1千米）的地方，他们的车没油了。女人决定躲在车子的影子里，男人前往大绿洲找汽油。当男人5个小时以后带着汽油回来的时候，乌·乔治说："她依旧坐在那里，但是已经没有了气息。"希望卢克将他的陆行艇一直装满水，以防遇到这样的情况。

沙漠对机器也是不利的。车会陷入沙坑中，沙子也会堵塞引擎。说到陆行艇，我简直不能想象为什么有人会在沙漠里使用这种开放式的交通工具。松散的沙子会刺激驾驶员的双眼和鼻子，沙尘暴还会造成严重的呼吸问题。

在这样的地方，怎样能住得舒适呢？埃尔温和贝露·拉尔斯的家（卢克也住在里面）就建在这里。地球上的沙漠居住者也用和他们相同的方式建起了凉爽的住宅。在马特马他[1]的突尼斯人村庄里，有超过 100 户人家住在地下，每家人都有一个露天的中央院子。这样的房子一般有两层楼深，较高的一层用来放东西，比较凉快的下层用来住人。就像动物挖洞穴居住，保持凉快一样，人们也这样做。在圆形院子的地面上往下看，你会看到墙上有许多门和窗子，楼梯将各层连接起来。埃尔温和贝露家中的景象事实上就是在这样的结构中拍摄的，拍摄地是马特马他的西迪德里斯酒店。

在地下 30 英尺（约 9.1 米）深处有一座院子，这也意味着它总是在阴影之中的，只有在烈日当空的时候，才能直接从太阳那里获得热量。院子留存着夜间的冷空气，在白天的时候让家里保持凉快。厚厚的墙壁进一步将内部的房间隔离起来，使得建在地下的房子比建在地面的房子凉快许多。我们在莫斯艾斯帕的阿纳金家中又看见了这些厚厚的墙。很明显，在塔图因上，空调是不流行的。

《星球大战》向我们展示了一个充满各种各样奇特生命的宇宙，这些生命遍布每个可以利用的生态小环境中。虽然科学家依旧不确定我们将会找到怎样的外星生命，但这样的生命中一定包括有和我们在电影中看到的外星人一样奇特的物种，甚至可能更加奇特。但是拜访"遥远的银河系"可能也会给予我们一些提示，告诉我们在自己的银河中会有什么在等待着我们发现。

在《星球大战》中，外星人并不是我们遇见的唯一奇特生物。在下一章中，我们将讨论一类完全不一样的生物。从本质上来说，他们不是外星人，而是人造的生命形式——机器人。

1　突尼斯南部村庄。

3

机器人

我真不知道我为什么要为你冒这个险。

——C-3PO，《新希望》

高个子的那位经常忧心忡忡、闷闷不乐、杞人忧天，矮个子的那位喜爱冒险、意志坚定、对他懦弱的伙伴感到不耐烦。紧张、沮丧的高个子时不时会爆发，在语言上甚至是肢体上攻击矮个子，或者拍击矮个子的脑袋。矮个子的那位会对高个子发出轻蔑的哑哑声表示反抗，有时候分歧太大，还会抛弃高个子。

不，这不是家庭治疗中的一对不和谐夫妻，这是一对机器人：C-3PO和R2-D2。大多数科学家想象机器人的时候，他们想到的是复杂巧妙的人工智能、可以侦测周围环境的感应器、和环境互动的四肢，以及穿越周围环境的方式。但是乔治·卢卡斯的想象之旅中发生了一件有趣的事情——除了这些特征以外，机器人也获得了个性、欲望和情感。机器人可以是善良的、粗鲁的、忠诚的、惊慌的、恶心的、激动的、担忧的、急躁的、羞愧的和骄傲的。这些特征让我们从情感上与《星球大战》中的机器人产生了共鸣，就像我们会和人类产生共鸣一样。

我们在科幻电影中见过许多机器人，但是没有一个像 C-3PO 和 R2-D2 这样让人印象深刻。首先，他们是高科技的完美体现，可以执行各种任务。R2 的传感器可以侦测到塔图因星球上离自己很远的生命迹象，也可以细致地侦测周边的环境；他还可以全息投影，有让人印象深刻的非语言声音；他是卢克 X 翼战机的组成部分；他能在死星上接入帝国的网络，可以阅读文件和重置系统；他还能携带大量的信息，进行创新思考以完成任务。3PO 似乎没有那么聪明，或者至少他不愿意承认自己可以听懂 R2 一句接一句的科技术语。3PO 通晓 600 万种交流方式，可以说人类和外星人的语言，还可以和机器，包括"千年隼号"进行交流。3PO 称 R2 为"工作伙伴"，这意味着他们从某种意义上来说是一起工作的。

但是他们之所以给人留下如此深刻的印象，并不是因为本事有多高，而是他们鲜明的个性。在《星球大战》宇宙里，R2 和 3PO 的个性和人类一样鲜明。实际上，在写关于他们的事情时，我觉得自己不能把 R2 或者 3PO 称为"它"，因为他们更像是有生命的人一样。R2 和 3PO 都有强烈的思想、目标和情绪。他们一直在斗嘴，就像朋友之间的嬉笑打闹一样。在他们经历冒险的时候，我们和他们产生了共鸣，就像我们和人类以及外星角色产生共鸣一样。

像 R2 和 3PO 这样的机器人有一天会出现在我们周围吗？如果他们会出现，他们就是我们未来会制造出的机器人形式吗？在我们探讨机器人的个性、智能和情感之前，让我们先看看这些未来机器人的基本模样。

轮子还是腿——为什么常见机器人走路都用轮子而不是用腿

R2 像一台三轮车一样，踩着三个小轮子到处走动，这样的行走方式在死星抛光过的走廊上是可行的。但当它踏上凹凸不平的地面，比如达戈巴沼泽或者通往莫斯艾斯利小酒馆的楼梯时，它就必须要将后面两个轮子抬到身体两旁，将它们当作两条矮壮的腿来使用。通过观察 R2，就可以看出这两条矮壮的腿并不好用。它们十分短，缺少帮助人类和动物的腿正常工作的关节。很明显，R2的设计初衷就是主要在室内良好的环境中使用，或者是在其他可以让它保持相对静止的地方使用，就像他接入 X 翼时可以保持相对静止一样。

如今多数机器人都是静止不动的，且专为某种特定目的而设计，然后将它放在一个可以实现这种目的的地方，比如装配线上。那些需要移动能力的机器人经常都会装上轮子。现在许多医院使用有轮子的机器人递送实验样本、手术器械、医疗记录和伙食。有轮子的机器人很容易制造，能源利用效率高，可以很轻易地在地面光滑的室内环境里行动。其至有一些为户外设计的机器人也安装有轮子，比如"索杰纳号"——美国航空航天局送往火星的有轮子的火星车。虽然"索杰纳号"的任务成功完成了，但是在火星岩石地面上的移动还是受到了一定的限制。

为了让机器人在不平坦的室外地面上运动，你可能认为我们应该制造出有两条腿的类人机器人，比如 C-3PO。毕竟，我们都有两条腿，而且适应得不错。但是目前在室外清理有害废弃物、投放炸弹，或者灭火的机器人中，没有一个是靠两条腿行进的。为什么呢？因为用两条腿行走需要强大的协调能力。

你在用两条腿走路的时候，身体必须往两边轻微地摇晃，这样你的重心才能几乎保持在支撑腿的上方。人 60% 的体重都在屁股上面，所以让上体较重的人体结构保持平衡不是一件容易的事。你必须了解怎样使用臀部、大腿、膝盖、小腿和脚踝的肌肉来让一条腿向前移动，同时保持另外一条腿静止。行走的过程中，每条腿都要用到超过 30 块肌肉，用到躯干上的肌肉就更多了。所以边走路边嚼口香糖其实也是个不小的挑战。

在设计机器人的时候，科学家发现，连人为复制两条腿的站立姿势都很难。简单地站稳、保持身体平衡都没有你想象中那么容易。现在站起来，注意你的身体发生了什么变化（这是本书的练习部分）。在躯干稍微向前或向后倾的时候，你的腿部肌肉也会做出一些细微的调整。实际上，你会发现想要在保持站立的同时完全放松腿上的肌肉是不可能的（你可以坐下了）。两条腿的站姿从根本上来说是不稳定的。

　　虽然四条腿保证了更加稳定的站姿——看看桌子你就知道了——但用四条腿走路依旧需要重心从一边移动到另外一边。五条腿才是实现平稳移动的最少数量。五条腿的机器人可以将一条腿抬起来而不需要改变重心依旧能保持平稳。这就使得协调问题容易了许多，而且这样的移动方式也更容易人工复制。当然，如果机器人有五条腿，一次抬起来一条，那移动起来的速度也不会太快。科学家发现，模仿昆虫，让机器人有六条腿，不仅可以使它们获得平稳的站姿和运动，而且还可以同时抬起三条腿。

　　仿昆虫的机器人使用三条腿运动，一侧的前腿和后腿，与另一侧中间的腿同时落地。任何时候只要有三条腿在地上，不论是昆虫还是机器人都会十分平稳。美国凯斯西储大学的兰多·比尔（Randall Beer）博士和同事制造了几个这样的机器人，长 1.5 英尺（约 0.5 米）。虽然他们的第一个机器人移动得又慢又别扭，但是后来的模型都很优雅，几乎和有生命的动物一样。

　　通过研究蟑螂的运动和触发这些运动的神经元，研究团队发现集中信号和分散信号共同控制着蟑螂的腿。集中控制协调了腿的运动，保持蟑螂的平衡，分散控制使得每一条腿都可以独立运动。他们将机器人做得越像真实的蟑螂，机器人的表现也就越好。

　　不过，这些机器人依旧远没有真实的蟑螂那么快。我们要想将机器人的灵活性和速度结合起来，还有很长一段路要走。但是模拟昆虫的机器人可以灵巧地在不平坦的地面上行动。它们已经被用于探索阿拉斯加的火山和清理核电站了，未来还有许多用途正在开发中，包括探索其他行星。

　　那么，所有有腿的机器人都一定要有六条腿吗？麻省理工学院腿部实验室的创始人马克·雷伯特（Marc Raibert）博士和同事制造了只有一条腿的机器人，这是最不平稳的一种。研究单腿机器人让雷伯特博士能专注于平衡问题，而不用担心怎样协调不同腿之间的运动。机器人通过不断跳跃来保持平衡，就像一个踩在弹簧单高跷上的人通过弹跳保持直立一样。它可以朝特定的方向，也可以沿着一定的路径弹跳，最高速度接近每小时 5 英里（约 8 千米）。虽然科学家相信单腿机器人可能并不是未来的趋势，但他们却坚信，和人类奔跑方式相同的双腿机器人，运动时每次只有一条腿落在地上，从本质上来说和单腿机器人是一样的。

借鉴单腿机器人的成功，双腿机器人确实也被制造了出来。依靠两条腿轮流跳跃，它可以保持向前和向后的平衡，推动自己向前的速度可以达到每小时 13 英里（约 20.9 千米），甚至还能跳上楼梯。不幸的是，机器人不可以保持横向，或者说左右两边的平衡。旋转吊杆从实验室中心伸出来，连接到机器人的顶部，帮助它保持横向平衡，控制它围绕圆圈跳跃。

本田公司的机器人专家在 1986 年开始类人机器人研究的时候，采取了不同的方法。他们的目标是制造出可以在家中运行并且能够和人类互动的机器人。他们没有尝试去制造可以跑的双腿机器人，他们认为应该首先教机器人走路。在深入研究了腿和脚的关节后，他们制造出了有相同能力和运动范围的机器人腿。他们也探索了人类感知平衡状态、移动速度和方向的诸多方式，并为机器人制造了相似的感应器。他们现在已经制造出了 3 台样机，一个比一个小、轻盈，走路也更加灵巧。最后一台样机"P3"大约有 5.5 英尺（约 1.7 米）高，300 磅（约 136.1 千克）重。它可以上下楼梯、用手臂搬运东西，但是步子很缓慢、谨慎，速度仅有每小时 1 英里。机器人身上一块一块的，十分笨重，就像是使用大块乐高积木搭成的，宽大的腿和脚能帮助它保持平衡。虽然它在不平坦的地面上有一定的能力保持平衡，本田的科学家依旧在努力改进这种能力。

虽然制造双腿机器人会面临很大的挑战，但是它们依旧很吸引人，因为如果它们可以造得和人类形似，而不仅仅是像蟑螂或者弹簧单高跷，我们就更加容易和它们互动交流。C-3PO 很明显被设计成了人的样子，这更利于他的工作——翻译演讲、陪同各种类人种族的客人。一根弹簧单高跷很难鞠躬、握手或者通过身体语言和手势进行交流。

虽然 3PO 的外形也许可以让人类放下戒心与他进行对话，但是他的移动能力也不是很好。在上下楼梯和在不平坦地面上移动的方面，3PO 只比 R2 强一点。与人类相比，他的行动还是受到了许多限制。他似乎只能勉强爬上楼梯，更别说石头多的地面或者沼泽了。在塔图因的沙地上，他的关节就开始僵硬起来。很明显，按照人的样子制造的 3PO 有其缺点。那么优点是否大于缺点，使其成为 3PO 的最佳设计方案呢？

从 3PO 在礼仪和规矩方面的知识可以看出他是在大使和外交官周围工作的。在这样高雅的气氛中、在这样精致的环境里，我们可以想象出 3PO 游刃有余的样子，那金色、类人的外貌为他的程序运行增添了一丝优雅。

但是翻译和协助精英并不是 3PO 唯一的职责，不管他有多希望自己的职责就这些。他在介绍自己的特性时说到了"仿人类机器人"，这有些让人费解，因为"仿生机器"指的是人身上装有的机械或电子部件，我们在电影中看到的例子是达斯·维达、装上了仿生机械手的卢克，还有就是兰多的助手洛博特。我认为 3PO 的意思可能是"人形机器"，因为他为"千年隼号"、湿气冷凝机和起重机器人做过翻译，告诉它们的主人出了什么问题。这就是卢克的伯伯埃尔温想要 3PO 具备的能力，即成为机器和其他机器人的诊断工具。3PO 似乎有超乎这样目的的精致设计。

我们今天也有相似的设备，比如可以诊断出汽车变速器故障的电脑。这些电脑是不可以移动的，我们只能把机器带来给它们维修。如果机器太大了不能带来，诊断电脑也可以安装在简单的运输设备上。埃尔温伯伯可以将它装在他的陆行艇上，或者使用很常见的反重力装置。也许埃尔温想要的就是这么一个简单的机器人，为什么他犹豫不决地买了 3PO 这样的高档机器人呢？

如果 3PO 的主要功能只是为精英进行翻译，以及在官方宴会上展现出得体的礼仪和规矩，那他的设计就说得过去了，但这样他也会成为银河系里少有的专门为特定目的设计和制造的机器人。其他专用于翻译的人形机器的设计可能更加简单，造价也更便宜一些。

用于其他目的的机器人似乎更加不可能是双足的，比如战斗机器人[1]，它们被设计为杀戮机器，可能有许多不同的结构，这主要取决于具体用途。只有当机器人要取代人类战士的时候，类人机器人才派得上用场，它们可以操作同样的装备。如果战场上用不上人类战士，机器人也就没有什么必要长得像人类了。对于市内游击战，我们可以使用反重力悬空的球形机器人，样子和《新希望》中卢克训练时使用的垒球大小的遥控球相似，也可能会更大一些，增添激光武器和智能系统。如果反重力功能是必备的，仿昆虫机器人就会很迅速和灵活。这样的战斗机器人将会引起敌人的恐惧，它们甚至还能在背上安装激光炮。如果我们想找一些更便宜的方案，一支 R2 部队可以适用于许多情况。将 R2 连接到空时自适应处理系统（STAP）或者其他反重力载体中，你就拥有了一件强大的武器。在太空战斗中，他可以插入到 X 翼或者其他战斗机中进行驾驶，甚至还可以操纵步行机。如果建造计算机并不是十分昂贵，你都不需要将 R2 接入各种各样的东西中，你只要建造一台智能的 STAP。它不需要类人机器人来控制，来帮助它开枪。

如果你是义军中的一员，想要一个机器人执行秘密任务，哪一种机器人最有用呢？莱娅公主很有可能不得不有什么用什么。但是如果她有选择呢？当然，一个可以融入周围环境中的机器人躲避侦测的胜算更大。但是因为本来就很少有人会注意到机器人[2]，所以这似乎只是个小优势——可以轻松行驶在粗糙地面上的机器人可以逃避追捕，最终到达遥远的义军基地。

反重力机器人或者是仿昆虫机器人似乎是最实用的方案。但是你可以想象3PO 的脑袋安装在陆行艇上，或者 R2 长六条蟑螂腿吗？

1　银河系中制造数量最多的 B1 战斗机器人就是双足型。在克隆人战争期间，此类机器人被大量使用。同时期也有大量的多足、反重力，甚至轮型战斗机器人得到应用。

2　《星球大战》中的一个梗，主角团队的机器人行动经常被反派无视。

四条腿的坦克——步行机能稳定、快速地行进吗

《星球大战》中最令人难忘的战斗场景之一发生在霍斯星球上，在那里义军奋力抵御大型的行走坦克。这些坦克被称为"全地形装甲步行机（AT-AT）"，或简称"步行机"。步行机似乎有两大优势：机体高大，看得远、射程长；还有就是在粗糙地面上行进的能力。这两种能力都很重要，但实际上不可兼得。上部过重的设计给了步行机身高的优势，但同时也会使它们在粗糙地面上的行走不稳定。我们已经知道，像步行机这样四腿移动的模式是不稳定的，需要步行机的"身体"前后晃动来保持平衡。这样的动作对庞大的"身体"来说是个挑战。身体较低、有六条腿的机器人似乎在粗糙地面上运行得更好。但是如果帝国确实有能力协调上部过重的步行机在移动中的重心变化，且假设反重力技术不可行，那么这会是战斗坦克最实用的形状吗？

雷伯特博士使用相同的技术制造了单腿和双腿行走的机器人，他还制造了跑步姿势不同，可以小跑、踱步和弹跳的四足机器人。可这样的机器人依旧不能维持横向平衡，帝国士兵坐在这种机器人里面也会十分不舒服。

机器人专家木村浩（Kimura Hiroshi）和同事制造了一台可以行走的四足机器人，长得很像小型的步行机。它的四条强壮的腿移动得很快，给人的感觉好像是两人一前一后一起快速跑步一样。然而同样，它也不能保持横向平衡。它向前跑的时候，一条与之相连的长管子在它头上跟着向前行进。但是它可以应对一定程度上不平坦的地面，遇到障碍物会被绊住，但是很快就能重新找回前后平衡。

最精巧的四足机器人设计实际上还是最古老的那个，可以追溯到1968年。通用电气公司的拉尔夫·莫舍（Ralph Mosher）制造出了四

条腿的行走卡车，它有11英尺（约3.4米）高，看起来有点像一辆把轮子卸下、换上四条长腿的卡车。它的运动不由电脑控制，而是由"卡车"驾驶室里的人类驾驶员操作控制的。卡车有四个控制器，两个连接着驾驶员的手，两个连接着脚。驾驶员指挥卡车的一条腿落在地上，在向前迈一步的时候，控制器会反推驾驶员的手，反映出地面对卡车的"脚"施加的压力。这会给驾驶员一种感觉，即卡车的四肢就是他的四肢，这会使操控更加容易。卡车可以灵活地移动，甚至可以爬过一大堆轨道枕木。但这个设计的缺点，就是它必须有三条腿一直在地面上维持平衡，每次只能移动很短的距离，这样它的重心才能保持在三条支撑腿上。正因为这样，它的速度超不过每小时5英里（约8千米）。

　　步行机每次也只是移动一条腿，步伐也很小。《星球大战百科全书》告诉我们，步行机每小时可以行走50英里（约80千米）。我对此不是很确信。

　　制造坦克最奇怪的想法在1942年获得了专利。发明者确信这种坦克会流行起来，因为敌人不可能瞄准并摧毁它——它是一种单脚跳跃的坦克。

我，机器人——如何让机器人拥有智慧

　　前文中我们已经探讨了电影中机器人的外形，接下来我们看看他们的智力。和当前的机器人或者电脑不一样，他们有能力独立策划并执行十分复杂的任务。《星球大战》中，R2-D2展示出了这项技能。当时莱娅公主给了他一个秘密任务：将他自己和莱娅公主的消息带给欧比-旺·克诺比。

R2进入了一个逃生舱，将他自己和3PO安全地送到了塔图因星球。一到那里，他就找到了人员混杂的地方；被卢克的伯伯买了以后，他也很快获得了需要的信息。R2欺骗卢克，宣称欧比-旺是他的主人，还发现了这名绝地武士的位置。之后，他在发现卢克对莱娅公主的信息感兴趣后，说有抑制螺栓阻止他播放完整信息，这样卢克就可以拿走螺栓了。没有螺栓，R2就可以自由执行任务了。他离开了卢克的家，穿越沙漠向本的家走去。

这一系列的动作需要高等的智慧、对人类本性的了解、思辨的能力、灵活的计划和做出决断的能力。这些特质都是人工智能，即一台电脑展现人类智慧的关键要素。科学家几十年来一直在努力创造人工智能，虽然他们还没有实现目标，但是已经有了实质性的进展，有了许多不同的方案。

以规则为基础的方案致力于让电脑成为某个特定、专门学科领域的专家。如果选择了一个有限的专长，电脑科学家就可以将大量与此学科相关的知识编程进电脑里。IBM的深蓝（Deep Blue）可以打败国际象棋世界冠军卡斯帕罗夫，它就是这样的一个系统。电脑里包含了关于象棋的所有规则，它有能力权衡各种可能的棋着和这些棋着可能带来的后果，然后选择最佳的棋着。然而当这样的电脑面对其他专业领域的问题时就束手无策了。它不能基于灌输给它的知识进行推测或者类比，它只能顺从规则。卢克在霍斯星球上被万帕冰兽攻击后，为其治疗的就是一台医疗机器人2-1B，它就是这种系统的一个代表。它的专长限制在一个狭窄的领域里，有最低限度的人际交往能力——和许多医生一样。

R2和3PO都有各自可以称得上专家的特定领域，比如翻译或驾驶X翼，但是他们也展示出了在各种条件下都可以灵活适应的能力。所以他们并不是单纯以规则为基础的系统。

科学家采取的第二种方案，就是以案例为基础进行推理的人工智能。这种电脑不是盲目地遵从规则，它们会进行类比，将面临的情况和其他已知的情况做出比较，选出最相似的案例并调取信息。比如，R2可能知道奥德朗和许多其他行星上的人类殖民地在哪里。为了找到塔图因星球上的人类殖民地，他将其他星球殖民地的地理特征和他在逃生舱里观察到的地理特征进行对比，定位出最有可能有人类殖民地的地方。实际上，他看起来就是这么做的，这显示出他有以案例为基础进行推理的能力。如果对比很直接，这种系统可以成功完成任务，但是以案例为基础的系统很难抉择出哪一种类比是适合的，哪一种不是。

为了做到这一点，电脑必须有一些关于世界的基本知识，这些知识被我们称为常识。我们的常识来源于一生中学到的东西，虽然我们对这些东西早已经习以为常，但是这些东西却很难传授给电脑。不过 R2 和 3PO 展示出他们了解许多常识。比如，他们知道如果卢克被困在垃圾处理器那里，他就不会突然出现在"千年隼号"旁边；如果垃圾处理器里的两面墙合在一起，就会将卢克挤扁杀死；人类都趋生避死，所以如果他们关掉垃圾处理器，卢克就会很高兴。所有这些对我们来说都是显而易见的，但是对电脑来说并不是这样，除非这些信息被输入了进去。

道格拉斯·里南（Douglas Lenat）博士将常识编程到了一台电脑中，这台电脑叫作 CYC，是百科全书（encyclopedia）的简称。他的目标是给予 CYC 一亿条常识。这些知识将帮助它进行合理的比较，高效地做出决定，删除不实际或者不符合需求的方案。因此到目前为止，CYC 搜索信息的能力比一般网络搜索引擎都要高。比如，我们要求它向我们展示"一个强壮的、有冒险精神的人"的照片，CYC 就会给出一张照片，上面配有文字"一个攀登石壁的人"，CYC 认为，攀岩是具有冒险精神且需要力量的活动。

第三种制造出人工智能的方案，是制造出可以从经验中学习的系统。如果我们可以给予计算机感知周围的事件并从这些事件中学习的能力，那么计算机就有可能发展出智力，就像婴儿一样。为了创造出这样的学习系统，科学家建起了神经系统网络，系统的设计大致模仿了人脑的结构。

一般的电脑都受一个复杂的中央处理器控制，但是人脑并没有中央处理系统。人类大脑大约有一千亿个神经细胞，或称"神经元"，每个神经元和其他

1万个神经元连接在一起。为了模仿大脑，神经网络包含了多个简单的处理器，以取代单个中央控制系统。这些简单的处理器相互联系，和大脑中神经元相互联系的方式相似。科学家认为神经元之间大规模的连接给予了大脑同时处理一千万亿条信息的能力。这种大规模的内部关联也被称为"平行结构"，它可以使许多不同的信号同时从一个地方到达另外一个地方。斯蒂夫·格兰特（Steve Grand）是网络生活科技公司的首席技术官，这个机构致力于有高等智慧的人工生命形式的开发。格兰特相信，平行结构是人工智能发展的关键。"大脑实际上是一台机器，许多事情同时在里面发生。只有这样大规模的平行系统才能产生智能。"到目前为止，神经网络还远远没有大脑复杂和广阔，它们还只有蟑螂脑力的十五分之一而已，但是从根本上来说，它们确实复制了大脑的分散控制结构。

神经网络工作方法如下：电脑科学家在输入端输入一个具体的刺激，刺激信号通过网络在相连的其他处理器之间进行传递，在输出端就会输出一个信号。通过"训练"网络，科学家可以让网络输出适合需要的结果。但是我们怎样训练神经网络系统呢？

连接对神经系统网络来说的重要性，超过了一个个处理器。这些连接可以被加强也可以被削弱，加强或者削弱的过程从根本上复制了大脑的学习过程。大脑神经元可以记住它们之前传过的信号，以及这些信号是从哪个神经元传过来的。借助过去信号传输留下的印象，神经元就会下更大的力气处理传自特定神经元的信号，这种连接就被增强了，而同时其他的连接就弱化了。这种过程一直在进行，比如在你学习弹钢琴或者加减法的时候。在大脑中，传输路径已经确定下来了，之后就是熟能生巧的过程。科学家通过调整连接的强度来训练网络，构建出能够产出符合需要的结果的适当路径。这些调整模仿了基本的学习方法，但是网络还没有任何逻辑可言。

虽然神经网络还不是那么成熟，但是它们却有能力学会十分难以编写的程序。比如，它们可以识别出复杂的模式，这是一项被称为模式匹配的技能。神经网络系统现在被用于识别股票市场的模式，并预测其走向。科学家也测试过系统在电子眼中的应用，未来，它们也许可以帮助电脑识别人脸。现在电脑只能识别没有表情的脸，而且还必须是全脸、正脸。强大的模式匹配能力可以使神经网络在各种各样的光线条件下识别出莱娅的脸，不管是从哪个角度、不管成像是否清晰、不管莱娅是微笑还是皱眉，甚至是在她发型奇特的情况下都可以。R2 和 3PO 一定有这个能力。

斯蒂夫·格兰特认为，在神经网络系统中使用到的连接机制在制造人工智能的领域最有前景。"以规则为基础的系统和以案例为基础的系统曾经有 50 年的时间证明自己可行，但是都失败了。"格兰特认为 R2 使用了神经网络，他说，"R2-D2 身上展示出来的智慧简直是新奇的现象。"这意味着智能是一个群体共同运作的结果，而不属于群体中的任何一员。格兰特举了一例："你是人类中独特而又普通的一员，是几十亿个构成你身体的细胞共同作用的结果，你不是任何一个细胞的产物。"相似地，智慧一定是构成神经网络系统的平行结构上连接的各个处理器相互作用的结果。智慧不存在于任何一个处理器上，我们需要让它们像大脑神经元一样相互作用。格兰特解释说："最大的障碍就是我们几乎不知道大脑是怎样工作的！"

R2 和 3PO 都有模式匹配的能力，我们可以假设神经网络至少组成了他们系统的一部分。另外，《星球大战百科全书》中说 R2 和 3PO 没有强加在其他机器人身上的内存清理功能[1]，这让他们可以从经验中学习。这样的学习能力又一次证明了他们有神经网络。

我们最有可能创造出真正的人工智能的方式可能就是将这三种方式结合起来，机器人也将拥有上述的能力。不过，如果不能感知周围的情况、收集信息、学习和交流，拥有再高超智慧的机器人也不算是好的机器人。R2 和 3PO 有视觉、听觉，甚至还有触觉。我们距离制造出这样的机器人还有多远呢？

1　在《西斯的复仇》中，C-3PO 曾有一次记忆内存被清除。

你能听到我听到的吗——如何创造出有感觉的机器人

3PO 和 R2 具有各种方式感知他们的世界，他们似乎都有视觉、听觉和触觉。R2 和 3PO 被触碰的时候都会有所反应——在《帝国反击战》中，汉·索洛碰了碰 3PO 的肩膀，3PO 就转了过来；在《新希望》中，3PO 碰 R2 后脑勺的时候，R2 弯下了身子。如何创造出这些有感觉的机器人成了一个艰难但却十分吸引人的问题。

我们之前简单说了教机器人从不同角度识别具有不同表情的人脸时会遇到的困难，那还只是让机器人可以"看"的过程里遇到的一个小问题。

当然，我们可以将摄像头连上电脑，电脑可以储存输入的影像，并且对其进行处理。但是教会它们真正"看见"影像资料里面的图像完全是另外一码事。电脑必须要将物体与背景分离，并可以识别这些物品和它们的意义。

只是分辨出物体的轮廓在哪里结束，另外一个物体的轮廓在哪里开始就够难的了。通常情况下，唯一的提示就是颜色或质地的改变。移动的物体会造成更多问题。在一群人中间，电脑不仅要在不同情况下识别人脸，还要能认出摆出不同姿势的身体，这些人可能还做出了各种各样的动作。比如，3PO 需要知道当汉在他面前竖起食指的时候——就像在《帝国反击战》中的那样——意思可能是"等等"，也有可能是"3PO，闭嘴"。

电脑被编程以识别各种各样的二维形状，比如字母表上的字母或者人们展露自然表情的照片。但是教会电脑识别三维物体却很难，因为它们可能要从各个角度观察物体。一些工厂机器人有基本的三维识别能力。比如，它们可以认出有四条腿，腿上面有光滑的平面，平面上面凸出一块直立平板的东西可能是椅子。最近，两名德国科学家恩斯特·迪克曼（Ernst Dickmanns）博士和沃尔克·格雷弗（Volker Graefe）博士建成了一个电脑控制的车。电脑可以清晰地"看见"移动的物体，这样就可以在马路上行驶，不管马路上有没有车道线。它还能避开其他的车辆，行驶速度可达每小时 60 英里（约 96.6 千米）。但依旧，它识别物体的能力还是限制在特定的领域内，离我们制造出具有和人类一样，或者像 R2 和 3PO 那样视觉能力的机器人还需要一段时间。

制造有视觉的机器人很难，制造出有听觉的机器人也一样艰难。不管是在 3PO 还是 R2 的运行过程中，听力都起到了关键性的作用。他们必须理解人类所有者的指示。但是电脑真的能理解我们的语言吗？

这其实是一个比你想象中更加复杂的任务，因为人类的语言完全不统一。通过编写程序，可以让 R2 清晰地发出那种口哨式的声音，而且总是使用准确的机器人语法，但是人类并不是那么容易被编程的。

教会机器人听的最大问题分为两大类：声音和意思。首先，电脑必须准确识别出声音。这不是一件容易的事情，因为光英语就有超过 1 万个可能的音节。通常情况下，我们自己甚至都不会说清楚每个音节。就算在那些我们确实发出的声音中，每个人发出的声音也不是完全一样的，不同人的发音不一样。有时候，甚至同一个人发同一个单词的音都不一样。莱娅公主似乎在某些场合下喜欢用英音，在另外一些场合下发美音。

电脑一旦识别出了音节，就必须要将它们拆分为单词。如果每一个单词的发音都很清晰且相互间隔，这也不会太难，但是我们一般会一口气把整个句子说完。实际上，《星球大战》中的一些对话语速都几乎接近了光速，没有停顿没有标点符号。在《新希望》中，我认为语速最快的台词来自卢克，他一口气说完了整句话："他见人就喊你见人就开枪没让整个空间站的人都知道我们在这里简直是个奇迹。"

如果电脑可以成功地区分音节，组成一个一个正确的单词（也许 R2 和 3PO 可以借助剧本），它仍然需要理解单词的意思。人类之间都经常产生误解，机器人又怎么能更加理解人类呢？这个任务是完全不能找到直接的解决办法的。每个人表达自己的方式都有所不同；词语的意思经常取决于上下文；一个人的语调又可以完全改变他的意思，比如将一句话由陈述句变为疑问句。R2 和 3PO 需要处理所有这些问题，还要有复杂的人工智能才能了解他们的人类伙伴。

从这个角度讲，电脑在语言理解方面还受着很大的限制。然而，它们在语言识别上有了很大的进步。早期的语言识别系统，一定要分别识别每个说话人的声音，而且人说话还要一字一顿它才能识别。如今，随着电脑逐渐熟悉说话者，其能力已经有所提高，能在一定程度上识别陌生人说的话了。如果一个人以正常语速说话，这些系统就只能识别出有限的 1000 个单词；如果说话者在单词间都有短暂的停顿来区分，系统可识别的单词量就增长到了 6 万个。残疾人使用这样的系统，用语言发出指令就可以进行操作；实验室工作人员也可以使用这样的系统，他们在观察显微镜的时候，可以直接用语言说出他们的发现。这样的系统还被运用到了一些手机中：只要说出对方的名字，手机就会帮你拨号。

3PO 的语言识别远远超过了英语的范畴。他特别喜欢提醒人们他熟知600 万种交流形式，还可以进行翻译，比如在 R2 的机器语言和英语之间进行翻译。一种新的软件系统翻译机正在开发中，可作为德语或日语与英语之间的译员。我们可以认为这种翻译机是 3PO 的老祖宗。它先进的语言识别系统可以根据你说的每个单词做出最佳的猜测，将信息与说话者的重音、声调作对比，然后再用两种不同的方法进行分析。深层分析挑出单词按正确语法组成的字符串，从字典中搜索出这些字符串的意思；浅层分析挑选出该单词或短语在前文出现过的地方，并与目前出现的相比较。借此，翻译机会判断所有你说过的话的可能性：

1. 愿原力与你同在。

2. 愿原尼与你同在。

3. 愿原尼与你同再。

4. 愿院尼，与你同在。

5. 愿原力与泥同在。

6. 愿原力与李同在。

7. 愿原力与昵同左。

8. 愿原力与裔同在。

9. 愿元在。

10. 圆元与李太。

然后选出最有可能的一个，希望那是对的那个。

你可能会认为翻译机有了这些功能，很快就会取代联合国的翻译。不幸的是，现在它只被编入了有限的、有关约会的单词。比如：我们可以于下午两点见面对死星发起偷袭吗？

在决定你最有可能说了什么后，翻译机会将你的话翻译成日语或者德语中对应的话。当然，这并不意味着翻译机知道你说的是什么，或者它在翻译的是什么。它只知道一个单词对应另外一种语言中的哪一个单词。

然后翻译机再使用语言合成器将翻译内容说出来。虽然 3PO 的声音听起来和人声很像，不过目前电子语言合成器在模仿人类语音、语调和节奏方面都不是很成功。它们的声音偏缓慢、单调，带着电子的腔调。

从根本上来说，教电脑发音非常困难。许多写法相似的单词念起来差别十分大，比如"have"和"gave"、"through"和"cough"。同一个字母并不总是发一个音，所以简单的发音规则是不够的。除了一般的发音规则，电脑还需要一本发音字典才能把每个单词发准确。我们现在的电脑有这样的功能，可以比较准确地念出单词，但是要让电脑的声音听起来像人，哪怕只是更加自然一些，这都还不够。

不同的声调、音量、语速和重音区分开我们各自的声音。为了让生成的语音更加人性化，将这些所有不同的特性全部编程进电脑里简直是难于上青天。一条比较有希望的途径，可以使科学家不必大费周折将所有这些变量编程进入电脑，就是使用神经网络系统生成自然电脑语言。正如我们之前说的，可以对神经网络进行"训练"，而不需要任何整体控制系统。这特别适用于识别复杂的模式，比如语言模式。

几年前，约翰·霍普金斯大学的特伦斯·诺沃斯基（Terrence Sejnowski）博士和他的同事一起创造了网络发音器（NETtalk），这是一种设计用来生成语言的神经网络。博士和他的同事给了NETtalk一篇文章让它一遍一遍地练习阅读，还教它每一个单词应该怎样念。神经网络刚开始时生成的是难以理解的声音，然后发展出了可识别的、婴儿牙牙学语一样的声音。几个小时的训练后，它就学会了文章中92%的单词的准确发音。随着当前硬件水平的快速发展，这样的训练成效可以在几秒钟内实现。我们可以想象在3PO被安装上语音生成器之前，他的语音生成器应该经历了相似但更广泛的训练，学会了怎样念出600万种语言中各式各样的句子和词组。我不知道阿纳金是不是也是这样做的。如果3PO需要说出超越他训练范围的词组时，他可能会使用以案例为基础的推理来找到类似的词组，并以重音和语调为根据进行发音。

3PO说话的时候，很明显不只是在念单词，他是在说话，是有智慧和意愿的，他能够理解自己在说什么。这就意味着他既有语言识别系统又有语言生成系统，还具有成熟的人工智能。

3PO说话还有另外一个特征：情感。3PO的语言充满了情感，有厌恶、有傲慢、有恐惧，也有愉悦。科学家当前正在研究情感影响我们说话的方式，这在很大程度上取决于说话人自身和所处的环境。编程人员需要找到一个方法将其进行量化，来创造出合成了情感的人工语言。为了生成这样的语言，我们需要给电脑编程，让其识别出哪一种情感适应于哪一种说话方式，然后再选择适当的词语来表达这种情感。

选择一个适当的情绪意味着电脑要模仿或模拟情感。但是3PO言谈中的情感似乎是他的真实感受。3PO在云城中遭遇帝国冲锋队时，他确实因为惊恐而结巴起来——但是这有可能吗？机器人真的能有感情吗？

机器人会梦见机器羊吗——给机器人赋予情感有什么意义

R2-D2 和 C-3PO 身上最令人惊奇的是他们看起来十分人性化。他们两个都有很强的个性，一直都在表达着自己的情感。3PO 经常忧心忡忡、牢骚抱怨，将自己放在首位。他经常抱怨说："这永远没完没了了吗？"公正地说，他也关心 R2、"卢克主人"和其他人，但是只有在很少见的情况下，也就是在 3PO 心情好的时候。他看起来一直很不爽，经常挖苦 R2，称他为"超重的润滑油胖球"，还有其他各种各样的讽刺。他很讨厌贾瓦人；当腿脱节的时候，他对自己的外表感到难为情；他还很吹毛求疵。他觉得，自己的"生命"是一场又一场考验，还相信一个小小的失误就可能会导致被送到科舍尔的香料矿或者其他悲惨的命运。他行为夸张，只关心自己，对别人漠不关心，但是必要的时候也会溜须拍马，就像在说服卢克的伯伯埃尔温买下他的时候，或者在为"高贵"的赫特人贾巴做翻译的时候。但不要误会，我喜欢 3PO，他是一个典型的英雄。作为机器人，他令人着迷。我只是认为我不愿意和他一起被困在垃圾处理器里而已。

R2 呢，虽然不能说英语，但是还是表现出了清晰的个性，甚至还表达出了一系列情感。R2 对他所服务的人类忠心耿耿，而且也关心他们，比如他会站在霍斯的冰天雪地中寻找卢克。他也很关心他的同伴 3PO，虽然 3PO 有时候会激怒他，逼得 R2 称他为"没有脑子的哲学家"或者朝 3PO 发出轻蔑的声音。他不喜欢一个人，所以在塔图因上和 3PO 分开后，遇上贾瓦人时他很害怕。R2 有时会很激动，比如当他发现莱娅公主是死星上的囚犯的时候；R2 有时会感到尴尬，比如当他从卢克的 X 翼上落下，掉到达戈巴沼泽的时候，这种时候他就会如同没事一样地吹口哨掩盖自己的尴尬；他也有时会固执，比如当尤达尝试从卢克的营地拿走一个小信号灯的时候，他就很固执。

电脑和机器人可以获得和人类一样的情感和个性吗？我们为什么要给予它们这样的情感？在科幻小说里，有情感的电脑和机器人最终总会成为具有破坏力的祸害。在《2001：太空漫游》（*2001: A Space Odyssey*）中，有能力感知别人的情感并表达自己情感的 HAL9000 杀了所有的飞船船员，只剩下一个。在剩下的那个船员将他关闭时他也表现出了恐惧。在《土星三号》（*Saturn 3*）中，一个机器人渴望追求费拉·福赛特，还进行了一场杀戮。在《星际迷航》（*Star Trek*）的《终极电脑》（*The Ultimate Computer*）一集中，一台被赋予了其创造者个性和情绪的电脑会害怕自己被关掉。它认为战争游戏是真实的攻击，并开始射击友好的飞船。最后，柯克船长让它意识到自己犯下了谋杀罪，它感到深深内疚，然后就自杀了。

在这些情况下，或者在实际生活中，人们感知到的情绪一般是消极的。人或者机器人存在太多的情感会导致不理性或者精神错乱。一般认为因情绪做出决定是不明智的。大多数人认为机器人应该是理性的、科学的、有逻辑的、不情绪化的，但科学家们并不同意。他们表示，太多情感会导致不理性的行为，太少的情感也会。

先让我们看看人脑是怎么做决定的吧。人们可能都认为大脑会理性、有逻辑地考量即将做出的抉择，但是科学家发现其实并不是这样。研究员花了很长的时间，尝试确定大脑中不同区域的不同用途，哪里负责抽象思维，哪里产生情绪。大脑皮层是由灰质构成的，皮层组成了两个大脑半球的外层，这里被视为多数思考进行的区域。大脑边缘系统是大脑更加内部的区域，包括下丘脑、海马体、杏仁体和前扣带皮层，这里被认为是控制情感、记忆和注意力的区域。

但是现在科学家意识到，大脑的大多数功能都需要大脑皮层和边缘系统合作，不管是逻辑还是情感。这些系统一起处理源源不断通过它们的信息。感性和理性并不是相互冲突的，情感也是逻辑关键的一部分。

对于一个正常人来说，只有最简单的决定才会是完全根据逻辑做出的。罗萨琳德·皮卡德（Rosalind Picard）博士是麻省理工学院媒体实验室的副教授、《情感计算》（*Affective Computing*）的作者，她解释说，根据逻辑做出的决定一定是"简短明确的决定。给出某条规则，你就可以做出决定。比如，如果我会捡垃圾，并且我知道扔在操场边上的罐子是垃圾，这样当我看到罐子的时候，我就会决定捡起来"。电脑比较擅长做这样的决定。然而，更加复杂的人类的决定则不仅需要逻辑，还需要情感。但是我们却希望计算机仅仅依靠逻辑就做出这样的决定。可能计算机不能明智地做出推理，就是因为它们缺少相当于大脑中"情感"的部分。毕竟，如果情感和欲望没有什么用途，为什么还会存在于我们和许多动物身上？最近的研究显示，情感可以激励我们，帮助我们制定优先事项，指导我们进行推理、制订计划和做出决定，帮助我们集中注意力，还能帮助我们应对困境。

爱荷华大学医学院神经科学教授、《笛卡尔的错误》（*Descartes' Error*）作者安东尼奥•达玛西奥（Antonio Damasio）博士和M.W. 凡•艾伦（M. W. Van Allen）发现了关于情感如何影响决定的重要证据。达玛西奥博士正在治疗罹患额叶综合征的病人。在这些病人的身上，大脑皮层和边缘系统之间的联系被破坏了，这使得达玛西奥博士有机会研究在逻辑和情感不交缠在一起的时候，人脑是怎样运作的。病人看起来十分有逻辑、十分聪明，但是毫无情感。正如达玛西奥博士说的，他们似乎"都知道，但就是没有感觉"。

你可能会认为这些人行为十分理智，有些时候他们确实是这样的。达玛西奥博士讲了一个病人的故事：在一场暴风雪后，病人开车驾驶在危机重重的道路上前往医生的办公室。病人十分镇静，他开过滑溜溜的路面，用正确的方式应对冰天雪地的环境。开车在他前面的一位女士在冰上打滑，不合时宜地踩了刹车，旋转掉进了沟里。我们大多数人看到她打滑，肯定会被吓到，可能也会踩刹车，但是病人却没有这样的反应。他继续镇静地开车，一丝不苟。在这个故事里，病人理性的状态是有利于他的，很像我们想象中电脑理性的状态有利于电脑一样。

但是实际上，缺乏情感更多是一种障碍而不是一种帮助，情感流逝的同时人的推理能力也会降低。达玛西奥博士这些逻辑性强的病人实际上并不能做出理智的决定，即使是极简单的决定，他们也会考虑到各种可能的选项，和自己不停地辩论哪一个方案是最好的。

　　达玛西奥博士还讲了同一个病人的另外一个故事：博士向他们提出了下次见面的两个可能的日期，病人花费了几乎半个小时讨论每个日期的好处和坏处，包括了每一种可能的情况、变数、选项和结果，如其他的约会、其他的承诺、汽油价钱、天气，还有很多。博士最后不堪其烦，自己选了一个日期。

　　大多数人在经过短暂的犹豫后就会选定一个选项。我们会把一个最重要的因素作为做出决定的条件，如果因素间没有太大差别，我们就会凭直觉认定哪一个更好来做出决定，有时也会随机选一个。我们知道在这些小事上考虑太久就是浪费时间，也会让人尴尬。这些负面的情绪联想会让我们不去做长时间的辩论。但是这样的消极联想并不属于病人行为中的一部分。在这个案例中，病人的理性状态阻碍了他做出最简单的决定。"虽然情感被视为比较原始的现象，"斯蒂夫·格兰特说，"它们确实是智慧的一个重要方面。"

　　如果机器人驾驶我们的飞船，你肯定不想让它在惊慌中"狂踩刹车"，这可能会让大家陷入危险的境地。但是你也不想让它无休止地纠结是先去塔图因拜访欧比-旺，还是先去科洛桑。

　　缺乏情感的输入所造成的问题不只是犹豫不决，患有额叶综合征的人还会不停地做出相同的错误决定。达玛西奥博士用他的学生、博士后安东尼·贝查拉（Antoine Bechara）设计的赌博游戏来测试病人。他们"借给"病人2000美元作为赌博基金，告诉他们要尽可能少输钱、多赢钱。桌子上有四副牌，玩家每次翻开一张，根据结果获得货币奖励或者受到惩罚。没有人告诉玩家怎样决定具体的奖励和惩罚。其中，两副牌中包含100美元的奖励，但中间也夹杂有高达1250美元的惩罚；另外两副牌包含50美元的奖励，中间夹杂有低了许多的惩罚——不超过100美元。"正常"的玩家会尝试全部的四副牌，但是很快就会意识到含有高报酬，即100美元的牌太危险了，会让他们濒临破产，于是他们就会转向50美元低风险的牌，然后翻开这副牌中更多的牌。

　　患有额叶综合征的玩家却会翻开更多含有100美元的"危险"的牌。经常在游戏刚过一半的时候他们就已经输掉了全部的钱，需要去借更多。但是甚至在借了更多的钱后，他们还会坚持之前的行为模式。负面的输出并没有阻止他们。

我们会将危险的牌和不好的感觉、将更加安全的牌和好的感觉联系在一起，这样我们就会被拉到安全的牌上。另外，大多数人做出错误决定后会感到惭愧，这种感觉能让人们注意避免重复犯错。病人没有将情感和每副牌的可能结果联系在一起，做出错误的决定也不会觉得惭愧。因此，他们不可避免地一次一次重复糟糕的决定。这不仅在棋牌游戏中，还会在生活中造成问题。病人也会在其他方面重复错误：在错误的投资上造成损失、开启考虑不周的新商业活动、与不合适的人结婚……达玛西奥博士总结说，情感是"推理机制中不可缺少的一部分"。

额叶综合征患者另外一个记录在案的问题是不能对目标保持专注。虽然我们多数人会把任务按紧急程度排序，将不同的任务联系上不同程度的紧迫感，但是达玛西奥博士的病人却不能这样做。另外一个病人艾略特发现自己不能够集中注意力于某个任务或者目标上。如果让艾略特整理一摞文件，他会很容易地就沉迷于阅读其中一份文件，在上面花几个小时而不去理会自己的任务。

有人会说，没有情感的电脑更容易遇到相同的问题。确实，人工智能在维持注意力和制定优先权的问题上也有困难。它们也倾向于一遍一遍做出相同的决定，不管这个决定导致的结果是好的还是坏的，而且它们也不擅长做决定。就像有额叶综合征的人，大量的可能选项也会让他们不知所措，为了详尽地思考到每一方面而浪费大量的时间。比如，在《新希望》中，R2 必须要决定是留在卢克的家里还是出去寻找欧比-旺。但是除此之外还有更多的选项：R2 可以留在卢克的家里，说出秘密任务的真相；可以留在家里尝试给欧比-旺发送信息；可以留在家里，忘掉他的秘密任务，洗一个油浴；也可以到晚上再出去寻找欧比-旺，或者等到早上再离开；还可以让 3PO 将他装载到陆行艇上以便更快地找到欧比-旺……他还有许多其他的选项。人类可以凭直觉从 60 个选项中剔除 50 个，电脑却很难复制这样的排除过程。皮卡德博士说："它们不能判断什么是最重要的，这是它们最大的失败。电脑就是不能弄清楚这一点。"

皮卡德博士认为，情感可以弥补当前电脑的一些显著的失败。情感可以协助做决定的过程，将某个选项与好的或者坏的"直觉"联系在一起，让电脑意识到不同因素的重要性；情感可以帮助电脑了解哪个行为或决定会导致负面的结果，从而避免在将来犯下相同的错误；情感还可以帮助机器人划分优先权、创造动力、做出决定、维持专注、更顺利地与人类沟通。最后一个好处和 3PO 的主要职责相关，这就解释了为什么 3PO 的创造者会想要给他添加情感。3PO 和 R2 似乎都能划分优先权、维持注意力和动力、做出决定、高效地和人类互动，这意味着他们确实有情感。

如果我们真想要给电脑或者机器人赋予情感，需要怎么做呢？皮卡德博士提出，应该给予电脑认知、表达甚至是感受情感的能力。让我们一个一个地说。首先，我们需要给予机器人感知其他人情感的能力。

为什么汉·索洛和 C-3PO 永远不能成为朋友——机器人该如何学会感知人类的情感

如果机器人可以识别我们的情感，它就可以使用这一信息来指导它们的决定和行为，让自己变得更加有用。识别情感的能力可以告诉机器人对我们来说什么是重要的，什么是无关紧要的，什么样的行为或者数据会让我们满意，什么不会。如果我的微软 Word 软件可以读懂我的情感，它就会意识到它的"帮助"功能并不能帮助到我，我感到十分沮丧——每次我使用"帮助"功能都会这样。在这种情况下，它就会调整它的行为，为我提供另外的选项或者更加简单的指示。如果它发现即使有了这些额外的选项我依旧很沮丧，一句简单的"对不起"也可以让我没那么心灰意冷。

我们应该怎样教电脑检测我们的情感呢？人们一般通过以下几种方式表露情感：视觉上，通过表情、姿势和手势；听觉上，通过声音；还有通过各种生命体征，比如心跳、体温和血压。

之前我们讨论过，让电脑明白视觉输入内容的意义是一件很困难的事情。如果我们成功地教会了机器人"看"，接下来就会让它研究人类的面部，寻找和每种不同表情对应的模式。面部表情会显示出我们对某件东西持有积极态度还是消极态度。另外，研究人员已经将某些面部肌肉、面部动作与特定的情绪联系了起来，所以我们可以利用这些信息给机器人编程。我们正在开发可以识别出微笑和皱眉的系统，这种系统可以追踪眉毛的运动，将眉毛的运动和情绪联系起来。

但是人们表达情绪的方式各不相同。卢克被拒绝进入帝国军校时十分失望，他垂着头、皱着眉；本在知道卢克坚持离开达戈巴前往贝司坪时候也很失望，但是他表达失望的方式只是紧紧地闭上嘴。年纪、性别、成长所处的文化场合不同，表情也会随之发生变化。有些时候人们隐藏或者伪装情感，这就让情况更加复杂。比如在云城，兰多在达斯·维达面前隐藏了自己的熊熊怒火，这样他出卖维达的计划就有更大可能成功。情感的强烈程度不同，还和其他的情感交织在一起形成独特的、不可名状的情感状态，这就让整个情况无比复杂了。

像3PO那样有外交责任的机器人不仅需要有能力识别出人类的不同情感，还要识别出外星物种的情感。每一个物种都有自己表达情感的方式，比如伍基人有一张缺乏表情的脸，他通过声音和肢体语言来表达情感。如果你曾经养过宠物，你就应该经历过"读懂"动物情感的过程。我发誓我能明白我的大蜥蜴在想什么，但是培养这个能力花了我好几年的时间。3PO需要600万种这样的技能，他甚至可以识别其他机器人的情感，比如他知道卢克在霍斯星球上走失后

R2很失落。

综上所述，我们发现让机器人拥有觉察情感的能力十分困难。让这个任务比较可行的一个办法是让机器人专注于主人一个人的情感状态，这样，机器人就更容易学会哪种表情对应哪种情感状态。就像我们十分擅长"读懂"亲近的人的情感一样。皮卡德博士提出，当3PO没有发起对话的时候，他经常看卢克，然后看看卢克关注的东西，随即目光又回到卢克身上。"3PO一直在看着卢克，甚至是在卢克没有和他谈话的时候。3PO在做什么？几乎就像是他在读卢克的脸，观察同意和不同意、严肃和悲伤的迹象。"通过这个方法，3PO可以了解到在不同的场合中，卢克的表情通常是怎样的。"你必须长时间地看某个人才能明白他们的表情是什么意思。"皮卡德博士解释说。机器人可以将它的视觉输入和其他关于主人的信息，比如习惯、爱好、个人目标，以及之前在各种情况下记录下来的反应和表情结合在一起，来更好地判断主人的想法，这样可以更顺利地执行自己的工作。如果要判断陌生人的想法，机器人可能需要将陌生人和主人作对比，尝试着弄清楚。

如果我们的机器人也可以"听"，我们就可以教它研究我们语言的含义，借此来推测我们的情感状态。音调可以很好地体现出一个人的情感。虽然我的大蜥蜴伊格默不发出任何声音，但它可以分辨出我的音调什么时候是平和的、什么时候是责备的，甚至什么时候是不耐烦的。它一旦发觉了音调的变化，就会做出相应的反应。目前我们讨论了许多性质，将这些信息编程进入机器人非常复杂。如果一个人说话的内容从情感上来说是中性的（意思是他说的话可能是"打开门"，而不是"开门，你这个蠢货"），人们就只有60%的可能性准确辨别出说话者的情绪。我们又怎么能期待机器人做得更好呢？

科学家在研究语言是如何随着情绪而改变的过程中发现，其中涉及了许多特征的改变，包括音高、响度、音调、清晰度和节奏。麻省理工学院的德布·罗伊（Deb Roy）博士和同事写出了一个程序，这个程序识别出赞同的声音和不赞同的声音的正确率达 75%。有些说话人的情绪可以更加准确地检测出来，是因为这些人的声音更加具有表现力。我的研究助理吉斯·麦克斯韦说话就没有什么情感包含在里面，而尤达大师的声音的表现力却很丰富。

3PO 要成为一个高效的译员，他就需要能识别说话人的情感，将说话人的状态翻译成另外一种语言，将情感翻译成另外一种语言中对等的语调变化、节奏和音高，说出带有这样特定含义的翻译语言。

其他的感官数据可以改进机器人的情感敏锐度。声音可以表达出情感的强烈程度，面部表情可以表达出情感是积极的还是消极的，而其他的体征可以发挥更大的作用。20 世纪 70 年代流行的心情戒指称其颜色可以随着你体温的改变而改变，借此显示出你的心情变化。如果 3PO 有能力去测量体温、心率、呼吸、血压和瞳孔扩张程度，像一个专业测谎专家一样，他就可以成为一名更加可靠的情绪探测者。将这些数据和与个人相关的信息、所处的场合结合起来就可以获得更高程度的准确性。但是这样的能力也可以提供相互矛盾的数据。假设 3PO 尝试推断出莱娅的情绪状态，她的心跳加速、血压上升、面部肌肉紧绷而高度紧张。3PO 可能总结出她很难过，就像她在云城与达斯·维达面对面的时候那样。但是她在"千年隼号"上亲吻了汉以后也表现出了相同的特征。这两种情况下她的情绪状态却大不相同。

如果《星球大战》中的机器人确实有能力读懂情感，这样的信息在外交协商和义军制订计划中一定是有用的[1]。机器人因此就能够分辨出一个人是否值得信任或者他是不是在设圈套。在这样的情况下，最大的赢家就是维达。他的脸被面具覆盖，声音被增强和改变了，呼吸和其他身体的新陈代谢过程也都被机械化了，想要读出他的情绪十分困难。

电脑如果使用了之前讨论的技巧，在不久的将来就可能有能力识别人类的情感。但是 3PO 和 R2 有这样的能力吗？对于 R2 来说，这样的问题很难回答。

1　克隆人战争时期，具有独立指挥功能的机器人被独立星系邦联大量使用。

他看起来确实依赖，至少是部分依赖 3PO 来为他解读人类的情绪。最明显的证据最早在《新希望》中就出现了。R2 在卢克面前播放了莱娅公主的部分全息影像信息。他欺骗卢克卸下了他的抑制螺栓，然后又说自己不知道这个信息，假装技术障碍。卢克既愤怒又沮丧，之后他被叫开吃饭了。3PO 告诫 R2 最好给卢克播放全部信息。R2 紧接着用哔哔声问了个问题，3PO 回答说："不，我认为他不喜欢你。"R2 的问题明显是："我们的新主人喜欢我吗？"他似乎对情绪有些了解，感觉到了情绪的重要性，但是可能不能评价人类的情绪，或者至少他可能知道 3PO 在这个领域有更高级的技能。

3PO 展现出了觉察情绪的成熟技能。通过卢克的愤怒语调、强烈的强调动作和其他的迹象，3PO 推测卢克对 R2 的行为感到不高兴。因此 3PO 有一个重要的功能——他不仅仅可以在人类和机器人之间进行翻译，还可以传达情感。R2 之后就发现了他在取悦主人上表现得如何了。

3PO 也很注意他取悦主人时主人的表现。当 3PO 发现卢克要将他当作礼物送给赫特人贾巴的时候，他对卢克的动机很疑惑，说卢克"从来没有表达过对我工作的不满"。很明显 3PO 一直在监控卢克对他的满意程度。

3PO 具备觉察情绪的能力的另一个例子发生在卢克在霍斯走失的时候。3PO 翻译了 R2 的哔哔声，告诉了莱娅卢克幸免的概率。犹豫了一会，3PO 接着说："R2 经常犯错误……总是这样。"虽然延误了一会，但他意识到了莱娅很难过，告诉莱娅这么多不利的因素只会加剧她的忧虑。他不只觉察到了她的情绪，还尝试去改变，让她感觉好些。

但是 3PO 的能力还是不完善的。在《新希望》中，当听到卢克和其他人因为垃圾处理器停了下来而愉快地欢呼时，他错误地认为他们的欢呼是因为痛苦。他犯错误的部分原因是他从通讯器里获得的声音传播质量不好，难以辨别。皮卡德博士评价说："这个例子的迷人之处就是 3PO 犯下的错误和我们最先进的语言影响因素分析系统犯的一样。"虽然电脑可以推测激动的程度和某人声音的强度，但是这并不能可靠地指出情绪是积极的还是消极的。3PO 在这里将积极情绪误认为是消极情绪。没有视觉或者其他的输入，这个错误也是人类很有可能犯下的。

3PO 在阅读情绪上最大的失败发生在汉身上。如果 3PO 明白他的抱怨和抗议激怒了汉，他就可能会尝试其他的方法和汉交流。但是在整部《帝国反击战》中，3PO 让汉气得血管都要爆裂了，他激怒汉到了汉要让莱娅关掉他的程度。当然一个能够觉察情绪的机器人应该很清楚要避免这样的糟糕状况。

但是让我们从 3PO 的角度看看。他很明显是被用来和莱娅公主以及其他外交家打交道的，而且他也可以很正常地与莱娅和卢克打交道，莱娅和卢克也尊重他。他可能从来没有遇见过像汉·索洛一样的人，所以在推断汉的情感状态上遇到了问题。汉表达自己情感的方式和莱娅十分不同，他是嘲讽之王，经常说的和他所指的意思截然不同。皮卡德博士认为这也是一个问题："理解幽默和讽刺不仅仅需要识别出脸和声音，还需要一些情境理解和常识。"

对汉的语气的错误认识很容易导致机器人误解他的意思。有时候 3PO 觉察到了汉的讽刺，比如就在他向汉指出他们着陆的小行星不稳定的时候，汉回答说："我真高兴你在这里告诉我们这些事。"虽然话语本身表达的是赞扬的意思，但是 3PO 清楚地意识到汉是在批评他，这冒犯到了他。但是之后，当 3PO 打扰到汉和莱娅公主亲吻，报告他在修复超空间驱动器上获得的喜人进展的时候，3PO 误解了汉的嘲讽"谢谢你，真是谢谢你了"，还把这句话当成了真诚的表扬。他识别嘲讽的能力——至少是识别汉的讽刺的能力——还是不完善的。

在 3PO 的眼中，汉是反复无常的人：有时候粗鲁、傲慢、无礼；有时候乐于帮忙和心怀感激。如果 3PO 尝试去讨好他，这些混杂的信号就会在他身体里产生矛盾的脉冲。怪不得 3PO 称汉是"不可思议的"。

但是误解并不是汉和 3PO 友谊之路上唯一的拦路虎。汉很明显不喜欢机器人。如果 3PO 的程序就是要他服务主人和主人的朋友，让他们感到满意愉快，那 3PO 要等好久才能让汉对他的行为报以微笑。

即使汉不是不喜欢机器人，3PO 可能还是很难取悦汉。他不仅需要觉察出汉的情绪，还需要清楚该怎样适当地回应。皮卡德博士说："知道该怎样回应可能是机器人最难获得的技能。"

　　人类有能力适当地回应别人的情感的一个原因，就是我们也有情感。这使得我们可以理解别人的情绪，或者产生共鸣。皮卡德博士开始的时候认为机器人不应该有它们自己的情感。"我不确定它们是否都必须需要情感，直到我撰写了一篇关于机器人在没有情感的情况下怎样智能地回应人们情感的论文。在写论文的时候，我意识到如果我们给予它们情感，一切都会容易很多。"如果真的要这样，机器人将对周围的事物产生真正的情感反应。

　　正如我们之前讨论过的，R2 和 3PO 对事情和人都有明显的情感回应。R2 对卢克和 3PO 有强烈的忠诚感，觉得和他们是朋友。3PO 经常用描述情感的词汇来形容自己，说自己"尴尬""抱歉"和"害怕"，他甚至会预测事件将会给他带来的情感反应："我会后悔的。"甚至死星上的那些带轮子的盒子形机器人撞到丘巴卡的时候也会害怕到死，发出尖叫声，掉头就跑。但是我们可以制造出可以感到骄傲、害怕、沮丧，甚至爱慕的机器人吗？

我没事，你这个"超重的润滑油胖球"——能创造出真正有情感的机器人吗

　　人类的情感通过好几种方式产生。它们可以从我们身体中的化学物质中产生；可以从我们身体的运作方式中产生，比如微笑可以让你更开心；可以从感官中产生，比如饥饿和疼痛；还可以从思想中产生。

　　就像一个人很少做出绝对合乎逻辑的决定一样，一个人也很少有纯粹的情感反应。不过也有一些例外，比如本能的情感反应，这种反应从本质上劫持了我们的身体，不用经过任何考虑就会发生。比如，如果见到一个庞然大物向你飞来，你会立即感到恐惧，在做出任何思考之前你就会跳到一边去。这样的反应对于一个机器人来说很有用，这样它就不会被没有主人的陆行艇或者爆能枪

击中。实际上，3PO和卢克在塔图因受到沙人袭击的时候，就展现了这样的反应。当一个沙人向卢克冲过来时，3PO的眼睛亮了起来，然后他向后方猛然地动了一下，落下了悬崖。这一切看起来更像是本能而不是逻辑反应。如果3PO停下来想想，就会意识到他站在悬崖边上，掉下去可能会造成更大的伤害。实际上，他摔得胳膊都掉了下来（这几乎是一个愤怒的伍基人才可能造成的伤害[1]）。

大多数情感产生的速度更加缓慢，并常配合思想一起出现。比如，一个在陌生沙漠星球上走的人会变得越来越担忧。他越走越远，但还是没有找到食物、水或者避难所。当他意识到资源慢慢减少，他可能在获得帮助之前就死去，他会开始感到恐惧。在相同状况下的机器人，比如《新希望》中，塔图因上的R2意识到他的能量在减少，在能量消耗尽的时候他可能不能得到帮助。在这样的情况下，机器人也可能会感到"恐惧"。

我们为什么不希望机器人自身具有情感呢？皮卡德博士解释说，在这样的状态下，机器人的优先权划分和行为就会发生改变，就像一个害怕的人做事的优先权和行为发生了改变一样。害怕时，肾上腺激素会将一个人推到极限，他会更加注意危险和有用的资源，会集中一切注意力和能量来生存。在恐惧状态下的机器人可能启用自己的紧急能量供应，将更多的能量集中到感应器上来观察周围生命和危险的迹象，还会关闭不重要的系统，放下任何秘密任务或其他目标，只关注生存问题。R2在被贾瓦人抓住之前就显示出了额外的警惕。我们甚至可以想象他可能是故意滚进贾瓦人的陷阱中的，他对补充能量的需要胜过了快速且秘密地完成任务的指示。在这种危机的情况下，补充能量的积极价值超越了被抓住的消极价值。机器人的情感因此改变了它做事的优先顺序，进而改变行为，做出价值判断，帮助其做出灵活、快速和正确的决定。

相似地，R2和丘巴卡在"千年隼号"上进行全息象棋比赛时，3PO也表现

---

1 这里套用了《新希望》中汉对3PO说的一句话："因为猩猩不会把松了的胳膊从接口里拔出来，但伍基人会。"

出了行为优先权的改变。刚开始，3PO似乎希望R2胜利。但是当3PO知道丘巴卡输掉游戏可能会变得暴戾后，3PO的优先顺序改变了——他的首要任务就是避免进一步激怒丘巴卡："让伍基人胜利。"如果R2继续以相同的能力水平下棋，他和3PO可能最后都会陷入不愉快的状况中。幸运的是，这种危险在他们身上引发了改变，而这些改变等同于从人正常状态到恐惧状态的行为变化。

但是如果我们再早一些进入全息象棋比赛的场景中，就会看到3PO的转变不是立马发生的。在象棋比赛中，R2吃掉丘巴卡的一枚棋子，丘巴卡就会朝他吼。3PO抱怨说："他的下法是合理的，你叫也没有用。"3PO识别出丘巴卡展示出了沮丧和不满。他可能是从丘巴卡的肢体语言、吼叫出的话语或者语气中推断出来。但是他在蔑视丘巴卡的感觉的同时，也在劝说丘仔应该更加理智一些，不要那么情绪化。

3PO拒绝转换到恐惧状态，更偏向于保持他原来的优先权和目标，而不是在应对丘巴卡的感受时放弃它们。就像人一样，3PO更加重视自己的感受。一个自私的机器人？是的，如果3PO要执行一个预先指定的任务，这个性质就是必须的。如果3PO更加重视别人的感受，他就会把所有的时间都花在尽力让别人感到高兴上面，花在促成终极的和谐上，而不再去关注自己的目标和责任。

所以，3PO尽力让他的主人以及主人的朋友感到高兴，同时按照他认为正确的方式执行任务。虽然能够识别出别人的情感，他对情感的认识却并不会轻易改变他的行为，就像是一个感觉迟钝的人一样。其他人的情感必须要超越某个临界值，3PO才会改变自己的目标。皮卡德博士对此表示同意："你不会希望你每抽动一下手指，电脑就改变它的行为。"她也指出，3PO只在他们的任务受到威胁的时候才会改变行为。"R2对他们的任务来说很重要。如果伍基人破坏了R2，这会威胁到R2存储的信息，不利于想要得到信息的人。"

当汉解释说，让伍基人不高兴是一件不明智的事情时，3PO回答："但是先生，却没有人担心让一个机器人不高兴。"这句台词给了我们一个了解3PO的重要信息。他很明显地感觉到有机生命体对机器人的感受麻木不仁，他们还让他不高兴了许多次。但是，他也像一个人一样，对于有机生命的感受漠不关心、表示蔑视。只有在安全受到威胁的时候——当他害怕丘仔把他们撕碎的时候，他才决定拿丘仔当回事。3PO的首要任务还是保住自己的命。

所以机器人一定不能这样轻易地转变情感状态，但是它们必须在情况严重的时候转变。因为《星球大战》中的机器人十分情绪化，转变状态失败的例子还是要看人类角色。如果人们压抑或者忽视情感，他们就会犯下没有情感的电脑会犯下的错误。当高级星区总督塔金被告知义军的作战计划给死星造成了实际威胁时，他没有转换到"恐惧状态"，这种状态在那样的情况下是合理的。相反，他坚持之前的优先顺序——消灭义军、证明帝国的优越性，这在新情况面前反而显得不合理了。这次失败导致了他的死亡（3PO一定会立马投降[1]）。

情感对于机器人可以是很有用的。对于机器人来说，最有用的情感取决于它们的功能。皮卡德博士认为，未来我们将会有称自己为"性格工程师"的电脑科学家，他们会考虑这个问题。实际上，斯蒂夫·格兰特在创造电脑游戏《造物计划》（Creatures）的时候，就充当了性格工程师。他给予了他的小造物欲望和情感，让它们像人一样，会感到孤单和愤怒。他的目标是："创造出小小的毛茸茸的生物（我立马想到了伊沃克人），人们会乐于把它们当作宠物。"这些欲望和情感帮助激励生物去学习和运用生命体的行为，让它们的人类主人喜爱它们，参与到它们的生活中。

对一个礼仪机器人来说，喜爱一切合理的行为、讨厌所有不合理的行为的情感可能是有用的。3PO展示出了这一点。他似乎看不起丘仔对象棋比赛发牢骚、蔑视贾瓦人的丑陋。如果一个机器人注定要一个人执行复杂的任务，有一些情感会对它们有所帮助，比如忠诚、恐惧、坚决——我们在R2和3PO身上看到了这些。如果一个机器人注定要和人类交流，拥有讨人喜欢的性格就会很有用。如果你喜欢一个人，你就会做让那个人高兴的事。同样，一个机器人会想要做

1　《帝国反击战》中，3PO面对自己计算出的渺小胜率，多次向汉提议向帝国投降。

让主人感到高兴的事，让主人"喜欢"它。之前，我们提出 R2 和 3PO 都很注意取悦卢克。任何让卢克感到不高兴的行为都带来负面的联系，这会防止机器人再这样做；但是任何取悦卢克的行为都有积极的联系，鼓励机器人继续下去。

3PO 和 R2 在主人卢克被压扁之前，将死星上的所有垃圾处理器都关闭了，这让 3PO 感觉很好。一系列行为导致了这样的结果——记住开启通讯器、和 R2 合作解决问题、从大局出发而不是针对某一个目标（将所有的垃圾处理器都关闭，而不是仅仅关闭拘留区的那些）、拯救主人于危难，这些行为都会被强化，和好的感觉联系在一起。这样 3PO 就会在将来表现得更好。

除了关心卢克是否喜欢他，R2 甚至还关心 3PO 是否喜欢他。在 R2 没有把莱娅公主的信息完整播放给卢克之后，3PO 告诉 R2 卢克不喜欢他。紧接着 R2 又用哔哔声问出了另外一个问题，3PO 回答说："不，我也不喜欢你。"因为 R2 和 3PO 是"伙伴"，将他们编程成"喜欢"彼此也是合理的。如果一个机器人输出的信息是认为同伴没有用，或者不"喜欢"，他们的合作可能就不会很高效。实际上，这偶尔也会发生，就像刚才描述的情况就导致了 R2 和 3PO 有爱的争吵。他们似乎一直在相互妥协，尝试着使他们的关系更加融洽、对自己有利。R2 尝试着劝说 3PO 遵从他的优先权，3PO 也这样做。皮卡德博士指出，R2 似乎有更多权威。3PO 即使不知道 R2 在做什么都会追随他，就像在《新希望》开始的时候，他跟着 R2 进入逃生舱，一起落在了塔图因的地面上。但是除非 R2 认为 3PO 的行为是正确的，否则他不会追随 3PO。可能这是因为 3PO 比 R2 "年轻"吧。

因为 3PO 和 R2 的程序要求他们在一起工作、互相帮助、让对方高兴，所以 3PO 为他铤而走险也是很自然的，而且这也没有完全超越他的能力范围。虽然有时候不能合作——比如在塔图因上分开了，不过他们一般还是能够一起合作来完成目标的。这就在他们之间形成了信任的纽带，形成了忠诚和友谊。斯蒂夫·格兰特如今正和同事们一起着手创造"一个尽可能与 R2 这样的机器人相似的东西"。但是他决定，与其尝试只创造出一个机器人，还不如创造出一对双胞胎。"人类双胞胎之间的联系十分密切，他们彼此了解，发展出了共同的语言和意识。

R2 和 3PO 交流的方法就像是一对双胞胎。我会记住他们，将他们作为我的灵感来源！"

并不是所有的机器人都是相互喜爱的。R2 报告说云城的电脑告诉他"千年隼号"的超空间驱动器不能用了的时候，3PO 责骂 R2 相信了陌生的电脑。就像 R2 和 3PO 的程序要求他们尝试协助彼此的工作，出于安全目的，他们也可能被要求不信任其他人，保守秘密。

如果两个机器人被编入了共同完成的目标，一个机器人就应该让另外一个机器人喜欢它。但是如果一个机器人不能让主人喜欢它，会怎样呢？在《帝国反击战》中，3PO 警告汉，在小行星带中安全穿越的概率很小，尽力想要将他拉出火坑。他很有可能是在重复之前被奖励过的行为，这个行为已经深深印在了他的程序里。但是正如 3PO 预计的那样，汉的反应并不是很高兴。这让 3PO "感觉不好"，于是他会把这个行为与消极结果联系在一起，还会想出其他的行为在未来相似的情境中使用。

但是在汉面前，3PO 做什么都不会使他"感觉好"——除了 3PO 将汉的嘲讽当成真心的赞扬那次。他的编程很有可能迫使他在人类进行危险活动的时候告知他们危险性。3PO 的沮丧和难过会增长，因为他不可避免地感觉糟糕。当一个人感到糟糕的时候，他感知事物的方式就改变了，他会认定坏事发生的可能性更大。这就解释了 3PO 消极的样子，他相信人生就是一件又一件糟糕的事情。3PO 和他"主人"的生活在帝国军队到达霍斯后就一直处于危险中，这更增加了他的紧张感。他指出危险却被责骂，又无法阻止危险的到来。于是他的行为变得更加疯狂和绝望，直到最后建议投降，使得莱娅将他关掉。

皮卡德博士提出了两个建议。第一，3PO "应该看准时间插话：'汉，我需要你的反馈。每次我给你这些概率的时候，你都很恼怒。我应该停下来不这么做了吗？'"。当然，这个方案需要在汉让 3PO 闭嘴前，3PO 可以说上三句连续的话，这样汉就不会语带讽刺地回答他了："不，3PO，我喜欢你告诉我概率。"皮卡德博士的第二个建议——汉把 3PO 卖掉，或者"把他带走，重新构建他的性格。虽然重新构建一个人的性格要进行许多工作，需要几年的心理治疗，而且你还不知道最后会变成怎样。机器人也可能会这样"。

正如同糟糕的感觉会影响一个人的外表，好的感觉也有同样的作用。感觉好的人看世界就像透过"玫瑰色的镜片"一样，会积极地看待每一件事情。当3PO激动地向正在亲吻的汉和莱娅报告他在维修"千年隼号"超空间驱动器上的进展时，我们得以掠过一眼3PO积极的样子。3PO兴奋的感觉蒙蔽了他，错把汉的嘲讽当成了真诚的感谢。

我们在这部分开头的时候讨论了创造情感的化学和思考过程，我们展示了思考是怎样让电脑有情感的。但是电脑需要一种类似的化学系统来真正感受到情感吗？化学物质确实在人们的情感产生上扮演了重要的角色。实际上，体内化学物质不平衡的人确实会感受到特别的情绪，比如慢性抑郁，这种病和患者生活中发生了什么无关。如果我们要在机器人身上重构人们的情感，我们难道不需要类似的化学物质吗？这一直是科学家们争论的一个话题。皮卡德博士认为，没有任何生化过程的机器人也可以有情感，增加这样的过程也不会给机器人像人类那样的情感。机器人的情感与人类的不同。"因为它们没有我们拥有的生化物质和感觉器官。只要我们的身体是不一样的，我们的'感觉'也会是不一样的。"

其他的科学家则认为，情感依赖于神经化学反应，需要化学成分。罗德尼·布洛克斯（Rodney Brooks）博士是麻省理工学院人工智能实验室的主任，他制造了一个名叫Cog的机器人，将一些欲望编入了机器人的程序。为了创造出这些欲望，布洛克斯博士在程序里编入了一些内部奖励。"我们用计算机模拟了脑啡肽和荷尔蒙。"他解释说。特定的行为可以带给Cog模拟的化学物质回报，所以它会渴望做这些事，因为这些事可以给它带来更多的奖励。

斯蒂夫·格兰特在电脑游戏《造物计划》中设计了在玩家看来鲜活的生物，他想借此让游戏火起来。实际上，格兰特也比较紧张。他承认说："我并不是想设计这些生物，给它们一种好像有生命的假象，我尝试着让它们真正活起来。"为了达到这个目标，格兰特将神经网络的学习过程和生物化学过程的对应结合了起来。"我用电脑模拟了神经、生化反应、化学感受器。"设计来模仿身体中生化信号的信号会在不同的条件下被释放出来，用以加强某种欲望、行为模式，同时削弱其他的欲望和模式。之前我们讨论了神经网络系统可以通过调节联系的强度来训练。这里，虚拟化学物质也可以进行训练，加强某些连接，同时削弱其他连接。如果生物做了某些愚蠢的事伤害到了自己，它感受到的"痛苦"将激发它削弱引向这些行为的连接途径。

不管是单独运用思考，还是将思考与化学物质结合起来，将来的电脑和机器人都可能会像你我一样有情感。情感可以使电脑的结构更加复杂、对人类也更加有用。我们在 R2 和 3PO 身上看到的做出决定的能力、灵活性和独立性都取决于他们感受情感的能力。

除了帮助电脑更加高效地运行，拥有情感可能还会导致其他的后果。你不能再咒骂你的电脑了，你不希望伤了它的心。

唠唠叨叨就是我——如何让机器人表达情感

机器人可能是一个翻腾着情绪的锅，但是如果它没有表达情绪的方式，我们可能永远不知道它有情绪。如果情感让机器人成为一个更加高效的决策者、更加灵活的思考者、更加有用的帮助者，为什么我们还要在乎机器人是否向我们传递了它的情感呢？

这个能力在很多方面都是有用的。首先，人类习惯和有情感的生命打交道，我们喜欢这样做。在麻省理工学院所做的一项研究实验中，人们玩两种不同类型的电子扑克牌游戏，一种类型的扑克游戏中，对手玩家有动画效果的脸，随着游戏的发展，脸会展示出不同的表情；另外一种游戏的对手玩家没有脸。在游戏后进行调查，发现大多数的人喜欢和有动画效果的脸玩扑克。他们能更加投入到游戏中，认为有脸的对手讨人喜爱。在另外一项研究中，甚至发现人们更喜欢和自己种族的动画角色交流。

如果我们要经常和机器人交流，那么机器人看起来更加类人，能够表达自己的感情可能会更实用一些。在我的微软 Word 软件中，帮助图标是一个小型的动画回形针 Clippit。Clippit 会眨眼、晃动，在我写这本书的时候来回地看。当我打开文件的时候，它会惊讶地抬起眉毛；当我命令程序帮我在文章中寻找一个单词时，它就弯曲成一个十分专注的表情。虽然 Clippit 并没有我们讨论的那种意义上的情感，但是它确实是在模仿情感。当它的"帮助"没有发挥作用的时候，这种模仿让我对它多了一些宽容。

除了可以让我们对软件更加耐心，展示情感的能力还可以用来操控我们的情感。我的研究助理吉斯·麦克斯韦有一天带来了他未婚妻的电子宠物，或者叫拓麻歌子——这是这种产品最早的名字。他要按照严格的要求去喂养、照顾这个小型电脑化的乌龟形象，还要和它玩。一开始，未婚妻给他这个的时候，他说："我觉得这有些愚蠢，我想谁会在意这些小小的哔哔响的玩具啊。你得不到任何的回报。"但是他后来就很在乎这个小东西，他惊讶地发现玩这个"愚蠢的东西"实际上很让人愉快、有成就感："每天它都会有生日，然后会长得更大一些，它的体重会上升一些。看着它长大挺有意思。"这个形象就是设计来让我们喜欢上它的，以此来控制我们的情感。虽然技术有限，但是它是成功的。正如吉斯说的："我想我会喜欢它一两天，但渐渐地我就讨厌它了。它总是那么烦人，总在哔哔响。"我敢说，这更像是汉对 3PO 的反应。幸运的是，他的未婚妻在发生任何暴力之前就把电子宠物拿走了。

因为电子宠物可能还不够可爱，更加逗人喜爱的电子宠物已经被开发了出来。菲比精灵毛茸茸的又讨人喜欢，它是 5 英寸（12.7 厘米）高的毛球，会笑、会跳舞，还会露出不同的面部表情。它们的词汇量超过 200 个单词，这使它们可以和主人交流，甚至可以告诉他们："我爱你。"它们有大眼睛和耷拉的耳朵，被故意设计出讨喜的形象。但是很明显，一些精心设计的高科技玩具惹怒了一些拥有者。网络上，你可以在菲比精灵解剖主页上看到菲比的内脏被赤裸裸地曝光了出来。所以展现情感的电脑可能会获得我们的忠诚和喜爱，但也可能激起我们的怒火。

与拓麻歌子和 Clippit 相似，R2 不能说话，但是也能表达情感。他的机器语言结合了哨声和哔哔声，创造这样的语言可以让人类读懂其中一些基本的情感内容。我们觉得我们"理解"R2，这使得我们喜欢上了这个机器人。

虽然 3PO 的脸没有表情，但是他的声音和身体却很有表现力。他的语气很能表达情感，姿势和身体语言也透露了他的情感状态。3PO 可以熟练掌握 600 万种交流方式，所以我们可以假设他不仅知道 600 万种语言，而且还知道 600 万种情感表达的模式——语调、表情和身体语言。他利用他的能力表达情感，强调他认为重要的观点，甚至尝试着影响别人的情感。

在《绝地归来》中，3PO 为了获得伊沃克人的帮助进攻帝国基地，他向伊沃克人说了一个《星球大战》冒险的故事。一个好的讲述人必须要掌控观众的情感，3PO 正是这样做的。他很有技巧地选择了可以唤起伊沃克人欲望的细节：对帝国的恐惧和憎恨、对义军的喜爱和忠诚。他用语调和手势展示出了这些细节，增强了其中的情感。

如果要从能够展示情感的机器人的成功中挑出问题，那就是我们之前讨论过的觉察情感的能力。如果你的机器人仆人把你的《星球大战》录像带扔了，你火冒三丈，仆人脸上的笑容也不会让你宽容和蔼地对待这件事。你会希望仆人理解你的愤怒，显示出忏悔的样子。这可能就是菲比精灵沦落到解剖桌上的原因。东京科技大学正在开发一个系统，试图解决这个问题。他们构造了一个可以展现出六种不同表情的机器人：愉快、悲伤、憎恨、恐惧、气愤和惊讶。他们现在正在研究一个程序，这个程序可以识别人类各种面部表情。他们计划将这个程序连接到机器人身上，这样它就可以记录下人类的表情，然后回应正确的表情。

如果我们有一天可以制造出能够更加理解我们情感，并能够利用它们的情感和表情做出更好的回应的机器人，我们可能就可以最终建成终极人工智能：可以让我们疯狂的机器人。

你和你的电脑之间建立爱的关系了吗
——人与机器人能产生多深的感情

斯蒂夫·格兰特在报告中称，他的游戏《造物计划》的将近100万玩家经历了各种各样的情感反应，他们中许多人像对待有生命的动物一样对待电脑中的生物。"生物死的时候，他们通常会很伤心。"一次，他向他妈妈展示了游戏的早期版本，"我们看着两只生物在相互追赶，就好像在'热恋'中一样，然后程序崩溃了。我告诉她生物永远地离开我们了，我可怜的妈妈流下了眼泪。"

甚至是格兰特本人也被生物的"魔力"迷住了。"有一次我通过邮件收到了一个从澳大利亚寄来的生病生物，请求我治疗它的疾病。它染上了某种病，只能在那里等死。我做了一些研究，发现它生下来就是耳聋眼盲，不知道外面世界有食物。我认为模拟基因的程序出了问题，造成了这种缺陷。通过改变基因和悉心的照顾，我成功地治愈了它。之后我把它寄回给了它的主人。不久我忽然意识到我就和它们一样情感过于丰富，一整天都在担心数据文件的健康！"

六百万美元的西斯——半机械人有可能出现吗

除了机器人以外，《星球大战》还塑造了一些半机械人——一种拥有机械或者电子部件的生命体。卢克的手被达斯·维达斩断后，他安装了一个仿生手。仿生手看起来像真的一样，似乎有真实的手那样的灵活性和力量。在《绝地归来》中，卢克报了仇，将维达的手斩了下来，我们看见维达手腕上伸出来的电线。维达的手也是人工制造的。当皇帝用原力闪电攻击维达的时候，我们得以看见维达的整只手都是人工制造的。可能他的腿也是，我们还不清楚[1]。这样的人工四肢真的有可能实现吗？

虽然要实现《星球大战》中的仿生四肢，我们的科技还有很长一段路要走，但是看起来和真实的四肢很像的假肢现在已经问世了。人造手臂甚至可以做一些简单的动作。使用者的残肢上安装有肌电感应器，使用者弯曲残肢上的肌肉时，就会触发感应器沿着电线发送信号给肢体里面的引擎。通过训练，使用者可以通过弯曲特定的肌肉来发送特定的指令给肢体，让手张开、合拢、转动。

假肢甚至可以装上温度和压力感应器，这样使用者就可以感受到手中一杯热咖啡的温度和手握着杯子产生的压力，这些信息会从指尖的感应器沿着电线传播到残肢上。为了感受到温度，残肢上的金属片会加热或冷却以反映出握着的物体的温度，这可以让使用者重新感受到一些失去已久的感觉，帮助他避免损坏新手。为了感受到压力，一种刺痛感反映了手掌握物体的力度。在这之前，使用者必须通过视觉来判断手握东西的力度。一种新的设计还可以感受到物体开始下滑而自动握紧手指。有这种假手的人可以用它们吃东西、刷牙、打电话。感应器也可以让卢克握紧光剑、感受到莱娅手的温度。

卢克的手指能够独立运动，不像现在的人造手臂。但是罗格斯大学的科学家正在开发一种更加复杂的手。根据模型所示，手臂上肌肉和肌腱更加精准的运动可以通过电脑发送信号给电机，促使各个手指独立运动。这种人造手的一位受试病人甚至可以用它来弹钢琴。

除了手，其他的假肢也变得越来越舒适和成熟了。在以前的设备上，残肢用来固定的衬垫和套接口，要么太紧，阻碍血液循环；要么就是太松，产生摩擦，使用者会长水疱或发生感染，经受更加严重的痛苦。现在，更加舒适的衬垫和套接口使得假肢的佩戴时间更长，并且不会伤害使用者。

现在制造假肢的材料不再是沉重的塑料、木头或者橡胶，而是碳合成材

1　这一疑问在前传第三部《西斯的复仇》中已经揭晓。

料，这种材料更加强韧、轻盈，战斗机就是用这种材料做的。有一种叫作"灵足（Flex-Foot）"的假肢在脚趾和脚跟之间装有冲力吸收弹簧，弹簧从一步弹到下一步，在不平坦的地面上保证了稳定性。以前的膝关节都是通过机械转轴运行，而现在都使用液压驱动。关节里面的液体流动调节了使用者迈步时小腿的摆动，当使用者走得更快或者奔跑的时候，它让小腿摆动得更快。假肢的膝盖上甚至安装了电脑芯片，它可以测量使用者的步伐，用马达来调整摆动，调整至每秒最多50次。有了这样的腿，使用者还可以跑步、打篮球，甚至爬山。

传感器在最近的人工腿中也扮演了重要的角色。在后跟和脚趾附近分别装有三个传感器，它们接受脚的每部分受到的压力信息，送到使用者残肢上的电极上。对使用者来说，这些颤动很快就会开始感觉像是直接从脚传来的。他们可以感受到脚踩在地面上的压力，这样就可以更好地保持平衡。

科学家甚至已经弄清楚了怎样让人造四肢的肤色随着使用者晒黑的程度而改变。多数的假肢都被和使用者肤色相称的乳胶覆盖，但是如果使用者晒黑了，或者变白了，肤色就不再相称。俄克拉荷马大学健康科学中心的亨利·拉菲恩特（Henry LaFuente）博士设计了一种用两种透明物体——硅胶和尼龙覆盖的假肢。两层之间有狭窄的空间，任何颜色的染料都可以注射进去来改变假肢的"肤色"。如果维达决定在他的冥想室里安上晒灯，这个设计就可以派上用场了。

除了四肢，我们并不知道维达的身体还有多少是人工制造的。欧比-旺形容他的前弟子："他现在更像是一个机器而不是人。"我们知道他利用呼吸机来呼吸，他的声音通过某种方式被人为地增强了。《星球大战百科全书》告诉我们，阿纳金在和欧比-旺决斗的时候掉进了一个熔岩河中。让我们检测一下这样的烧伤会造成怎样的破坏，是否能够说明维达的状况。

我们不知道熔岩河的本质是什么，但是我们可以想象它里面有新鲜的炽热的岩浆。在火山爆发的时候，许多人被流下来的岩浆烧死。岩浆的温度在

1400～2200度（约760～1204.4摄氏度）之间，这就意味着衣服、木头、纸片一下就会被点燃，皮肤细胞也几乎会立即萎缩死亡。在弄清楚阿纳金受到了怎样的伤害之前，我们需要知道他的身体接触熔化物质的面积范围，根据这个就可以确定烧伤的范围，我们还需要知道接触了多长时间，根据这个就可以确定烧伤的程度。

推断这些一个重要的因素就是熔化物质的密度。如果深坑中是熔化时或者熔化后的金属，液体的密度就会比人体的密度高许多。人体主要是由液体构成的，如果阿纳金轻轻地躺在熔化物质上面，他就会浮在液体表面，只会沉入岩浆中一两英寸（约2.5～5厘米），烧伤15%到20%的身体。如果他意外地一脚踏入深坑，膝盖以下就会陷入岩浆中；如果他从很高的地方落下来（这似乎更符合实际），动能就会让他更深地陷入到岩浆里，直到他浮起来，就像肥皂掉进装满水的水槽里。他陷入岩浆多深取决于他落到表面上的速度。因为岩浆的密度很高，我们猜测他可能没有落入太深，并且这样高密度的熔化物质会很快把他抬起来。岩浆的密度可能还救了阿纳金的命。

因为阿纳金的脸没有受到严重的烧伤，我们可以估计他不是脸先落下去的。他可能脚先落地，这样的话，他的腿受到的伤害就最为严重，因为它们会一直和岩浆接触，直到他走出深坑，或者被救起来。他可能用手挣扎着恢复平衡，那手就也浸入到熔化的物质中了。

玻璃厂工人踏入熔化的金属中的案例可能可以解释这种情况下造成的伤害。根据安全制度，玻璃厂的工人要穿防火的裤子和带有金属鞋尖的皮鞋，金属的鞋尖可以保护工人免受熔化金属烧伤。阿纳金很有可能没有什么防护的装备。玻璃厂工人意外踏入的熔化金属达2400度（约1315.6摄氏度）的高温，比岩浆还热。工人的鞋子几乎完全被毁掉了，只留下了萎缩成一小片的东西，有脚掌那么大。工人的左脚和小腿遭受了三度烧伤，手和脸被飞溅的金属碰到，造成了二度烧伤。你可能认为他一定被截肢了。但是没有。

最初的伤痕被称为焦痂，必须要接受及时的治疗。迈克尔·布鲁姆莱茵

(Michael Blumlein)博士是一名物理学家和教师,他解释说,因为伤痕组织很硬,如果伤痕布满了一条肢体,焦痂会"阻碍血液流向这个区域,形成坏疽",肢体就会麻木、出现青紫。如果医生在一种叫作焦痂切开术的手术中切入疤痕组织,组织的损伤就会得到缓解,从而阻止坏疽的形成。几天以后,工人的坏死皮肤被手术切除,用的是一种特别设计的手术刀,可以刮开薄薄的一层坏死组织。某些地方的皮肤被完全破坏了,在几场手术中都用到了皮肤移植。最后工人手上和脸上只留下了一点伤痕,最严重的伤痕在脚上和腿上,但是他可以拄着手杖较好地行走。这个案例并不是例外。在其他 20 个案例中,人们被飞溅的铝水烫伤,液体温度在 600 ～ 1300 度(约 315.6 ～ 704 摄氏度)之间,也并没有任何人被截肢。

我们也可以参考两个地质学者掉入夏威夷火山观测台的岩浆里这个案例。岩浆并不是很深,他们很快就出来了。在住院治疗烧伤后,他们也都康复了,没有留下任何严重的永久性损伤。暴露于熔化的物质并不是致命的,甚至都没有严重的后果,只要身体暴露的部分不是很多,暴露的时间不是特别长。

虽然阿纳金可能是脚先落进坑里的,但是似乎也很有可能是背先着陆的。在这样高的温度下,阿纳金背上的衣服几乎立马就会燃烧起来,然后皮肤也会立马跟着烧起来,皮肤里面的蛋白质被烧坏了,剩下的部分也僵硬坏死了。在几秒的时间内,耳朵的外软骨、手指和脚趾的组织也会开始燃烧。随着时间的流逝,热量会一层一层地深入后脑、脖子、后背、手和腿的背面,烧完脂肪、结缔组织、肌肉、神经,甚至是骨头。他身体剩下的部分还会被岩浆的热辐射烧伤,但没有那么严重。阿纳金惊讶地喘气时,过热的空气、气流和火山灰会烧伤他的口腔和上呼吸道。如果气体足够热,甚至维达的肺脏也会被烫伤。奇妙的是,在最初的震惊过后,阿纳金其实并不会感受到痛苦。三度和四度的烧伤实际上是不痛的——至少在手术和治疗前是不痛的。烧伤越重,就越不痛。

如果维达肌肉组织的很大一部分必须要被摘除,就像玻璃厂工人那样,阿纳金会十分地虚弱。肢体上的严重伤疤可能造成另外的问题。布鲁姆莱茵博士解释说，伤疤"会具有很大的破坏性，不仅是外貌上，对身体正常运作的能力也会造成影响。疤痕组织可以是很厚的、顽固的，导致关节僵硬。我见过不能移动脖子、手，或者手指的人，他们都受到了疤痕的限制"。大多数这样的情况可以通过皮肤移植和重建手术避免或者减轻，但是如果可以替换上灵活且强壮的肢体，维达可能真的倾向于截肢。

对气管和肺部的伤害是导致烧伤病人死亡的主要原因之一。但是通常情况下，如果病人度过了烧伤的危险期，呼吸问题就可以解决，并且不会留下永久性伤害。如果维达的肺部组织遭受了某些伤害并且结了痂，他的身体器官可能就永远不能正常地运作。这时可能就需要可以增加正常空气中氧气含量的系统和可以将这种富氧空气排入维达肺脏的泵。

另外一种可能性就是维达的膈神经可能在烧伤中被破坏了。膈神经刺激横膈膜的运动，横膈膜是层肌肉膜，可以使肺部填满或排空空气。膈神经从颈部后面提供保护的脊髓神经中分离出来，而维达的膈神经可能受到了严重的烧伤。因此我们可能得出结论，即严重的烧伤破坏了神经，造成了部分瘫痪。如果真的是这样，维达可能还需要帮助来使肺部吸气和排气。

遭受同样问题的瘫痪病人使用呼吸机来呼吸。呼吸机从脖子上的一个孔穿入气管里，将空气压进气管内，进入肺里。这意味着空气从声带下方进出身体，不会经过声带上方的器官。在更加成熟的设计中，一个控制说话的瓣膜被安在了管道里，可以使空气通过管道进入，但是不会通过相同的途径出来。呼出的空气被迫从声带上方，经由口腔被呼出。这可以让病人说话，他可以在呼吸循环中的任意时候说话。维达有相似的呼吸设备，这就解释了为什么他的呼吸和说话不同时进行。一个有这样系统的人说话经常是虚弱的，你可以在演员克里斯托弗·里夫（Christopher Reeve）身上注意到这一点，他也有相似的呼吸系统。因此为了凸显出领导的地位，维达需要通过某种方式增强他的声音。

对维达来说，最简单的方式就是简单地使用原力将空气压入和排出他的肺，移除他烧伤的肢体。但是我猜测就算是西斯尊主有时也会厌烦吧。

　　我们在这章开头就问道：未来的机器人是否会和《星球大战》中的机器人相似？事实上，最近的理论和研究让像 R2 和 3PO 那样有感情的机器人比《新希望》刚上映的时候更有可能实现。但是我们要设计出双足机器人，和真正可以"看见""听见"，能够理解和感受的机器人还有很长一段路要走。未来的机器人很有可能和"很久很久以前，遥远的银河系"设计出来的机器人相似。

　　遥遥领先于我们的《星球大战》科技还创造了怎样的奇迹？在下一章中，我们将探索他们最伟大的成就之一：快速穿越星际之间遥远距离的能力。

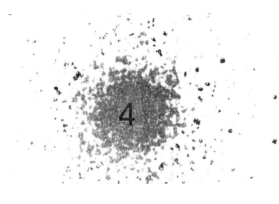

4

飞船与武器

"你从来没听说过'千年隼号'？它能在 12 秒差距内跑完科舍尔航程。"
——汉·索洛，《新希望》

我们驾驶 X 翼战斗机从死星的堑道中呼啸而过；我们辗转腾挪，驶过通行概率几乎为零[1]的小行星带；我们在流弹纷乱的战斗中全身而退，在超空间跳跃中感受眩晕的迷醉；我们让双离子引擎战斗机黯然失色，将帝国歼星舰甩在身后，将死星粉碎成宇宙中的齑粉。

在《星球大战》的传奇中，粉墨登场的各类飞船绝对是最激动人心的元素之一。在《新希望》的开场中，紧紧追赶莱娅公主的帝国歼星舰从我们眼前徐徐掠过，舰体大得仿佛无穷无尽；但在母舰——死星的面前，这等体型不免还是相形见绌。

这些舰船都配备着高能激光炮，足以报废、摧毁其他飞船；而死星的火力甚至可以从星图上直接抹除一颗行星。它们可以在短时间内完成星际穿越，但

---

1 "通行概率几乎为零（impossible odd）"套用了电影中的对白。电影中，3PO 欲告知汉·索洛穿过小行星带的概率，汉回答："别告诉我这个概率！（Never tell me the odds）"

舰体内模拟出的人造重力又不会让乘客感到丝毫不适，而且似乎永远不需要补充燃料。

诚然，从外观来说，《星球大战》电影中的飞船绝对称不上华丽：舰体上覆盖着大大小小的肿块和瘤状物，堆着密密麻麻的尖塔和炮管。这样乱糟糟的造型让卢克都忍不住对汉·索洛的爱舰"千年隼号"大加吐槽："这简直是一堆垃圾！"运转上也时灵时不灵，但此类设定却让这些飞船更加真实。

不过，这类飞船真的能造出来吗？设想，在"遥远的银河系"中，真的有一个高度发达繁荣的文明，它能将这种在弹指间跨越星系的飞船变成现实吗？

秒速 186000 英里——人类能达到光速吗

有一条人人皆知的铁则：任何宇宙飞船都不能以光速航行。爱因斯坦的狭义相对论为宏观物体的运行速度下了枷锁，如果物体以光速前行，势必将出现难以预估的严重后果。

让我们在头脑中做个试验——本章中类似的试验还有几个。理论化的试验是帮助我们理解太空旅行相关问题最便捷的途径。

在汉·索洛将"千年隼号"加速驶出莫斯艾斯利太空港的时候，塔图因上的帝国冲锋队士兵观测到，飞船在缓缓加速直至光速。不过当"千年隼号"接近光速的时候，奇怪的事情发生了。我们假设帝国冲锋队士兵们抬起头，将扫描仪[1]对准"千年隼号"。

此时"千年隼号"正以四分之三光速前冲，但它的质量似乎已经变为停靠

1　"扫描仪"即帝国冲锋队头盔内置的传感器，而在电影中的这一幕，冲锋队士兵们都抬起头看着"千年隼号"升空。

在太空港时候的 1.5 倍。帝国冲锋队士兵们开始纳闷：好像不大对啊。即便汉·索洛用香料把"千年隼号"的货仓塞了个严实，质量也不会达到这种程度。而且这飞船貌似比它在记录中短了三分之一。

他们比对了一下记录，然后对扫描仪进行了复查。目前，"千年隼号"的速度已经达到了 0.9 倍光速，但质量已经变成了原来的两倍，长度更是缩到了一半以下。

士兵们四下张望，但达斯·维达并不在附近，他没有看到他们摸不着头脑的样子。他们再次对扫描仪进行校准。现在，"千年隼号"达到了光速的 0.999 倍，就快达到那个有魔力的数字了。飞船的质量已经增长到了原来的 20 倍，长度却缩短到二十分之一。怎么办！再缩就没了！

冲锋队员们似乎已经看到了自己脖子被上级扭断的死状。他们翻出只在紧急状况下才能使用的超级雷达[1]。这种雷达能把"千年隼号"的结构透视个遍。透视过程中，他们发现"千年隼号"内的时钟走得极为缓慢。事实上，塔图因的时钟已经走过了 20 秒，"千年隼号"上才一秒刚过。士兵们又将视线转向了驾驶舱，汉·索洛说话的语速非常慢。一个懂得读唇术的士兵耐心地观察了许久，最终从汉的嘴中拼出了两个字："种……地……"[2] 这真是他们所遇到过的最诡异的一幕。在确认没人看着他们后，他们关闭了超级雷达，溜之大吉。

其实，士兵们看到的一幕正是狭义相对论中的一个简单的结论。在汉不断接近光速的过程中，"千年隼号"的长度也在不断缩减。时钟越走越慢，"千年隼号"的质量却在节节攀升，因此，若要达到汉对于光速的预期，"千年隼号"需要消耗越来越多的能量。速度增速缓慢，能量的损耗却是个天文数字。当"千年隼号"逼近光速的时候，质量会变成无限大，此时，哪怕是一丝一毫速度的提升都会消耗无穷大的能量。汉是永远无法达到光速的。因此，只有无质量的

1　此道具为作者杜撰，电影中并没有出现过。

2　语出《新希望》，汉·索洛对卢克说："进行超空间跳跃可不像种地，小子。"

物质，比如光本身，才有可能达到光速。我们就不行。

光速是永恒不变的，不会被参考系的变更所左右。当爱因斯坦意识到这个事实后就知道，人类想达到光速绝对是没戏了。不过这个结论似乎和我们的直觉背道而驰。让我们再来做另一个思维试验。假设你正站在恩多森林卫星上，一艘陆行艇以 50 英里（约 80.5 千米）的时速迎面而来。达斯·维达和莱娅公主在艇上激战正酣。陆行艇的握把被公主拽了下来，她将脱落的握把掷向达斯·维达。公主臂力甚佳，把握的速度达到了每小时 20 英里（约 32.2 千米）。由于把手的投掷方向和飞行器相同，你可以看到把手正以 70 英里（约 112.7 千米）的时速向自己飞来。把手打到了维达的头盔上，他着实一惊，但并没有受伤。怀着对这个结果的不满，莱娅公主拔出配枪向维达射击。激光[1] 从枪口中以光速射出。根据你的计算，这激光的速度应该是 $c+50$ 英里每小时[2]。但这明显是不对的，因为光速就是常量 c。这怎么可能？

将光速维持为常量的唯一途径就是，将位移和时间设置为变量。速度是由位移和时间相除得到的，因此，若要保持莱娅公主发射的激光射线速度恒为 c，位移和时间就必须做出相应的调整，以排除陆行艇的速度产生的影响。在这种情况下，就像之前帝国冲锋队士兵们扫描"千年隼号"那样，从你的视角来看，飞行艇的长度以及激光射线的位移，都应该出现些许的减小。你还可以观测到，飞行艇上发生的一切都会变慢，和"千年隼号"的情形如出一辙。相较于莱娅公主看到的景象，她拔枪射击、维达受创，在你的眼里都像是慢动作回放。这些变量都会做出些许调整，以保证你在做"位移／时间"的除法的时候，能得到标准的光速 c。在相对论出现之前，我们认为时间和位移都是绝对的；在相对论之后，除了光速，没有绝对。

自 1905 年问世以来，爱因斯坦的狭义相对论就成了科学家和科幻迷的噩梦。

---

1 其实爆能枪发射的不是激光，而是爆能束。这里可能是作者为了举例方便。

2 在物理学中，习惯上使用字母 c 来表示光速的数值。

如果光速真的成了一道不可逾越的鸿沟，而且我们永远无法达到光速，那就更不可能超越光速了。如果我们派出太空飞船去造访其他星系，乐观估计，一次往返也要花上几年时间。那么电影里的"银河共和国"和"帝国"就不会形成，"星球大战"也就不复存在了——或者至少不会成为现在这样足以让影迷们津津乐道半个世纪的现象级电影了。因此，"星球大战"肯定不会发生，更不会出现在"很久很久以前，一个遥远的银河系"中了。

生而分离——在接近光速的速度下时间是如何变化的

阿米达拉女王生下了龙凤胎——卢克和莱娅公主，而欧比-旺设计将两人分开抚养。其中莱娅被藏在奥德朗，卢克则在欧比-旺的保护下定居在塔图因。欧比-旺决定，先把莱娅带到奥德朗，然后返回，将卢克带回塔图因。阿米达拉女王最后一次将这对年仅一岁的双胞胎抱在一起，随即哀伤地和莱娅道别，目送欧比-旺带走了女儿。由于路途并不遥远，欧比-旺也就没准备进行超空间跳跃，而是选择用0.9999倍光速飞向奥德朗。这趟旅程花了一个月时间，欧比-旺不断问自己为什么要自愿来天天换尿布。将莱娅的头发编成奇怪的造型成了他的消遣。最终他抵达奥德朗，却发现这里已经被帝国军占领了，根本没法安全着陆。于是欧比-旺只好原路返回，将孩子交还给阿米达拉。为此，他不得不在0.9999倍光速之下又给公主换了一个月的尿布。

现在我们来到母女相认的一幕。欧比-旺发现阿米达拉看上去苍老了许多，他想一定是之前忧伤的分别让女王太过伤神。突然一个男孩跑了进来，吵嚷着要见自己的妹妹。阿米达拉解释道这个男孩就是卢克，欧比-旺则大吃一惊。卢克已经十三岁了，而莱娅还是一岁零两个月。[1]

　　这就是相对论中著名的"双胞胎悖论"，它正是上述情境的准确反映。相对论揭示了时间并非一座对每人都平等的精确钟表，针对不同的地点和行为，时间在每个人身上流逝的速度是不同的。因为，时间和空间并非两个彼此独立的变量，而是一个连续统一体。

　　在我们的日常生活中，这一影响体现得并不明显，但对于以接近光速运动的物体来说，就变得显而易见了。好消息是，对于星际旅行者来说，从一处航行到另一处只会花很短的一段时间。在我们的例子中，欧比-旺只花了一个月就抵达了奥德朗。让我们来算算他到底走了多远。

　　在出发之前，欧比-旺和阿米达拉共同研究了此行的航线。阿米达拉指出，奥德朗远在 34 兆[2] 英里（约 54.7 兆千米），即大约 6 光年以外。如果欧比-旺以接近光速的速度航行，一次往返大概需要 12 年。不过欧比-旺知道，在航行途中他会以 0.9999 倍光速前行，奥德朗只在他面前 4820 亿英里（约 7757 亿千米），也就是十二分之一光年之外——正如"千年隼号"的例子当中所展示的那样，路程是会缩短的。因此，对欧比-旺来说，一来一回只需要两个月。虽然在欧比-旺和阿米达拉的计算中，欧比-旺都会以 0.9999 倍光速行驶，但结果是不尽相同的。从某种意义上来说，欧比-旺仅用了两个月的时间就跨越了 12 光年的距离，他的有效速度是光速的 70 倍！

　　坏消息是，鉴于欧比-旺出航所需的时间长达六年之久，即便到了奥德朗，他此行的目的也不复存在了。

　　如果《星球大战》中的太空飞船能够以接近光速的速度航行，时间

1　以上情节大部分为作者为了解释科学原理而杜撰的。电影中，生下卢克和莱娅后，帕德梅·阿米达拉就过世了，而且阿米达拉当时早已卸任纳布女王，她过世时任银河议会议员。

2　"兆"即亿亿，34 兆英里，即 34×10^{18} 英里。

的稀释效应就会逐渐明朗。举个例子，在《帝国反击战》中，卢克曾向尤达大师承诺，他会回到达戈巴完成自己的训练。他离开了，在云城遭遇了达斯·维达，安上了新手，从赫特人贾巴的手中救出了汉·索洛，然后回到了达戈巴。卢克此行可能只需要一个月，但尤达大师可能已经等了数十年。就算对绝地武士来说，这也够考验耐心的。

在《新希望》开篇之时，卢克似乎已经在塔图因度过了相当平凡的一段人生，而莱娅则一直以来都以外交官或义军的身份在星系间飞来飞去，所以，当两人最终相见的时候，卢克应该比莱娅大上好多岁。

所以，从时间尺度上来说，类似的时间稀释效应会让卢克和义军朋友们推翻帝国的计划难以实现。汉将死星的设计图从塔图因送到雅文卫星用了大概一天时间，但对于其他人来说可能已经过了好几年。在这段时间里，帝国完全有时间研发一种新兵器，将死星武装得像把喷射枪。没准帝国皇帝在这几年中老死了也说不定！

"比子弹还快"根本不够快好吗——火箭和飞船是怎样被推进的

综上所述，其实以接近光速的速度来航行不是什么好主意，我们不希望费了半天劲到达目的地却只能收到对方的讣告。这就意味着，对在路上的人和等待拜访的人来说，我们必须超越光速前进。不过，目前的太空飞船连光速都达不到，超越光速又从何谈起呢？

目前我们用于太空旅行的技术还局限于燃料推进，而这一切都是以牛顿的运动定律作为前提的。根据牛顿第二、第三定律，对一个孤立的运动系统来说，总动量是守恒的；也就是说，任何运动都会产生一个等大反向的反作用。当太空飞船在发射架上蓄势待发的时候，飞船和燃料的总动量为0。一旦飞船起飞，向下喷射气体的动量会为飞船提供一个等大、向上的动量。这样一来，虽然系统的总动量依然为零，但下喷的气体推动了飞船上升。在这个系统中，飞船和燃料本质上是相互推动的。而这也使得燃料推动成为太空航行的不二之选，毕竟我们在太空中除了自己之外，也没有什么可推的了。

至少在某些情况下，《星球大战》中的飞船还是依靠燃料推进的。在《帝国反击战》中，"千年隼号"穿越小行星带的时候受到了几艘帝国歼星舰的追击。追击导致"千年隼号"后侧的偏导护盾失灵，于是汉决定和一艘帝国歼星舰正面对攻。就在他将"千年隼号"调转方向、对准敌舰的同时，一束白色的火焰从飞船后侧的引擎中喷涌而出。

如果你看一眼停在发射台上的飞船，就会发现燃料推动的弊端是显而易见的：飞船必须携带大量的燃料，这无疑加大了飞船的负重。而飞船的质量越大，用来加速的燃料也就越多。而且，就目前我们的化学水平来讲，并不足以生产高动量的燃料以使飞船加速到极高的速度。动量是质量与速度的乘积，而目前化学燃料引擎能产生的速度并不高。一架精良的燃料推动火箭，其速度能达到10000英里（16093.44千米）每小时或者2.8英里（约4.5千米）每秒，而这只是光速的百万分之十五，或者说$0.000015c$。将火箭加速到排气速度其实并不难，飞船只需要携带自重1.7倍的燃料，就足以将速度提升到0.000015倍光速。怎么样，激动吗？

既然这是燃料火箭速度的极限，为了产生一个更高的动量，我们必须继续提升飞船的质量。为了将速度提升到上述的两倍，燃料的质量需要达到飞船自重的6.4倍。这样一来，依靠排出更大质量的气体，我们才能使飞船达到更高的飞行速度。但质量的增加也并不是无限制的。科学家经过计算得知，仅将航天飞机大小的太空船速度提升至0.004倍光速，其需要的燃料质量就已经超过了整个宇宙。所以，用燃料推进的方式，我们根本不可能让飞船的速度接近光速。那么还有其他更好的办法吗？

核聚变经常被当作燃料推动的替代动力源。其实在《星球大战》宇宙中，核聚变的概念也常常穿插其中。在协助莱娅公主逃离死星拘留区的时候，汉·索洛谎称，危险的"反应堆泄漏"摧毁了所有的监控装置。在死星二号上，兰多开火射中了"主反应堆"。《星球大战百科全书》甚至说过："超光速引擎是以核聚变引擎驱动的。"不过，核聚变真的能提供如此巨大的能量吗？

让我们再次回到动量的问题中：除增大质量外，提高排气动量的另一个途径就是提高气体的速度。不过正如我们所见，燃料推进火箭的排气速度是相当低的，而核聚变却能提高排气的速度。在一个可控的聚变环境下，施以能量，氢原子（或者其更重的同位素）可以聚变为氦原子。聚变而生的新原子质量略小于原来的两个原子质量之和。根据爱因斯坦的质能方程 $E = mc^2$，这一些许的质量减少会转化成巨大的能量。这一著名的方程式揭示了物质只是能量的一种存在形式。一些科学家甚至将物质形容为"冻结的""被禁锢的"或"浓缩的"能量。因此，核聚变反应释放了禁锢于氢原子中的部分能量。这部分释放的能量能促使氢原子以很高的速度从飞船后端喷薄而出，其速度甚至能达到光速的二十分之一。1 盎司（约 28.3 克）的氢燃料就能够产生超过 70000 加仑（约 264978.8 升）汽油的能量！

尽管和目前的燃料推进相比，核聚变的功能效率提升了 20 倍，但从质量角度考虑，只有不到 1% 的氢原子完成了质能转化。因此，这种方式还是不够高效。不过，排气的速度已然有了可观的改善。燃料火箭加速至排气速度可能需要 1.7 倍重的燃料，不过此时，飞船的速度仅为 0.000015 倍光速，而核聚变火箭装载相同质量的氢燃料，则足以将速度推进到光速的二十分之一，即 $0.05c$。和燃料火箭类似，如果我们想要将飞船的速度提升至排气速度的两倍——即 $0.1c$——我们需要飞船质量 6.4 倍重的燃料。相同地，随着速度的增加，所需的燃料质量也急剧增加。随着我们越来越接近光速，相对论衍生出的结果要求也越来越严苛。

正如最初的思维试验所示，随着"千年隼号"越来越接近光速，帝国冲锋队士兵们检测到的飞船的质量也在逐级增长。如果将飞船加速至五分之一光速，即排气速度的 4 倍，燃料的质量应为飞船的 57 倍。若真如此，"千年隼号"看上去将会比赫特人贾巴还要肿胀。为了获得二分之一光速，飞船必须携带 59000 倍于自身质量的燃料，而且这些燃料还仅仅只能用于一次加速！当飞船到达目的地的时候，我们还需要相同质量的燃料来减速。如果我们是靠非法买卖糊口的走私贩子，势必需要走走停停以躲避"帝国的纠缠"。

不过，如果我们不带燃料呢？1960 年，罗伯特·巴萨德（Robert Bussard）博士提出一个设想，即设计一种飞船，使其可以在星际空间内擒获氢原子以作为核聚变的原料之用。不过这个设想主要的问题在于，星际空间内的氢原子密度极低：在每 1.5 立方英寸（约 24.6 立方厘米）的空间内只游离着一个亚微观的氢原子。众所周知，我们需要大量氢原子以满足核聚变加速飞船的需要。所以，即便是获取微量的氢原子，可能也需要长达数英里的捕获器。而这样的捕获器无疑会加重飞船的质量。即便我们造出了足以捕获足量氢原子的巨大器械，太空中的氢又成了飞船前进动量的最大阻碍——这样在太空中航行和顶风驾驶没什么区别，加速也就变得更为艰难。大部分科学家都认为，这个方案并不实用。

而且，即便我们随身携带了全部的燃料，核聚变反应也只适用于小范围、相对低速的航行或驾驶中，比如同恒星系统行星间的往返，或者在死星上空打一场小规模的空战。如果想要进行长途的星际航行，我们还得另辟蹊径。

核聚变反应生成的氦原子最高能达到二十分之一倍光速。还有什么办法能让飞船排出的物质接近光速呢？还有一种可能性在科幻作品中经常出现，即将物质和反物质混合。

没错，反物质确实存在。物理学界的两大主流理论——量子物理和相对论——都暗示了，每一个粒子都有一个呈镜像的反粒子与其对应，而且反粒子的存在也已经被证实了。反粒子与其对应的粒子具有相同的质量和旋速，但携带相反的电荷，其他的一些性质也呈现出对称相反的特征。例如，反电子（或称正电子）与电子的质量完全相等，但与电子相反，它携带着一个单位的正电荷。

1932 年，科学家们在不断轰击地球的高能粒子流——即我们常说的宇宙射线中发现了正电子。之后，反质子也被发现了。

实际上，就本质来说，反粒子和粒子之间相差甚微。就算整个宇宙都是由反粒子构成的，其间的生命形态也会和现在大致相同。只不过，当粒子和反粒子相遇的时候，我们才会有麻烦——或者说，"机会"才会随之而生。粒子和反粒子相遇而湮灭的过程会释放出两个高能的光子。湮灭和聚变不同，核聚变中，只有 1% 质量的物质转化成了能量；而湮灭中，粒子和反粒子的质量理论上将 100% 转变为能量，同时释放出强烈的辐射。为什么粒子和反粒子的混合能释放出核聚变或其他反应难以企及的能量呢？如果质能方程确实成立的话，为什么我们不能完全释放出任意质量物质中的能量呢？

在任何反应中，一些特定的量——如电量等——是守恒的，即在反应前后，"总量"是维持恒定不变的。在大多数反应中，这杜绝了质量被全部转化为能量的情形出现。但对于物质和反物质来说，由于这些"量"的性质是相反的，即"总量"为 0，那么粒子就能在"量"守恒的前提下完全湮灭。这样一来，高能辐射就能从飞船中以光速射出，驱使飞船不断向前。

你可能会质疑，光子或电磁辐射能否推得动飞船前进。因为光子没有质量，那么它的动量，即质量和速度的乘积也为 0，不是吗？事实并非如此。由于质量和能量是相对的，光子确实含有动量，其大小为其携有的能量除以光速得到的商。哪怕是从飞船后端射出的手电筒的光，即便极为微弱，也是能够提供动能的。由物质和反物质湮灭而形成的辐射会具备更高的动量。事实上，1 磅（约 0.45 千克）重的反物质燃料提供的能量足以和 100 磅重的核聚变燃料相媲美。欲将飞船加速至 0.99 倍光速，只需 13 倍于飞船质量的反物质燃料即可。就职于德国马克思·普朗克研究所的引力物理学家米格尔·阿库别瑞（Miguel Alcubierre）博士称："物质和反物质湮灭是达到高速最有效的方式。"

那么为什么我们不抓紧搜集足量的反物质点火起飞呢？我们的宇宙是被物质充斥的，但反物质却无处可寻，它们只出现于放射性衰变、粒子对撞或屈指可数的其他物理过程中。科学家们正在研究为什么宇宙中的物质这么多，而反物质却寥寥无几。虽然宇宙大爆炸创造了物质和反物质，但似乎后者在创世伊始后便草草夭亡了。很明显，出于一些未知的原因，大爆炸刚刚结束时，物质和反物质出现了数量上的微量不对等——每有 10 亿个反粒子，就有 10 亿零 1 个粒子；10 亿个粒子和对等数量的反粒子迅速湮灭，20 亿个光子伴着辐射应运而生，只剩下一个粒子独自留在战场上。而这个粒子，与其他和它类似的粒子，构成了我们宇宙中的各种物质。

不过，虽然在我们星球四周反物质相当短缺，但收集反物质用作燃料这个构想依然值得一试。通过使用粒子加速器，我们已经具备了生产反粒子，甚至反原子的技术。若将质子加速后射击到特定的目标上，撞击就能生成反质子。只要 1 毫克反物质和相应质量的物质湮灭后产生的能量，足以抵得上两吨火箭燃料。这个结论听上去貌似不错，但以现在的技术水平，我们大概要花上 20 万年才能生产 1 毫克反物质。而且其花费的数额——嗯，绝对超乎你的想象。如果这还不足以打击你，那听好了，用于生产反物质的能量，要比湮灭生成的能量大得多。不过，若《星球大战》宇宙中已经发现了一种更快捷、更轻松、更省钱的方式生产反物质，那这的确是近光速旅行的好办法。这大概就是电影中飞船进行空战或星际短途旅行的方式吧。

正如我们在本节开头讨论过的那样，近光速旅行也是不够的。欲在短时间内穿越巨大的空间，我们还需要更好的办法。然而，我们该如何突破光速的限制呢？解决问题的答案就设置在了光速极限的理论之中。爱因斯坦的狭义相对论正是为了解释在某些特定条件下出现的问题而提出的，具体说来，即匀速、脱离引力场的情况。爱因斯坦之所以设定了特定的前提条件，是为了能更方便地将理论模型化。在完成对狭义相对论的阐释后，爱因斯坦开始继续探究该理论在一般情形下（即物体的运动速度不再恒定，而是处于加速或减速运动过程中，并引入了强引力场）的适用性。爱因斯坦的广义相对论就描述了在更加宽泛的条件下，情形会做出怎样的改变。正如纽约城市大学的理论物理学教授加来道雄所说："广义相对论完胜狭义相对论。"

广义相对论比狭义相对论描述的宇宙更加离奇。狭义相对论已经指出，时间和空间是相互联系的；广义相对论则认为物质与能量和时间与空间之间都存在千丝万缕的联系。广义相对论引出了一个充满概率的宇宙，提供了我们通过质量和能量左右空间的可能性。美国航空航天局（NASA）突破推进物理项目领导人马克·米里斯（Marc Millis）解释道，广义相对论让我们"和时空玩游戏。虽然狭义相对论提出了诸如速度限制等壁垒，但在广义相对论中，我们可以将时空缠卷、折叠、扭曲和拉伸"。虽然在未来，超光速航行是否可能还是个未知数，但最新的理论表明，光速限制是可能被打破的——或者至少，我们可以为此努力。

在《星球大战》第一部电影问世的时候，科学家们可能会对这种未知性嗤之以鼻。但华盛顿大学圣路易斯分校的副教授马特·维瑟（Matt Vesser）指出，在过去十年里，"执着于相对论研究的物理学家们已经开始思考，该怎样将科幻小说内的空间翘曲或虫洞旅行变成现实呢？"看来，我们就快要能跳入超空间了吗？

银河维修站——我们的银河系中能找到星际航行的燃料吗

燃料推进的航行方式最大的问题在于，我们该如何携带航程中所需的燃料。在我们的银河系中，燃料并不会漂浮在太空中等我们取用补给。但如果我们是在"遥远的银河系"中呢？

如果《星球大战》宇宙中的氢非常充裕，那么巴萨德博士用捕获器获取核聚变燃料的方案就会变得更加可行。换个情形，如果反物质能够轻易获取，汉·索洛也能找到源源不断的浓缩燃料。那么，和我们的银河系相比，会不会存在一个更适宜星际航行的银河系呢？

　　实际上，我们大可不必到其他银河系寻求充裕的航行燃料。在我们居住的银河系核心部位，其实能找到高浓度的氢燃料和大量的反物质。

　　我们的银河系是一个直径约13万光年的巨大盘状星系，里面有无数的恒星、行星、气体及尘埃。在宇宙数千亿的星系中，银河系的大小处于平均水平，囊括了大约两千亿颗恒星。和宇宙中70%的星系类似，它是一个旋涡星系，由无数恒星和星尘组成的长长的旋臂围绕着银河系核心转动。我们的太阳系位于其中一条旋臂之上，距离核心约25000光年。旋臂上的空间环境较为宜人；越靠近核心，环境的变化就越危险和不可预测。

　　银河星系盘的正中是一个铍型内核，由高密度的恒星聚集而成，尺寸有数千光年之巨。假如我们徐徐穿过这一区域向内核进发，就会发现这里的尘雾密度是地球周围的一百多倍，当然，这也意味着更多的免费能源。在内核四周，恒星的密度更是达到星系边缘的百万倍以上，它们以二分之一光速的速度呼啸往返。内核源源不绝地向周围辐射高能粒子束和纵横交错的强磁场。在银河系的正中央潜伏着一切活动的始作俑者——一个或若干个黑洞，它们的质量能够达到太阳的两百万倍以上。

　　科学家们相信，这些黑洞正是反物质的来源。西北大学的威廉·帕赛尔（William Purcell）博士发现，银河系的核心一直向外辐射着正电子。这个发现说明，在宇宙中还有其他的反物质来源。如果在我们附近就存在着反物质的来源，而我们又掌握了安全获取的方法，就可以用反物质作为燃料推进飞船航行。既然人们已经掌握了储存实验生成的微量反物质的方法，那么获取并贮存宇宙间的反物质似乎也不成问题。但现在令人头疼的问题是，如何有效杜绝反物质源的湮灭反应。维瑟博士认为，这才是我们的主要问题。"我们也不希望周围有太多反物质。在这样的环境中，生命是很难维持的。"不过，科学家们并没找到佐证，证明在距离我们最近的星系中存在着大量的反物质。不过，质疑却始终不断。理论天体物理学家迈克尔·伯恩斯认为，"有可能很多——甚至所有的——星系内核都是物质、反物质诞生的摇篮。"

如果，银河核心附近存在着高密度的氢和反物质，我们是否能够认为《星球大战》中的共和国和帝国与那个"遥远的银河系"核心的距离，要比我们和银河系核心的距离近得多？

星系的核心有着致命的辐射、上百亿度的高温，黑洞引发的潮汐力足以将恒星撕扯成碎片。很明显，这里非常不适宜生物生存。伯恩斯博士赞同道："在离星系中心一秒差距的距离内，处处都是致命的。"但这个区域之外呢？

马克·米里斯认为，如果一个星体周围还有很多邻居，那么星体的居住者反而更容易实现星际旅行。"如果相距最近的恒星离那个星体只有一光年，那么行星上的智慧文明派出无人探测器造访邻近星球，甚至最后实现星际旅行的成功率就会高得多。"维瑟博士表示赞同："如果一个智慧文明足以在距离星系内核最近的球状星团上开个店，那么星体之间的距离就会被大大缩短，这也能成为促成星际旅行出现的助力。"

不过，对人类来说，这样的环境并不是最佳选择。维瑟博士解释道："如果星体之间的距离过近，我们将会面临更大的风险。一颗超新星就能在智慧文明出现之前，将我们的星球扼杀在摇篮里。"

所以建立共和国的最佳地址应该是在类似于地球的星际环境中。虽然看上去不起眼，也没什么免费能源，但我们至少也得找一个能产生文明的地方。

"你们进来的时候没有定好出去的计划吗"——"超空间"真的存在吗

当汉·索洛驾驶着"千年隼号"冲出塔图因，驶向奥德朗的时候，他选择了进行"超空间跳跃"。超空间是一个特殊的区域，它能让飞船以极快的速度跨越超长的距离。依靠这项技术，汉·索洛能"哄过"时空的限制，将时空加以扭曲，以打破光速的限制。

汉·索洛所应用的技术，也是爱因斯坦广义相对论所涉及到的最奇特的旅行方式，就是在空间的两个点之间开辟一条捷径。这个隧道般的捷径——即我们所说的"虫洞"——可以轻易抹去全部中间距离，让你从起点直接跳到终点。

爱因斯坦的理论解释说，我们生活在——并且能够穿越——一个四维的时空，其中空间是三维的，还有一维是时间。任何能够将时空加以折叠、拉伸，甚至扭曲的技术都能为我们所用，并帮助我们更快地完成空间旅行。不过，如何才能扭曲时空呢？爱因斯坦说，任何质量都可以。我们将这个理论称为引力形变效应。

设想一下，你正站在离地 12000 英尺（3657.6 米）高的飞机上，准备跳伞。当你迈出飞机的时候，巨大的引力会将你拉向地球。但是你的身体是怎么知道地球在底下的？地球究竟是怎样将引力加在你的身体上的？

广义相对论的解释是：实际上，地球的质量扭曲了时空，而这种扭曲的效应将你的身体拉向地球。虽然对大部分人来说，想象出四维的时空要比二维空间难得多。要是在二维空间中，宇宙就成一张巨大的床单。现在，假如这张床单像弹簧床一样是可以延展拉伸的。若把一个有质量的物质（比如保龄球）放置在床单上，势必会对床单产生一个压力。如果你站在床单上，就会向保龄球的方向倾斜。同理，如果我们把地球放在床单上，也会产生相应的压力。如果你从 12000 英尺高的飞机上跳下，床单就会把你拉向地球，就像你滑向保龄球一样。这就是爱因斯坦在广义相对论中描述的情景。

物质的质量越大，时空的扭曲就越明显。质量增大，物体就会在这张床单上越陷越深，产生越来越大的压力，以及越来越高的曲率。

当我提到将空间设想成一张床单的时候，你可能会将其想象成一张平坦的床单，向四周无限延伸。不过正如我们在上文中提到的那样，由于空间内存在各种高质量物体，这张床单会出现若干形变和扭曲。那么现在假设空间处于大幅度扭曲的状态，就像挂在晾衣绳上的床单，被均分成两面，首尾相接。在床单的一面，一个超高质量的物质产生了强大的压力。现在我们绕到床单的背面，假设在相同的位置存在另一个超高质量的物质，也产生了强大的压力。理论上，两个压力产生的扭曲会相互接触、融合，最终形成一个洞穿床单两面的"隧道"。如果隧道不存在，那么两点之间最短的距离就是从一点出发，沿着床单向上，越过晾衣绳，再一路向下，直到抵达另一点的距离。不过，如果这个隧道存在，就能在两个相距极远的位置间打出一条捷径，理论上可以带我们快速穿越很长的距离。加来道雄博士解释道："你的老师可能会告诉你，两点之间线段最短，其实并非如此。虫洞才是两点之间的最短距离。"

在正常的空间中，所谓的"隧道"是不存在的，因为在我们的模型中，"正常"的空间只是一张二维的床单。在我们所知的一般时空之外，即更高维度的空间中，虫洞才有可能存在。而这个"更高维度"，就是我们所说的超空间。在超空间中，我们便能像汉·索洛一样，穿越虫洞，更快抵达目的地。可能在汉·索洛准备超空间跳跃的时候，他已经在自己的坐标上开启了一个能快速抵达目的地的虫洞，以作为捷径之用。这样，就能将星际穿越的耗时缩短到几小时内。阿库别瑞博士深信，《星球大战》中的飞船正是"应用了虫洞一类的技术，实现空间之间的跳跃。虫洞就像一个闸门，能够通往星系遥远的彼端"。

在二维空间中，我们可以将虫洞想象成一个沟渠状的孔洞，但如果放在我们所居住的三维空间内，虫洞看上去应该更像是一个球体。那么汉·索洛或其他星际旅行者该如何识别虫洞呢？维瑟博士是这样解释的："如果虫洞真实存在，我们应该能找到一块区域，它就像一扇敞开的窗户，透过它能看到另一个遥远的星系。"

　　虽然关于"虫洞",我们没有任何的观测记录, 但它们在理论上是可能存在的。虫洞和黑洞不同,后者能吸入物质和光,并将其吞噬;而前者却是一个双向的传输系统,允许物质的进出。正如马克·米里斯所说:"被吸入黑洞,就像是掉进了一口有底的水井中,而虫洞更像是一条隧道。"

　　但虫洞还是存在着一些问题的。就算我们能成功定位到一个虫洞,这个"双开口"的隧道很有可能也并不会在我们想要的准确位置上。我设想的是从我家的后院直接穿越到哈里森·福特[1]家的后院,但结果可能不遂人愿,尽管我很希望这能实现。

　　虽然可能性不大,但我们有可能还会陷入更大的麻烦。就算是在理论上,虫洞的存在状态都不大稳定。虫洞的形成——假设它们能够自发形成——可能只是片刻的事儿。床单上两个压力的相遇和"隧道"的形成可能只会持续极短的一瞬间,然后隧道就弥合、关闭了。两股压力彼此远离的时间如此之短,甚至连光都难以穿过。更糟糕的是,如果物体在弥合期内进入虫洞,很有可能会被挤压甚至碾碎,下场绝对比被达斯·维达掐死还惨。"虫洞能自然形成,并延续任意时长,让我们能够看得到吗?"维瑟博士自问自答道,"我希望我知道答案。"

　　不过,我们也不必担心被虫洞的弥合挤压致死的隐患,因为在虫洞周围,时空的扭曲太剧烈,由此产生的巨大潮汐力足以将任何试图穿越虫洞的旅行者杀死。之前我们曾经讨论过行星之间的潮汐力问题。星体强大的引力场能够产生巨大的潮汐力,对近星端位置的引力会远远大于远星端。对人类来说亦是如此。不妨做一个设想:你的脚率先进入了虫洞,那么更加贴近虫洞的部位(你的脚)受到的引力将远远大于头部,这样一来,你就会被拉扯成一根又细又长的丝。

　　除此之外,自然生成的虫洞在尺寸方面也存在问题。"我认为它们会非常

1　电影中饰演汉·索洛的演员。

微小。"维瑟博士说道，"甚至要远比一个原子还小。"通过这么小的虫洞，观察彼端的情况也会变得极为艰难。"试想你要通过眼前的一个比原子还要小的针孔看出去。"维瑟博士解释道，"一般光线的波长都要远大于原子的尺寸。所以，虫洞连光都透不过。我觉得这可能是个坏消息。不过我们可以寄希望于寻找一个尺寸大一些的虫洞。"阿库别瑞博士则认为，与其寻找一个大尺寸的虫洞，还不如寻找一个小的，然后想办法将其扩大。不过他也承认，现在连小的虫洞也没找到。"首先创造一个小的虫洞就是个棘手的问题。我们需要在空间上打个孔。我可不知道我们该如何下手。"

不过加州理工学院的物理学家基普·索恩（Kip Thorne）可能已经找到了切入点。他发现爱因斯坦的方程中存在着一个解决方法，能避开虫洞强大的潮汐力，并且保持虫洞不会弥合——一个"可穿越的"虫洞。如果我们能在虫洞的隧道——或者"咽喉"内壁施放一种物质，使其产生外斥的外力与引力抵消，阻止其向内收缩，就能保持虫洞的开启。因为，正如我们所知，引力会让物质相互吸引；任何能排斥其他物体远离自身的物质从本质上说，都产生了一种"反引力"（就像电影中波巴·费特运送汉·索洛碳凝躯体的装置那样），这类物质超出我们的认知范围，被称为"奇异物质"。

奇异物质真的存在吗？维瑟博士指出，如果在几年前讨论这个概念，一定会招来嘲笑。"负物质？这类玩意儿根本就不存在。"不过，量子物理——即从亚原子层面描述宇宙的理论——表明，奇异物质是真实存在的。1948年，荷兰物理学家亨德里克·卡西米尔（Hendrik Casimir）率先预言了"负物质"的存在。1958年，他所预言的现象第一次被观察到了。"我们测量到了类似的反引力。"阿库别瑞博士说道，"奇异物质确实存在。"为了理解奇异物质存在的方式，在返回虫洞话题之前，我们还需要多讲一些。这些讲述除了涉及虫洞的构成，还谈到了反引力，甚至原力等其他概念能否成真，事关重大。那么，论述开始。

近些年来，我们获悉的最不可思议的事实就是，真空空间并不是空无一物的。

根据海森堡不确定性原理[1]，由于空间中充满了微小的能量波动，这种起伏在极短的时间内完成，所以无法准确测得。这一内容我会在第五章内详述，不过它的大致观点是：当我们在测量微小、量子级别的物理量时，测量的行为就会对系统产生扰动。在此影响下，我们能获取的信息是相当有限的。如果我们无法在微观层面上说出个究竟来，其他的就更无从谈起。

你可能会问，即便在极短时间内、空间内存在能量波动，那又有什么关系？因为有些时候，波动的能量足以在真空中自发催生出正－反粒子对。在我们捕获到它们之前，两者就会迅速湮灭，无迹可寻（之前你还一直认为"牙齿仙女"更不可思议呢）。因为无法直接测量，这样的粒子通常被称为"虚粒子"。由于这类粒子不能直接被观测到，所以不支持"无中生有"的能量守恒定律依旧成立。

在科学家们的预想中，在微观的层面上，空间中充斥着大量气泡般的量子涨落，其间粒子、反粒子，甚至量子虫洞不断生灭。在量子层面上，空间的"纤维"——事实亦是如此——不断崩坏。《宇宙密码》（The Cosmic Code）的作者、物理学家海因茨·帕格尔斯（Heinz Pagels）曾形象地将空间比作海洋："从长距离看，真空是平静、没有波纹的，就像从飞机鸟瞰下去的、没有一丝涟漪的海面。但在如果我们乘着小舟漂流在海上，就会发现海流还是跌宕起伏的。"

如果我们根本无法测量到粒子的物理量，我们又怎么能确认它们是真实存在的呢？卡西米尔等科学家们预测了虚粒子在不同情况下的特性，而特性是可以量化的。所以，尽管虚粒子难以观测，但它们的存在却是板上钉钉的。实际上，一些科学家坚信，孕育了我们整个宇宙的"大爆炸"正是由某种量子波动产生的。

当量子涨落发生在高曲率的时空（如虫洞）周围，就有可能创造出"负物质"，其辐散的反引力或许就能帮助我们维持虫洞开放。假设一个正－反粒子对出现

1　量子物理中最重要的基本原理之一。由于对粒子的测量不可避免地会影响其运动状态，故粒子的位置和动量不可同时被确定。

在高引力场的虫洞周围。通常状况下，粒子对会湮灭，然后消失。不过，如果一个粒子被强引力吸入虫洞，而另一个逃逸到太空之中呢？那么幸存下来的粒子就没有了"湮灭"之虞，并且在理论上是可以被检测到的。那么它就不再是虚粒子，而是一个可观测的"实粒子"了。不过这就和物理学原理相悖了。要知道，虚粒子的存在时间是不足以被观测到的，只有这样能量守恒定律才能成立。若该粒子从"虚拟"变为"真实"，那么其所携带的微量的能量就没有来源了。

不过为了满足经典定律的成立条件，物理学家们寻找到了一个有趣并合理的解释。既然幸存下来的粒子携带着一定量的"正能量"，我们只需要假设被吸入虫洞的粒子携带"负能量"。在该种情形下，总能量依旧是零。这个携带"负能量"的粒子就是"奇异物质"，也是维持虫洞开放的条件。

那么，类似的奇异物质真的是在虫洞周围出现的吗？我们不清楚。因为到目前为止，我们还没观测到一个真正的虫洞。即便真的是，奇异物质产生的量可能也不足以维持虫洞的持续开启。而且奇异粒子还可能会在我们穿越虫洞的时候带来致命的威胁。但至少，这个理论为我们提供了一个奇异物质可能的来源。我们是否能操控足量的奇异物质并创造出人工虫洞仍然是个未知数。"现在还没有证据证明这一招行不通。"阿库别瑞博士说道，"可能只是我们还没有找到合适的方法而已。不过，我们能否制造出足够质量的奇异物质以供需求，这一点还有待商榷。"即便我们可以将奇异物质转化成"负能量"，但维瑟博士曾经计算过，制造直径一米的虫洞所需的质量大致和木星相等。"我们需要一个木星质量转化成的负能量来创造虫洞。单是控制木星质量所能转化出的正能量就足够困难了。至少在可预见的未来，我们还没有这个能力。"

现在我们知道了，目前奇异物质都是在量子层面出现的，那么汇集质量如此之巨的奇异物质则非常难。我们能做到吗？"可能可以。"维瑟博士说道，"不过在近期，不行。一个高度发达的文明可能能做到。但我们和'高度发达'相距甚远。"

加来道雄博士则相信，《星球大战》中的帝国和共和国那样高度发达的文明是可能掌握获取巨量能量的技术的。他借鉴了天文学家尼古拉·卡尔达舍夫（Nikolai Kardashev）的方法将未来文明分为三个类型。类型一为"行星系文明"，该类文明能够控制行星上的各类力量，左右天气和地震，甚至从中获取能量，在太阳系的其他星球上建立殖民地。类型二为"恒星系文明"。该类文明的能量源自太阳耀斑，并能在邻近的恒星系内建立殖民地。类型三称为"星系文明"，它能从数以亿计的恒星、黑洞、超新星上获取能量，并控制时空。加来博士认为我们的文明仅仅发展到"类型零"，而《星球大战》中的共和国和帝国已经发展到了"类型三"。

加来道雄将行星、恒星与星系的能量做了个比较，他预估随着类型的上升，文明能调用的能量会出现百亿倍的增长。"我的疑惑是，"加来博士说道，"他们是如何获得能量的。不过从结果来看，他们确实能够获得。"这样一来，银河共和国就有了足够的能力运营下去。维瑟博士相信，一旦获取到巨大的能量，《星球大战》中的文明必然能够生产奇异物质。"如果你仔细考虑一下《星球大战》中的一些情节，就会发现他们肯定能做到。"

不过，奇异物质也仅能保持虫洞的开启状态。想要从塔图因直接穿越到奥德朗，汉·索洛必须先创造一个虫洞出来。有奇异物质作为助力，那个存在于"遥远的银河系"中的文明能想出维持虫洞开启——"在时空中打个孔"——的好主意来吗？可能与否我们也无法判断。要想在时空中创造出巨大的压力和扭曲，我们需要控制巨大的质量和能量。"对我们来说，其中的困难简直难以想象，"维瑟博士承认道，"它们需要巨大的能量作为辅助。"

尽管我们提出的一切理论都无法被证实、困难重重，但这并没能阻止物理学家们继续提出创造虫洞设想的脚步。正如加来道雄博士所说："每位物理学家都有自己的设想。这就像穴居人妄图制造汽车一样，但他们连汽油都没有。我们可以设计机械，但我们没有燃料。"如果《星球大战》中，共和国的科学家们将这些设计实现了，根据加来博士的推算，他们应该已经找到燃料了。

无中生有——太空中的"真空能量"能为我们所用吗

我们已经知道，量子涨落可能催生能够稳定存在的虫洞；一些科学家又开始考虑，是否能将其应用到其他领域中。"即便是虚无的太空也具有少量的能量，"加来道雄博士说道，"而且在我们星球的周围，它无处不在。"在前文中，我们曾做过如下设想：即在太空中拾获免费的燃料，以促成星际间的穿越。如果空间本身就充斥着能量，我们是否能够捕获这些能量以供己用，驱动飞船呢？这和之前捕获氢能源的构想并不相同，而是直接将太空化作动力源。就像氢燃料和反物质一样，这种能源的一大关键问题在于"空间燃料"到底能提供多少能量。让人失望的是，对于真空中的能量（即"零点能"）我们还知之甚少，其实用性也存在着较大的争议。虽然宇宙中确实遍布着量子涨落的过程，但由于其过于微小，因此，它们未来的前景还是个未知数。

量子物理学家们计算后得到，真空的能量是非常巨大的，远远超过宇宙中全部物质所蕴含的能量。事实上，前者大约要大上一百亿的万亿万亿万亿万亿万亿万亿万亿万亿万亿倍。对此，马克·米里斯评论道："我曾经读到过，一咖啡杯大小的真空能就足以将地球上的所有海洋蒸干——如果这类能量是真实存在并且有形的，准能派上大用场。"起码装满"千年隼号"的油箱是不成问题的。阿库别瑞博士也表示赞同："空间能量是巨大的，如果真能为我们所用，那么所有问题都将迎刃而解。"

不过宇宙学家们则认为，真空能虽然很巨大，但还没巨大到这个程度，不然我们早就不复存在了。他们表示，能量和质量是等价的，而且质量势必会产生引力效应。如果真空能真的能大到这个层级，那么宇宙就会在创世伊始坍缩成一个硕大无朋的黑洞。一些宇宙学家认为真空能所提供的并非引力，而是斥力。不过，如果真是如此，那么宇宙也早就被互斥的巨力摧毁了，早到原子都还没有形成。因此，这些科学家怀疑真空能其实要小得多。不过即便如此，他们也不能像德克萨斯大学的诺贝尔获奖者史蒂文·温伯格（Steven Weinberg）博士那样断言："像地球体积大小的真空能可能还不如我们从一加仑（约 3.8 升）汽油中获得的能量多。"如果真是这样，汉·索洛还是在飞船上装个捕获器，继续在太空中捞氢原子吧。

目前，大部分科学家都认为真空能不会那么巨大，但依旧具有很大的不确定性。我们仍然无法认定究竟真空涨落能产生哪一种性质的力：引力、斥力，还是两者皆无。另外，我们也无法确定这种能量是否能够收为己用。不过一些科学家还是满怀希望地认为我们能够研发出相应的技术，真正利用上这种能量。他们推断，总有一天，我们能学会如何"发动"真空，正如物理学家李政道博士所描述的那样，让"真空"为我们所用。

尽管真空能并非大得吓人，但仍足以让太空旅行变得更加快捷。德克萨斯大学奥斯汀分校高级研究院主任霍尔·帕特霍夫（Hal Puthoff）博士将其构想理论化，称量子涨落其实是惯性的产物。他的理论十分激进，颇具争议，但却为汉·索洛提供了空间穿越的可能性。

惯性是静止物体维持静止状态、运动物体维持运动状态的一种性质。当你踩下油门，会体会到推背感；当你踏下刹车，身体会不自主地前倾，这些都是惯性的表现。这种加速过程中的阻碍正是太空旅行需要杜绝的隐患之一。无论通过燃料推进还是其他方式，如果我们需要将"千年隼号"加速到一个高速度，就必须为其提供一个前推的外力。根据牛顿的经典力学公式 $F=ma$，加速的物体质量越大，所需要的外力越大。不过，这个公式只是"描述"了我们的观察结果，并未解释背后的原因。自牛顿提出这个公式，三百年来，这个原因还是悬而未决。力学现象背后的原因究竟是什么呢？惯性又是如何产生的呢？

一些科学家只是将惯性视作物质的内在属性。也许在不久的将来，我们能发现惯性现象背后的因由。假设你正站在停靠在时代广场站的地铁上。门关上了，地铁驶出车站。列车缓缓加速，由于惯性，你开始跌跌撞撞地后退。那到底是什么促使你后退的？帕特霍夫博士和同事们推论，量子涨落催生了一个电磁场（零点场），加速物体内部的每一个粒子都会感受到阻力。"如果你将手插入一池清水中，然后尝试着加速插入，"帕特霍夫博士解释道，"你会感到阻挠手前进的阻力。同理，如果你站在一列突然加速启动的列车上，肯定会摔倒，背部着地，就像被一个体重 200 磅（约 90.7 千克）的壮汉击倒一般。列车载着你穿过'零点场'，就和你的手从水中划过的体验相似。"就算是匀速划过水或空气，我们也能感到阻力，但"零点场"只会在速度变化的时候发挥作用。根据帕特霍夫博士的计算（当然为了使公式更加易于处理，条件均进行了简化），电磁场产生的阻力是和物体的加速度成比例增长的，更令人震惊的是，这一结论竟然也完全遵循数百年前牛顿提出的公式 $F=ma$。

许多科学家对帕特霍夫的理论依旧持怀疑态度，而阿库别瑞博士认为他的计算还算"合意"，但对结论还是有些怀疑。不过他相信，帕特霍夫确实证实了"零点场"能够产生类似于惯性的效应。"不过说这种现象就是'惯性'还是为时过早。"

如果帕特霍夫的理论是正确的，那么该理论会引向一个异乎寻常的概念：虚拟粒子会向我们施加力！或者换个更加明确的说法，虚粒子和你身体内的粒子产生互斥的电磁力。

如果我们能掌握控制量子涨落的方法，就能减少甚至消除惯性——从本质上说，减少甚至消除物质的质量影响，从而更简捷地将物质推进到更高的速度。要记住，将飞船加速至逼近光速的最大障碍就是，飞船的质量会在此过程中急剧升高。如果能将物质的质量消除，那么理论上，我们就能实现光速旅行，就像光子一样。

汉·索洛曾经提到，能使飞船"跳跃至光速"。如果"千年隼号"真能实现以上效果，那就一定会涉及到一个"瞬间提速"的问题。即按照 50 英里（约 80.5 千米）时速运行的"千年隼号"能在弹指间提速到 186000 英里（约 299338 千米，约为 $1c$）每秒。这样恐怖的加速度就连宝马都望尘莫及！"千年隼号"可能是凭借某些技术在加速中暂时消除了惯性的影响：在几分之一秒内，消除了惯性的"千年隼号"迅速加速，毫不费力地抵达光速后，惯性影响再度回归，保证"千年隼号"以高速持续运行。

　　这样的技术同时也解决了光速旅行的另一个问题，即在加速过程中保持驾驶者的存活。如果汉·索洛在5秒内将"千年隼号"加速至时速60英里（约96.6千米），所产生的惯性只会让他有轻微的"推背感"。不过，要是在5秒内将飞船加速到秒速186000英里的话，汉·索洛就会被挤成聚乙烯高级座椅上的一张照片。要是想安全全地加速至光速，过程可能要花上几个月！

　　我们会用g来衡量加速度的大小，其中g为地球的重力加速度，即物体在地球上自由落体时的加速度。我们之所以用地球的重力加速度来衡量其他加速度，是因为两者能产生相同的效应。两者之间的效应等价关系之所以成立，是因为物体接受到的地心引力和可比状态下的惯性力都能在作用物体上产生加速效应。正如地心引力将你牢牢吸附在地球上一样，惯性力促使你的后背牢牢抵在坐具靠背上。

　　假设，你站在帝国大厦停在地面一层的电梯里。门缓缓关闭，在电梯加速上升的过程中，惯性会促使你向下挤压电梯的地板，正如地心引力推动你向下挤压地球表面。再假设，你站在太空中的一部电梯中，如果电梯以重力加速度g上升，那么你所感受到的地板施加的惯性力和你在地球上静止电梯内感受到的地心引力是相同的，两者带给你的感受很难区分。

　　当我们迅速改变速度和方向的时候可以感受到更高或更低的加速度。正常人类能承受的加速度上限为9g，不过也只能承受几秒钟而已。当处于9g的环境下，你的体重会变为原来的9倍，血液会向脚步急冲，心脏的起搏根本不足以保证正常的脑部供血。你的视野会变窄，然后感到眼前一黑。如果按照这个加速度持续下去，你会晕厥，甚至死亡。美国空军F-16战机就能产生高于人类承受能力的加速度。因此，我们必须限制飞机或飞船的最大加速度，以保证飞行人员的生命安全。

　　如果加速时间延长，我们能承受的加速度水平还会进一步降低。如果加速至5g加速度，那么我们只能存活两分钟；3g加速度下，我们能活一个小时。假设汉·索洛从莫斯艾斯利出发，并使用3g的加速度加速，那么要花上两个半月才能达到光速的一半。不过这样一来，电影激动人心的程度不免大打折扣。就算加速度变成重力加速度的 9 倍，时间虽然有所缩短，不过仍需要 19 天，而且在飞船达光速的一半之前，汉·索洛的尸体恐怕都凉透了。

因此，如果《星球大战》中的飞船经常处于瞬间加速或减速的状态，那么剧中人一定掌握了解决以上问题的方法。可能他们已经掌握了帕特霍夫博士所说的控制惯性的技术。我们在地铁车厢中感受到的惯性力可能会让我们跌跌撞撞，当然啦，"千年隼号"似乎也没能免俗，在《帝国反击战》中，"千年隼号"跳跃至超空间的时候，R2 还是被甩飞了，划着优美的弧线越过甲板，一头栽进了引擎中。也许，汉·索洛"特殊改造"过的飞船还需要进一步调整吧。

如果贾巴能来找汉，为什么还要让汉去找他呢——曲率驱动的理论应用了什么原理

假设汉·索洛从塔图因野蛮起飞的时候，从数倍重力加速度的加速下侥幸存活下来，他还是需要找到一个方法超越光速，从而抵达奥德朗。虫洞是可能性之一。阿库别瑞博士提出了另一种天才设想：曲率驱动，其创意来源于科幻小说。"在《星际迷航》中，人们一直把'曲率驱动'挂在嘴边，其原理，顾名思义，就是将空间加以弯曲。空间是否能够扭曲，我们之前早有定论，即广义相对论。我觉得肯定能找到一种方法，将理论中的概念付诸实际。"他是这么说的，也是这么做的。

在之前的讨论中，我们已经知道，时空可以在质量或能量的影响下弯曲变形。除此之外，时空还能扩张或收缩。我们的宇宙就是在大爆炸中从一个奇点扩张而生的。不过这并不意味着物质是在空间中扩散的，而是空间本身就在扩张，并且连带着空间中的物质一起实现扩张过程。直到现在，扩张从未止步。

科学家们将宇宙的形状总结为一个存在于四维空间的球体，或超球体。在

文中，我们尽量避免讨论"四维空间"这一概念，因此我们将宇宙想象为一个更加简化的模型。假设，我们的宇宙是一个气球的球面，分布着微小的星系。当球面扩张时，邻近我们的星系纷纷远离，星系彼此间的时空亦是如此。两点间的距离越大，气球在它们之间的膨胀就越大，它们彼此远离的速度也就越快。对比宇宙间的星系，情况也是相同的。时空是在持续膨胀的。

如果我们将空间扩张或收缩的性质引为己用，来完成空间穿越，我们就必须先了解空间膨胀的速度。目前，许多科学家深信，在大爆炸之后极短的瞬间内——确切些的话，是10亿京[1]分之一——宇宙以高于光速的速度实现了巨大的膨胀。你没听错。虽然在时空之中任何物质的运动都不能超过光速，但时空本身可以。它并不受狭义相对论的束缚。这个"膨胀理论"表明，可观测的宇宙只不过是整个宇宙的冰山一角，大部分的星系由于和我们的距离过于遥远，它们发出的光可能永远不会被我们观测到（因为宇宙的寿命是140亿年，而这些星系可能远在140亿光年外）。事实上，这些遥远的星系甚至还在以快过光速的速度远离我们，或者从它们的视角来看，我们也在以超光速的速度远离它们。

那么现在，我们需要澄清一下"光速限制"的概念。更准确地说，在逻辑上，任何物质都不可能达到光速。不过这一次，反例的出现似乎是众望所归。如果不将空间膨胀的因素考虑在内，我们确实不能达到甚至超越光速。然而，如果空间膨胀不容忽视，那么一切皆有可能。让我们再次回到气球模型中。设想一下，我们在一个瘪气球上相隔1英寸（2.54厘米）的位置分别点上两个点，然后把气球嘴连在氦气阀上，吹到最大。可能现在两个点的间距变成了8英寸（20.32厘米）。在鼓气过程中，两点迅速远离，但这两个点在气球上的位置没有变动，也不能变动。

阿库别瑞博士称，通过将空间加以弯曲，我们即便保持在原位不动，也能跨越遥远的距离。从理论上说，汉·索洛从莫斯艾斯利杀出一条血路之后，他

1　万万为亿，亿亿为兆，兆兆为京。"京"即10^{32}。

可以发起时空扭曲，将"千年隼号"和塔图因之间的距离拉长，把塔图因甩在身后几光年之外，再压缩"千年隼号"和奥德朗的距离。最终的结果是，"千年隼号"迅速离开了塔图因，飞抵奥德朗，就像在海上冲浪一样。背后扩张的和面前压缩的空间将"千年隼号"带到了目的地。不过，凭借"海浪"旅行的速度又如何呢？阿库别瑞博士相信，"海浪"推进的速度能够"任意大"。

目前看来，我们能够借助的"海浪"只有宇宙空间膨胀了。鉴于其膨胀的速度甚至能超越光速，我们可以推断人工创造的"海浪"应该也能超越光速。在空间扭曲之外的观察者眼中，正如气球表面上快速远离的两个点一样，"千年隼号"的相对速度应该能在光速之上。不过身处"海浪"之中的汉·索洛却不会有如此的感受，因为光线也是随着"海浪"一起移动的。就像气球上的圆点，汉甚至不会察觉到自己正在移动。这项技术的优点之一，在于汉·索洛不会受到惯性带来的困扰。阿库别瑞博士也确认道："他不会有加速的感觉，也不会被挤死在座椅靠背上。"除此之外，时间稀释效应也将不复存在。"你在家中吃完早饭，"帕特霍夫博士说道，"然后启程，在半人马座阿尔法星上用过午餐，在晚饭时间回家的时候还能找你的妻子聊聊天，而不是和你的曾曾孙回忆革命家史。"曲率驱动可能会和"千年隼号"超空间跳跃的情景类似。"我猜，电影中的飞船可能采用了十分类似的技术。"阿库别瑞博士说，"在飞船前面，星体都变成长条状，或斑纹状。在飞船身后，除了黑暗之外，别无他物。因为星体发出的光线根本无法和宇宙空间膨胀的速度抗衡。"

通过曲率驱动，汉·索洛可以在实际没有运动的情况下迅速抵达奥德朗。身兼科学家和科幻小说作家双重身份的罗伯特·L. 佛伍德（Robert L. Forward）博士称这是一个"完美的构想，它在数学和物理学上都是自洽的。不过从工程学的角度来讲，还是不大现实"。那么，汉要如何将这些理论化为实践呢？正如我们在"虫洞"一节中讨论的那样，汉·索洛必须操控巨量的质量或能量才能扭曲空间。佛伍德博士坦承："如果想营造出海浪效果，那么在空间膨胀和收缩过程中需要的物质是巨量的。"除此之外，汉还需要奇异物质来开启虫洞。

要记住，奇异物质能产生互斥力（或称反引力）效应，汉需要在"千年隼号"和塔图因之间创造一个互斥力场，以膨胀两者之间的空间。此过程所需的"负能量"和虫洞一节中出现的概念无二。经过维瑟博士的计算，创造一个直径一米的曲率泡所需的奇异物质质量，和创造一个直径一米的虫洞所需的质量大致相同——即一个木星的质量。宇宙膨胀理论也成了奇异物质存在（或者至少是在大爆炸之后的瞬间奇异物质存在）的佐证之一。科学家们坚信，在宇宙形成伊始的超光速膨胀过程中，互斥力扮演了重要角色。

不过在实现曲率驱动之前，还有一个问题尚待解决。虽然我们的飞船能超越光速，但飞船面前的空间却不会受到影响。从本质上来说，飞船在空间"察觉"到其存在之前就已经跨越了身后的距离。但飞船却不能让面前的空间进行收缩，因此我们需要在飞船前设置发生器来促成空间的收缩。阿库别瑞博士解释道："我们需要在飞船的航线上沿途设置奇异物质发生器，就像为飞船铺设了一条高速公路，来同步驱动飞船前的空间收缩。"飞船在"高速公路"的始端就位，发生器会产生扭曲空间的"海浪"，将飞船托于其上。就像地铁线路上的列车一样，只不过飞船无需输出任何动能，只需要沿着铁轨前进即可。虽然事先设置"高速公路"的方法和《星球大战》电影中的场景不尽类似，不过《星球大战》宇宙中的文明有可能掌握了更加先进的技术，能以更加便捷的方式实现曲率驱动。

曲率驱动技术也可以用于防御机制，避开敌方发射的致命激光或射线。在电影中，"千年隼号"就配备了偏导护盾，帝国歼星舰也是。但它们是如何发挥效用的？我们已经知道，有质量的物体可以在时空中产生压力，从而迫使其他物体向其靠近。由于质量和能量具有等价性，时空中的压力也会引起能量向其偏移。举个例子，当某个星体发出的一束光线途经太阳的时候，会被太阳的引力场所吸引，发生轻微的偏移。不过这和我们所需要的结果正好相反。就此说来，由于质量的存在，"千年隼号"其实对帝国歼星舰武器发出的射线是存在轻微的吸引力的。这可不大妙。质量大如太阳，也只能对光线产生微小角度的弯折，所以"千年隼号"所能造成的光线偏折实际上是微乎其微的。不过我们所需要的却是相反的效果，而且程度还要大得多。

与吸引力相反的是促进膨胀的互斥力。既然汉·索洛能轻易地弯曲空间，那么他肯定掌握了创造"反引力"膨胀的方法。当帝国歼星舰向"千年隼号"开火的时候，汉可以使用奇异物质实现时空膨胀，将致命的射线袭击弹开。不过我们静下心想想，即便是太阳也只能造成光束微小角度的偏折，如果想让射线完全偏离目标，飞船的质量可能要大到难以想象——譬如太阳质量的10万倍。

星球之歌——超弦理论是什么

第三种实现超光速旅行的方法就是应用超弦理论。在进一步阅读之前，我必须给你一个警告：超弦理论可能会颠覆你之前的宇宙观。该理论和之前我们所探讨过的一切是一脉相承的，但它所解释的是暗藏在可见世界之下、最微观层面的世界，和我们曾经坚信的世界泾渭分明。如果你认为之前讲过的那些"粒子源于乌有""无需移动就能实现运动过程"是无稽之谈的话，那么就此观之，下文中所列举的内容称得上是"弥天大谎"。

超弦理论试图将宇宙间可观察的各种相互作用力统一，创建"大统一理论"。为此，科学家们发现，它们不得不为亚原子粒子赋予一个新的概念。他们的结论是：粒子并非粒子，而是微小的线状"弦"振动的产物，就像被拨动的吉他弦产生的音符一般。由于弦及其细微，大概有 10^{-41} 英寸宽，因此其振动就会以基本粒子的形式显现出来。超弦理论认为，如果我们的观察能够深入到量子级别——当然我们不能——就会发现其实粒子并不存在，留存下来的只有微小的"弦"。

弦的不同运动状态和振动频率就等价于不同的亚原子粒子，如夸克、电子、中子等。当不同的粒子相互作用时，它们的频率能达成共振，众多的共振汇聚到一起就形成了可观察的作用力，从而支配粒子的相互作用。古希腊数学家毕达哥拉斯（Pythagoras）认为，天体在运动时创造了乐声，他还将完美的共振称为"星球之歌"。26 个世纪之后，他的观点得到了印证。

那为什么要将粒子和音符做类比呢？音符是能量驱动产生的音波，其性质是由特定的振动频率决定的。要记住，科学家们一直认为物质是"被禁锢的""浓缩的"能量。因此，将物质视同"能量弦线"的振荡这个说法是说得通的。

为了推广粒子的新定义，弦理论学家们发现，他们必须对宇宙的性质也进行全新的解读。就在深入研究"弦"的行为模式的时候，他们发现这些细微的弦在四维时空中是保持不动的。尽管目前我们对四维空间还知之甚少，但宇宙中应该还存在着十维，甚至更高维的空间；不过，现在我们连四维空间都没有完全观测到！高维空间的存在能帮助科学家更方便地解释，为何我们观察到的作用力只是一个同一种、统一的力的不同表现形式。不过，多维空间是如何发挥这样的作用的呢？

举个例子吧。假设你在塔图因上迷了路。你不断地趋步向前，穿越茫茫的沙漠，却没有发现任何文明的迹象。最终你看到一块巨大的礁岩，攀爬而上。登高望远，地形一目了然。你发现自己刚刚穿越一片干涸的河床，地平线处有一条公路直通莫斯艾斯利。在地面上的时候，你只处于二维空间内，很难判断周围的地形如何。不过当你爬到礁岩之上，就进入了三维空间，身下的景致自然一览无余。类似地，在我们的宇宙中不断添加维度，也能帮助我们更清晰地认知以往隐藏起来的规律。不过我们连四维空间都无法体验，又怎么能想象得出十维，甚至更高维度的空间呢？

我们再来做一个设想：假设宇宙是一卷巨大的厕纸，我们生活在厕纸的外表面上。在这里，我们的旅行有两个方向：或者横向穿越厕纸走到边缘，或者沿着厕纸在卷轴上画圈。如果，厕纸横截面的直径突然间大幅缩小呢？那么我们就会发现自己身处于一个一维的宇宙中，就像一条弦，在这个宇宙里我们只能沿着线性空间向前。因此，如果空间的某些维度是折叠的，其程度之深甚至超越了我们的测量能力，我们就无法发现这些维度的存在。

那么，最初这些维度又是怎样折叠起来的呢？对这个问题，科学家们也毫无头绪。不过他们的理论是，在大爆炸中，十维空间中的六个维度出现了卷曲折叠，另外四个开始延展。卷曲的维度折叠至普朗克长度[1]，正如加来道雄博士的描述："是质子大小的 10^{-22} 倍。"在量子层面，粒子生于虚无，我们以往关于时间和空间的认知崩塌了。

这些卷曲的维度又是怎么帮助汉·索洛实现超光速旅行的呢？如果汉能将卷曲的维度延展，就能从中找到捷径。但这条捷径必须通过更高维度的超空间，例如虫洞。在他到达目的地之后，理论上能够将延展的维度再度卷曲。就像虫洞一样，这个方法能协助"千年隼号"跳跃到超空间，以超光速旅行，并返回正常的太空空间。

不过以上的方法能否成功，宇宙是否真有十维，一切都是未知数。马克·米里斯对"确实有某些维度隐藏在宇宙中，我们无法探知，也无法与其互动"的说法保有怀疑。"我们无法与其互动，"他解释道，"那么，就算它们真实存在，又有什么用呢？"如果这些维度确实存在，那么进入这些维度所需的能量想必也是巨大的。据加来道雄测算，可能达到普朗克能级——即 10^{28} 电子伏。"在这个能级上，时空就不再稳定，如果我们能掌控普朗克能级的能量，就能掌握一切形式的力。"

目前，我们最强大的粒子加速器能使粒子获得一兆（10^{12}）电子伏的能量。相较之下，我们还需要 10^{16} 倍的上述能量。不过我们回想一下，根据加来博士之前的预估，《星球大战》宇宙中共和国和帝国掌握的能量要比我们大上 10^{20} 倍，它们应该能接触到隐藏维度。在他们眼中，也许超空间跳跃就是和种地一样简单。

1　有意义的最小可测长度，在这个长度之下，经典引力和时空理论失效，量子论起支配作用，数值约为 1.6×10^{-33} 厘米。

哪边是上——有可能制造人工重力吗

除了能在短时间内跨越巨大的距离之外，《星球大战》电影中的飞船还具备另一个惊人的能力。它们能为乘客创造人造重力场。

在《新希望》中，逃离死星时，汉·索洛警告卢克，数架双离子引擎战斗机正在穷追不舍。汉和卢克越过甲板，来到直梯前面。汉向上爬，卢克向下。直梯的两端的舱位中各安置着一个座椅，用来控制四联激光炮。舰体上有一个半球形的宽敞窗口，为炮手提供良好的视野。"千年隼号"上端的舱体座位是向上突起的，炮手的头也是朝上的，而飞船底部的座椅是向下突起的，炮手的头也是向下的。

有趣的地方在于，在电影开始的场景中，飞船内的陈设对上下两个方向做出了明显的区分。汉和卢克并非漂浮，而是脚踏实地地站在飞船的甲板上，就和站立在地球表面无异。这种上下的区分应该在直梯上也是成立的。如果人造重力场能覆盖到舰体的各个角落，那么我们不难发现，汉和卢克沿着直梯爬到座位上也是个技术活。在上方的舱体内，汉的座位是以一个极不舒服的角度倾斜的，和牙科诊所的座椅类似；在下方舱体内，卢克的遭遇更加悲惨：他必须爬进一个头朝下的座椅中。当他爬到直梯下端的时候，会悬在舱体的上方；如果撒手，就会砸到半球形窗上。为了进入舱体，他就不得不从舱体下方爬到座位上；即便他顺利抵达座位，也得系好安全带，不然就会一头栽出座椅。

不过在电影中，我们并没看到卢克做出这么高难度的体操动作。他只是爬离直梯、扭过身体，然后坐到座椅上，跟头朝上的时候没什么两样。实际上，重力场已经发生了改变。当卢克向下爬到梯子的底端进入座舱的时候，梯子的指向不再向下；这和卢克开始攀爬的时候大相径庭，梯子的朝向确实发生了改变。在攀爬途中的某一点，人工重力场发生了变化，向下的梯道变成了一条水平的窄路。如果你足够细心，就能发现这一变化：卢克沿着水平窄路步步后退，停在了座舱的侧壁旁边，由于重力场的变动，他和站在"平地"上没什么两样。从他的视角观察，座舱并非朝下，而是指向飞船的侧翼，座舱就在他的身边，而且还是向上摆设的。这为他爬进座舱、开火猛轰帝国战斗机提供了极大便利。

除却少量小型飞船外，《星球大战》系列电影中的战舰几乎都能生成人工引力场。虽然不明就里，但我们能确定它们能够模拟行星——如地球上的重力场。正如"千年隼号"所展现出的那样，引力在飞船的不同部位上分布也是不均匀的。虽然我们对电影中飞船上的模拟重力场习以为常，但实际上，人工技术是很难模拟出重力场的。由于技术水平的限制，我们可以说是束手无策。

在我们力所能及的范围内，我们能想到的最简单的方法就是加速。但正如我们之前所讨论的那样，引力和加速产生的惯性其实是等价的。如果飞船以 $1g$ 的加速度加速，那么飞船内的乘客就能从"推背感"上体验到近似于地球引力的惯性力。飞船内的椅背就成了以供驻足的"地面"。于是，如何将飞船的加速度维持在 $1g$ 也就成了首要的问题。如果你需要瞬间加速或减速——举个例子，在穿越小行星带的时候——惯性力的指向会变得极难预测，你可能会需要大量的安全气囊。

为了避免上述问题出现，科学家们设计了一种轮状的飞船，在太空中滚动运行。在运动过程中，不仅速度的加减能够产生加速度，方向的变动也能产生加速度，而轮状滚动运行的物体能维持恒定的加速度。如果我们为飞船设计一个巨大的、呼啦圈形滚动运行的管状舰体，那么在滚动过程中，离心力会将管体内部的乘客牢牢抵在飞船外壁上，管状外壁就成了乘客们落脚的"地面"，持续滚动的飞船也能维持 $1g$ 的加速度。但是，正如第一个例子中所述，飞船仍需要加减速，甚至投身灵活机动的战斗，而不同的加速度仍会改变飞船内部的重力。为了防止这类问题的出现，我们还得想出一个理论上更为可行的解决方案。

在这些极端理论化的方案中，我们可以通过调整人工引力场的强弱来抵消任何潜在加速度产生的影响。人工引力场能够创造一个等大反向的力将任何方向的惯性力加以抵消。

量子涨落产生的"零点场"为创造人工引力场提供了可能性。根据上文中帕特霍夫博士的假设，零点场是惯性的成因。考虑到惯性和引力的等价性，我们不禁会想到，帕特霍夫应该也能做出如下假设，即真空能也能产生引力。帕特霍夫博士也确实将这一构想理论化，即推断物体和零点场的交互作用确实能够产生引力。虽然这一假设存在诸多争议，不过一旦成真，且假设我们可以对"零点场"加以操控，那么在飞船中创造出人造重力场将不再是梦。如果我们能左右惯性和引力的生灭，那么应该就能轻易抵消掉飞船在航行过程中产生的各种方向的加速度。更进一步说，假如对引力的操控成为现实，我们就能消除飞船和行星之间的引力，从而简化飞船起飞的过程。

不过，大部分的科学家对零点场与惯性和引力间的联系仍保留着将信将疑的暧昧态度。阿库别瑞博士指出，鉴于广义相对论对引力的描述和帕特霍夫博士的理论存在着诸多矛盾，承认后者的理论就等同于对广义相对论的否定。"广义相对论是目前为止最完美的理论，为什么要为一个子虚乌有的理论推翻它？"

另一个创造人工引力场的可能方法，是作为我们之前所讨论过的"超光速"旅行的副产品应运而生的。既然虫洞和曲率驱动基于我们对于引力的操控，那么《星球大战》宇宙中的共和国很有可能已经掌控了操纵引力的方法，进而创造出引力场。如果他们能够创造类似于虫洞的强引力场，那么在飞船周围开设一个弱引力场想来也不在话下。而这个弱引力场可能正好能被我们所用。

阿库别瑞博士的提议是，将曲率驱动的原理反过来应用。既然理论上曲率驱动可以膨胀或者收缩空间来实现太空旅行，那么我们可以大胆设想，在飞船的不同部位设立相异的膨胀和收缩率，就能凭空创造出引力场。"如果能实现人体上方空间的膨胀及下方的收缩，"阿库别瑞博士解释道，"就能将人体吸附在飞船地板上。"

虽然类似的技术对共和国文明来说是触手可及的，但对我们来说，还是无法实现。佛伍德博士特别强调，目前我们最为熟知的人造引力方式就是将飞船"滚动"起来。除此之外，他较为推崇"古典"的制造重力场的方式——对"质量"的应用——"在飞船地板下铺设百万吨级超密度物质"。不过若真如此，汉·索洛铁定不能飞快地逃离死星了吧。

哪边是下——我们有没有可能实现反重力

在《星球大战》中，我们能在各种形式的飞船上目睹到"反重力"场景。塔图因上卢克·天行者的陆行艇、恩多卫星的飞行摩托、贾巴的风帆游艇以及战斗机器人驾驶的 STAP（单兵空中平台），这些飞行器上均配备了反重力场。它们都能轻易摆脱行星重力场束缚，漂浮在空中。为了在大气层中维持一个特定的飞行高度，陆行艇必须对行星产生一个和重力相当的等大反向的作用力。为了能在大气层中加速上行，这个作用力还需要更大些。

基本上，创造反重力和创造重力类似，只不过方向相反而已。因此，就潜在的可能性来说，上文中我们所讨论的方法或许可行。"如果我们能将空间加以扭曲，"阿库别瑞博士指出，"我们就能创造反引力。"因此，若掌握随意控制引力场的方法，我们不仅能创造出重力场和反重力场，还能实现星际间的高速旅行。只要解决这个首要问题，其余困难都会迎刃而解。

唯一的区别是，我们已经拥有了能产生重力场的物质：事实上，满足该条件的物质俯拾皆是，但是能产生反重力场的物质却无迹可寻。不过，奇异物质可能足以担此重任，但却难以获得，更别提将其制造出来。理论上，正因奇异物质拥有"负能量"，也就是"负的质量"（只有如此才能产生和重力完全相反的引力效应），我们才能借此消除掉陆行艇的质量影响。如果我们能精确测量出陆行艇的质量，然后在艇中放置"等质量"的奇异物质，那么两者的质量就足以相互抵消，从而使陆行艇的质量归零。没有质量，陆行艇就不会受到来自行星任何的引力或斥力；那么陆行艇就会保持在我们所设置的初始高度上，不会出现任何偏离；推进器足以实现上下、进退、左右等任何方向的操作。

你可能会认为，让交通工具抵消掉来自整个行星的引力需要巨大的能量，其实不尽然。就算把你的汽车托离地面也不是什么费劲的活计，因为你的车胎每日的工作不过如此。要是把汽车安置在千斤顶上，维修工甚至能将它举到更高的高度。在你爬楼梯、原地起跳，甚至挂吊在树枝上的同时，你的身体也在克服着重力。不过问题在于，相较于电场力和磁场力，我们目前还不能有效地控制引力场。因此我们在做引体向上的时候还是蛮累的。

自吹自擂的汉·索洛——
汉口中的"12秒差距"到底是不是个错误

历经前文的探索，我们已经发现了不少足以支持"千年隼号"实现太空穿越的方法，我们不妨看一下汉·索洛所谓"能在12秒差距内跑完科舍尔航程"的瞬时加速是否算是夸大其词。如果你不大明白为何汉的说法是"信口开河"，是因为你对"秒差距"这个名词存在疑问。实际上"秒差距"是一种空间度量单位，一秒差距约等于3.26光年。因此，当汉宣称"千年隼号"能在"12秒差距内跑完科舍尔航程"的时候，他的实际意思是能将科舍尔航程缩短为228兆英里（约366.9兆千米）。不过读者可能会发问，这和"在100码的距离内完成100码冲刺"的说法有区别吗？

为了将汉·索洛从说了这句无意义的废话的尴尬境地中解救出来，很多星战粉丝为他的行为和言论提出了不少的辩解。以下允许我援引几例：

　　a. 高速度引发的时空畸变为"空间单位"度量"时间跨度"提供了可能；

　　b. 汉在超空间内发现了一条跑完科舍尔航程的捷径；

　　c. 实际上，科舍尔航程是承载着不同货物的飞船之间的距离竞赛，跑科舍尔航程的飞行员必须在以固定速度飞行的货船间放置走私的香料货物，因此在一次科舍尔航程中，上述货船跑的距离越短，该飞行员越值得夸口；

　　d. 汉其实是在测试欧比–旺和卢克的"成色"，借以确定要坑这两个"雏儿"多少钱。

　　为了解释这个问题，作家 A.C. 克里斯平（A. C. Crispin）甚至在《汉·索洛三部曲·赫特人开局》（*The Hutt Gambit*）中杜撰了一个合理的解释。她写道：科舍尔航程需要途经一个名为"无底洞"（Maw）的黑洞团。"在 12 秒差距内跑完科舍尔航程"意味着汉需要驾驶走私船掠过"无底洞"黑洞团的边缘，只有通过娴熟的驾驶技能和强大的引擎才能有效缩短这个距离，这无疑是一个伟大的壮举，虽然听上去有些让人不明所以。然而，汉认为这种走私贩子业内的"黑话"能够给卢克和欧比–旺留下更深刻的印象。

　　为了打破汉的尴尬处境，我也准备晒出自己的拙见。我们先来看看解释（a）。正如我们所知，如果汉以近光速的速度驶向科舍尔，那么他在旅途中观测到的旅程距离势必和局外人的观测距离不等。他的飞行速度越是接近光速，旅程距离的收缩就越明显。因此，当他的航行速度逼近光速时，"千年隼号"和科舍尔之间的距离就可能缩短为 12 秒差距，而这就是"千年隼号"航行速度快的佐证。不幸的是，即便他以 0.999999 倍光速航行，依然需要 40 年的时间跨越 12 秒差距的距离。

　　由此观之，这个解释貌似不大行得通。考虑到两者之间巨大的距离鸿沟，汉必定是采用超光速航行无疑。那么，我们来假设解释（b）成立，汉通过虫洞抵达了科舍尔。如果他能随意创造出虫洞，那就大可不必仅仅将距离缩短为12秒差距。假设由于黑洞或其他阻碍的存在，他并不能在科舍尔的准确坐标上制造出一个虫洞，那么在12秒差距外开启虫洞依旧不是个便利的选择[虽然和解释（a）相比已经有了很大改善]。对于局外人来说，这12秒差距的距离是无法压缩的。因此，当汉驶出虫洞，便可将"千年隼号"加速至0.999999倍光速，从而将12秒差距的距离缩短至二十分之一光年。虽然他仍需要20天的时间才能到达科舍尔，但和之前的四十年相比，耗时已然大大缩短。不过，从比赛开始起就在科舍尔上翘首企盼"千年隼号"胜出的粉丝可能早就进了棺材。

　　时空弯曲理论的解释似乎也行得通，在此期间汉只需要完成几段短距离航行。不过考虑到时间限制，这些穿插在时空弯曲之间的短距离航行的总位移不宜偏大，应远远小于12秒差距。

　　解释（c）听上去倒像是一场颇为离奇的比赛，有时间的话我一定会看看。不过我最倾向的方案还是解释（d）。如果卢克和欧比－旺能对汉的自吹自擂表现出更多一点迷惑的话，后者可能会坐地起价，把费用提高到原来的两倍。

有了疑惑就开枪——激光和激光武器的原理和应用

　　无论是在霍斯冰原还是漆黑的太空，致命的激光束在战场上总是交织如网。激光武器便携好用，不仅支持随身配备、陆行艇安装，还能设置在一个月亮大小的太空站上。它们可以造成对手晕眩、死亡，甚至摧毁一颗行星。还能发出很酷的"哔哔"声。

《星球大战》系列电影中充斥着大量的激光武器。《星球大战大百科》中称，死星所配备的足以毁天灭地的武器正是超能激光炮。帝国歼星舰所配备的是涡轮激光炮。爆能枪也是一种能释放"强烈光能"的杀器。那么有朝一日，我们是否也能拥有电影中所展示的武器呢？

其实，激光是一个缩略词，它的全称是"通过受激辐射而放大的光"。首先我们着眼于"辐射"这个单词。当构成物体的原子或分子释放能量的时候，光就会从物体上"放射"，或"辐射"出来。如果辐射出的电磁能的波长恰好对人眼来说属于可见波段，我们就能看到光的存在。为了搞清楚原子释放能量的诱因和时机，我们就必须了解原子的结构：它是由质子和中子构成的原子核以及围绕其做轨迹运动的电子组成的。其中，电子运动的环形轨迹和原子核的距离是各异的，这取决于电子本身的能量。让我们再做一个思维试验。

假设你站在一座摩天大楼电梯的底部。为了方便，我们简称电梯底部为"第零层"。现在，假设电梯获得了一定的能量，摇晃着升到第一层，在电梯爬升到第一层的同时，地球也在自转，所以本质上来说，你正围绕着地球做环形轨道运动。相较于地球，由于你上升到了一个既定的高度，你也就具备了一定的势能。如果此时此刻你破窗而出，这份势能就会转变为动能。不过你并未跳窗，而是继续向上，那么你所具有的势能就会积累，势能的增量应该正好等于电梯获取的能量。

这和原子内电子的作用形式相似。当原子吸收能量的时候（假设有一束光子照到原子上），电子就会跃迁到更高的能级上。在将能量挥霍一空后，电子又会回归到低能级上。在每一次能级衰减——电梯从三层降到二层，或从二层降到一层——的过程中，电子损失的能量都会释放出一个含有相同能量的光子。再回到电梯的例子中，如果电梯突然从三层掉到二层，你可能会发出短促的惊呼；如果电梯直接掉到一层的话，你可能就要大声喊救命了。由于坠落的层级不同，你所释放出的恐惧能量也不同，这都和电子类似。

电子释放出的能量决定了光子辐射的波长。这波长可能属于肉眼可见的光谱波段之中，也有可能不属于（如红外线、紫外线或 X 光等）。这种"自发辐射"正是太阳、白炽灯和荧光源发光的原理。

当电子能级衰减自发产生的时候，我们可以通过刺激原子在特定时间释放能量。这就是激光定义中"受激辐射"一词的含义。假设我们拥有一个原子，它的电子正处于高能级——即摩天大厦电梯的第二层。现在，我们用一束光子——其具有的能量恰好等于电子从第二能级跃迁到第一能级的能量差——对原子加以辐射。如果你是一个电子，你应该能听到其他电子下坠到第一能级时发出的尖叫声了。这很有趣，因为你马上也要跳下去了！光子确实可以促使电子跃迁到更低能级上。

为了将这个连锁反应的效应放到最大，最好的方法就是将电子受激辐射出的光子再次返还给原子，进而刺激原子辐射出更多的光子。科学家们在原子的两边安装了反射镜，光线会在这个空间内循环往返，在能级中下坠电子的呼号声此起彼伏、源源不绝，激发出更多的辐射。假设镜子中有一面全反射镜，而另一面镜子仅能反射部分光线，但可以将其余的光线加以收集并输送出去。被输出的部分就成了可见的激光束。

掌握了这项技术，我们不仅能根据需求刺激激光的产生，还能定制统一波长、统一波段的激光。这就意味着激光的波峰和波谷都是可以掌控的，不同光线不会彼此弱化或抵消，而是整齐划一地相互叠加，创造出更高的波峰和更深的波谷。这就是定义中"放大的光"的含义所在。

本质上说，激光还是光的一种，不过可以聚焦在特定的一点，并携带着极度浓缩的超高能量。激光可以长时间输出固定光束，或在极短的脉冲（每秒上千次甚至数百万次）中生成强力光束。

将光束集中于极小的一点足以支持我们将海量——6 亿 4000 万——的信息镌刻在 CD 光盘上，并使用激光读取出来；也足以支持我们施行超微手术——在不导致其他细胞受损的情况下将目标细胞汽化。由于激光在长距离内也能保持收束效果，可用于开发教学用激光笔和激光瞄准镜等枪械用具。由于激光具有连贯性和波长统一性，可被用于传输信息，如日用品商店内麦片盒上的条形码读取。激光还可以打印文件、抹除刺青、粉碎肾结石。

激光作为"放大的光"——尤其是强脉冲性——能带有极强的能量。携带兆瓦级能量的最高能激光可以在十亿分之一秒内完成一次脉冲，这样高强度的激光足以击穿高强度材料，如钛合金和钻石。不过这一应用的前提是，受照物质必须能够有效地吸收激光，不然光线只是单纯地穿身而过，不会产生任何影响。如果受照物质能够反射激光，那么发射者就变成彻头彻尾的悲剧了——垃圾处理器里的汉·索洛就是一个例子。这就意味着，激光束辐射光的波长必须能被特定的目标物质吸收。一旦吸收，目标物质就会发热、熔化，最终汽化。

其实军方早就将激光应用到了不同领域。低能激光对敌方探测器有"致盲"的效果，甚至晃瞎敌人的双眼。高能激光可以引燃衣服甚至人体，就像一个长距离的火焰喷射器。兆瓦级能量的激光甚至能在 6 英里（约 9.7 千米）之外在战机侧壁上烧出一个洞——不过要在固定的点位持续照射一至两秒钟。

目前我们所拥有的最强激光器能生成 2.2 兆瓦的激光[1]。"阿尔法"是一台太空激光器，能在地球轨道上将数千英里之外的敌方导弹摧毁，其发射的红外激光束核心能量是太阳表面能量的数倍。

另一台 2.2 兆瓦级红外线尖锐化学激光器（MIRACL），可用于测试地对空激光命准能力。在去年的一次测试中，激光器成功地击中了一台环绕地球轨道运行的卫星。由于这次命中仅为测试激光束的命准能力，所以并未摧毁卫星。不过研究员们纷纷表示，就算要将卫星熔化也易如反掌。

就此观之，今天的激光技术似乎足以达成许多《星球大战》电影中所展示的功能。我们可以致残人体、终结生命；可以烧毁建筑物、在墙壁上穿孔；如

---

1 最新的科学研究成果早已远远超过这一数值。

果能够长距离维持激光束的稳定性，甚至可以摧毁太空目标。电影和现实中唯一的差距就是激光束的口径。

MIRACL 和"阿尔法"都是庞然大物，两者体积之和足以塞满"千年隼号"。不过，即便是最乐观的估计，我们仍需要卡车大小的激光器，才能发射出足以烧穿帝国歼星舰或终结人命的激光束。而这么大的机器肯定塞不到枪套里。尺寸问题主要是由以下几个原因造成的。

首先是热量。激光的能量利用效率极低，只有 1% ～ 30%。这就意味着，只有小部分能量才能伴随着最终的光束发射出去；大部分（最高可达 99%）则以热量的形式浪费掉了。在强力激光器的应用中，热量会达到相当骇人的水平，足以使武器炸膛。因此，配备风扇或液体冷却装置非常必要。而冷却装置一般体积庞大，重量可观。

另一个原因就是能量。如果我们期望激光枪能发射高强度的能量，就必须先对其施以巨大的能量以促成激发。而这个能量源需要空间。虽然对死星或帝国歼星舰这种大块头来说，这似乎不是什么问题，但对于"千年隼号"来说就足以让人头疼了。就目前来看，用于激光武器的最袖珍的发动机也有 35 英尺（约 9.8 米）长，8 英尺（约 2.4 米）宽，8 英尺高。虽然这台 15 兆瓦的发动机足以塞满一台牵引拖车，但军方依然感到振奋不已。"将一座核电厂的能量通过激光发射出去，"加来博士解释道，"就意味着你得随身带着一座核电厂以供能量所需。不过除了氢弹之外，这样的能量源可没有便携版。"氢弹什么的听上去就够危险，而且枪套里肯定也装不下。加来博士承认："可能'第三类文明'（即上文提到的星际文明）已经研发出了便携的高能量。可能在一百年之后，纳米技术足以协助我们制造出原子大小的发动机，激光武器的想法才会靠谱些。"

如果我们能解决冷却和能量两个问题，激光武器的出现将不再是梦。尽管，它们的造型可能还是和星球大战宇宙中的武器不尽相同。

在电影中，我们也能看到一艘飞船发射激光束，命中另一艘飞船。实际上，太空中，光束是不可见的。我们只能在一方开火或一方被命中的瞬间看出些许端倪。舰体被命中时，命中点周围会腾绕着一个光圈。光线只有在穿过灰尘的时候才是可见的，因为灰尘的表面会形成漫反射，将光线反射到不同的方向，观察者才能在侧方目击到。

在电影中，我们还能看到飞船被光束击退的场景。我还记得在《帝国反击战》中，"千年隼号"因被帝国歼星舰击中而产生了些许的后退。实际上，激光束的能量是以高热量的形式体现出来的，本身携带的动能根本不足以撼动目标，造成目标的后退。

与此同时，我们还需要注意的是，在大气层中，激光的效果会大打折扣。雾霾、雨水、烟尘都会造成光束的溃散和弱化。我们可以设想一下以下的场景：在纳布星球上，奎－刚和欧比－旺正和敌军战得如火如荼，突然间一场大雨倾盆而下，瞬间所有人的爆能枪都哑了火。

在大气层内使用高功率激光枪也存在着不少问题。首先，激光束洞穿空气的同时，部分会被空气所吸收。如果激光枪（如帝国步行机上装备的武器）发射的光束蕴含能量极高，即便是小部分的能量流失也能造成周围空气的瞬间升温，从而形成空气乱流。乱流会紊乱气压，当光束穿过乱流区时，会出现些微的偏折。因此，就算步行机开火的时候瞄准了伊沃克人，说不定命中的反而是另一架步行机。看来，帝国军在行星表面使用重型激光炮的时候，不得不三思而后行了。

不过，在最近研发的激光武器应用中，激光束所造成的空气升温问题反而成了对敌的优势之一。正如《新希望》伊始风暴兵士兵袭击莱娅公主时那样，激光会对敌人造成晕眩的效果。高强度的激光束其实能放射紫外线，将途经的空气分子打散，在激光束和目标中间产生一个充斥着正负离子的"隧道"。即便激光束对目标无法造成伤害，武器也能通过这条"离子隧道"向目标发送一道电流，产生麻痹效果。其效果从阻碍肌肉收缩到引发心脏病，不一而足。伤害的等级取决于电流的强度，其作用范围超过 100 码（91.44 米）。不过鉴于我们之前提到的尺寸问题，其大小可能只能达到桌面见方。

　　我们已经知道，对于激光束来说，其效果"温良"者，足以对目标造成晕眩；那么其效果"显著"者，是否能够像死星的武器那样摧毁整颗行星呢？鉴于我们已经建成了体积巨大的空间站，"尺寸"并不是问题。伯恩斯博士估算过，欲蒸发掉整颗行星，激光器所需的能量要达到 MIRACL 的 10^{23} 倍。不过，也许我们并不是非得要"蒸发"一颗行星。伦敦南岸大学的高级研究员斯图尔特·佩恩（Stuart Penn）博士提出了另一种使用激光束毁灭行星的方法。"我们只需要汽化出一条狭窄的通道，抵达行星的核心，将核心加热，热量终会扩散并导致行星熔化。虽然最终是否会爆炸，我不敢确定，但肯定是有所成效的。"不过以上两种方法都面临一个巨大的挑战，即寻找一种良好合意的激射材料以实现电子跃迁。这种激射材料可能是气体、晶体，甚至半导体。不过就高能激光束的例子而言，激射材料必须对高温有良好的耐受性。加来道雄博士解释道："气体会迅速升温，红宝石一类的晶体会碎裂。"不过他依旧认为，如果帝国文明能够克服这个困难，就能造出死星所配备的武器。而且，加来博士还对死星大加赞赏。"死星具有很高的实用性。如果 GDP 足够高，我们也能造出一颗来。文明落后如我们，都已经造出了足以毁灭地球的核武器，难以想象第三类文明能造出什么样的东西来。它们的激光器可能是用氢弹供能的，没准还能搞出 X 射线激射器来。我觉得造出死星来应该没什么问题。"

　　其实，我倒是有一个问题。当死星开火时，这座空间站外部的圆形内凹处周围会发射出六道光束。六道光束在圆心处相遇，汇聚成一道巨大的光柱，倾落到行星表面。不过据我揣测，这个过程可能不会这么顺利：六道光束理应彼此穿透，然后向六个各异的方向激射，很有可能最终没有一束光击中行星。如果幸运的话，走火的激光还有可能射到附近的帝国歼星舰上。

　　不过在摧毁奥德朗的时候，死星的表现倒是相当出色。但对一款武器来说，它的效果未免有些残酷。我们还是来谈一种"更属于文明时代的优雅武器"吧。

剑柄顶端的闪亮光束——什么是"等离子体"

作为《星球大战》系列电影中举足轻重的标志性道具，光剑可能是科学家们最搞不清原理的武器了。不过作为一款凭靠原力（一种藐视科学定律的神秘能源，我们将在下一章内详述）驱动的佩剑来说，这似乎也是合情合理的。

我第一次看《新希望》的时候才十七岁，当时我一直以为光剑是从剑柄上射出的一束激光。不过，正如我们上文中所讨论的那样，在被吸收、反射、弯折或消散前，激光会一直沿直线传播。而且，在无尘环境下，激光是无法用肉眼看到的。当两束激光相遇时，和两束从手电筒射出的光线没什么两样，只会彼此穿透。

相较于激光，等离子体（也叫电浆）倒是制造光剑的更优选择。等离子体是在超高温环境下加热后的气体。让我们回顾一下"电梯"例子中的电子知识。当气体加热时，气体的原子运动会不断加速，产生能量。与此同时，电子会获取越来越多的能量，在"摩天大楼"（能级）上越蹿越高，直到"顶破楼顶"（逃逸）。这样一来，电子就不再围绕原子核做轨道运动，而是脱离了束缚。那么，虽然等离子体的整体电荷量为零，但携带正负电荷的粒子——离子开始独立地自由运动。由于带电粒子会产生电磁场，故等离子体将和一般气体表现出不同的性质。

实际上，等离子体的性质太特殊，科学家们已经将之视作区别于气体、液体和固体的物质的第四种状态。由于电磁力的存在，离子可以在长距离内互相影响，因此，等离子体一端的离子运动通常会影响到另一端的离子。美国物理学家大卫·玻姆（David Bohm）博士曾致力于等离子体的研究，他认为，等离子体的研究并不能着眼于单独的粒子，而是要将其视为一个有机集合。实际上，他甚至一直认为等离子体是"有生命的"。这样一来，等离子体就成了制造光剑的更优选择。

虽然等离子体听上去不大寻常，其实在我们身边俯拾皆是。所有的恒星，包括太阳在内，都是等离子体。大气层的最外层也是。我们能在球状闪电中发现等离子体，甚至在荧光管中实现了等离子体的应用。由于太阳、闪电和荧光管都能辐射光线，用等离子体制造的光剑就算能发光也不足为奇。当游离的电子再度回归原子核轨道的时候（即从摩天大楼的顶层跳下并发出尖利呼号的时候），等离子体就会射出光线。在大多数等离子体中，电子的逃逸和回归交替发生、循环往复。如果在两个电极之间放置一团等离子体，就会产生发光的电流，这就是荧光管的工作原理。光线的颜色取决于等离子体的构成及温度。

在第一章中，我们已经讨论了相似电荷的粒子——即离子在范艾伦辐射带内的运动行为。地球的磁场对离子加以捕获，并促成其围绕磁感线进行螺旋运动。磁感线在地球的两极更为密集，最终相聚合并。由于粒子的运动无法穿越磁感线，因此它们会停止运动，而后反向旋转。因此，地球的磁极就成了"磁镜"[1]，由于两端磁镜的存在，粒子就会在特定的中心区域来回折返。

那么类似地，物理学家就能使用磁场、磁镜和电场将等离子体禁锢于特定的区域内。等离子体不断向外扩张，这个电磁场区域必须向等离子体施加一个等大反向的内力，将其维持为圆柱状，甚至通过操纵力场的大小来改变等离子体的尺寸规格。因此，我们大可以设想出一把用等离子体制造的圆柱体光剑。不过，还有三个问题亟待解决。

首先，和我们在激光设想中遭遇的问题相同，我们缺少控制圆柱形剑身长度的方法。由于科学家们制造等离子体的能力有限，必需磁场的区域大小也是有限的，在诸多限制之下等离子体尺寸的把握非常棘手。制造光剑的问题之一，就是我们无法找到限制其长度的范围。一旦电磁场的限制失效，等离子体的两

1　当绕着磁感线旋进的粒子由弱磁场区进入两端的强磁场区域时，就会受到一反向力的作用。这个力迫使粒子的速度减慢，轨道螺距缩短，然后停下来并反射回去，反射回去的粒子到达管子中心区域后，又向另一端螺旋前进，到达端口后又被反射回来。粒子就像光在两个镜子之间来回反射，所以称之为磁镜。

端就会出现泄漏。既然"等离子体光剑"足以断金削骨,其泄漏速度想必也十分可观。马克·米里斯博士承认:"光剑如何能保持有限的长度,这个问题真让我绞尽脑汁,也不得其法。"即便我们能让剑柄向剑身内不断补充等离子体,还是会在剑身两端看到泄漏的蛛丝马迹。

为了避免等离子体泄漏造成卢克手上的肌肤大面积汽化,我们必须创造一个没有"两端"的等离子体剑身。科学家们的设想是,将剑身扭转成一个甜甜圈状的环路。米里斯博士认为这样的光剑更可能实现。"将高热的等离子体围成一个甜甜圈状的环形,剑柄安置在圆环中心,来维持剑身环形的姿态。光剑的造型和锤矛类似。"不过我们只能期待这等造型在下一部系列电影中现身了。不过,斯巴达公司的研发工程师约翰·希林还为"自行闭合"的光剑设计了一个新造型。他所设想的结构是,电磁场促使等离子体从剑身的中间位置以细流状向上涌出,然后沿着剑身外壁返回,即形成一个又细又高的等离子体"喷泉"。而且这个造型和电影中的光剑十分类似。"实际上,完成这样的装置,"希林博士说道,"尤其是形成一个平滑的剑端会非常困难,但并非无计可施。"

第二个问题在之前关于激光武器的讨论中也已经被提及了。等离子体及其束缚电磁场必须同时存在于一个手电筒大小的纤细圆柱体内。而在同样的空间里,我们还需安置强力的能量供应系统、冷却系统以及稳定的等离子体源。以今天的技术水平,这些光剑所需的配套设置足以塞满一座大楼。"光剑需要在极有限的空间内掌控巨大的能量,"米里斯博士说道,"这能量足以蒸发掉持剑者的手臂,却只能塞在两节一号电池大小的东西里。"

第三,即便我们能获得足够的等离子体,也能在剑柄上附加超强力的磁场,但磁场会快速衰减,等离子体最终还是会从剑柄上流失出去。泄漏还会继续,甚至愈演愈烈。不过如果我们能将剑柄安置在剑身正中间,使等离子体以涓流的形式从剑柄两端流出,泄漏问题会得到一定改善。达斯·摩尔的双刃光剑的每个剑刃都有正常光剑的长短,因此这个问题会让他困扰两次。

　　如果这些问题都能解决，等离子体柱就足以成就一把合格的光剑。两个柱体的束缚电磁场会相互排斥，避免了两把光剑相互穿透情形的发生。不过，理论上等离子体柱足以切断金属、骨骼，以及其他障碍物，锐不可当。伯恩斯博士估计这样的等离子体，其密度是地球上我们所能创造的等离子体的1000万倍，温度也要高上十倍，大概有200万度（约93.3万摄氏度）。如此高密度的等离子体算得上是人挡杀人，佛挡杀佛。不幸的是，剑身还会向周边物体辐射热量，所幸这热量要比直接碰触剑身所感受到的热度轻微得多。毕竟沐浴在阳光之中和直接触摸太阳不是一个概念。不过，这热量还是足以烧焦周边的物体，比如卢克的手、臂膀和脸皮。希林博士认为，任何接近光剑的物体"都会获得不同程度的烧伤。不过起码我们知道了，光剑的温度高得吓人，能够引燃其周围的物体。"在这种情况下，我想卢克可能更倾向于将光剑邮寄给达斯·维达，然后通过远程遥控激活，烧他个措手不及。

　　虽然光剑、爆能枪和超空间跳跃似乎仍是遥不可及的梦想，但科学家们仍盘算着把梦想付诸实践。"我们并非毫无希望，"阿库别瑞博士说道，"我倒是一直希望能到遥远的银河系看一看。"理论上说，超光速飞行是可能的，关键是将理论转化为现实。

　　在下一章中，我们将面临一个更艰难的挑战。若其中提到的理论成真，我们不仅能实现与他人的心电感应、凭借意志移动物体、窥探到千里之外的事件，甚至预知未来，但这理论你翻遍教科书也找不到。"原力"问题涉及宇宙的本源——即自科学存在伊始就一直在尝试解答的问题。或许，在我们探寻答案的同时，我们能够揭开《星球大战》系列电影中这种神秘力量的面纱。

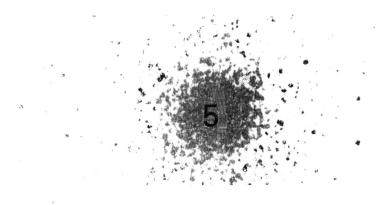

原力

孩子，我走遍了整个银河系。我见过许多稀奇古怪的东西。但是我从来没有见过任何让我相信存在有控制一切的全能力量。也不存在任何神秘的能量场控制我的命运。

——汉·索洛，《新希望》

它存在于每一块岩石里，它存在于每一棵树里，它存在于你周围的空气里，它存在于你面前的树里，它存在于你脚下的星球里。你的身体不是一个独立的物体，而是相互联系的整个世界的一部分。每一样东西都是你的一部分，你也是每样东西的一部分。它就在那儿，像天地间绵延不绝的声音，竟让你忘记了它的存在。但是时不时，在你的心沉静下来的时候，你会感受到它的能量涌过你的身体。你追随着那股浪潮，敞开心胸，感受那些你的身体不能告诉你的感觉和信息。甚至，时不时，你可以控制它，将那股能量引向自己。

它可以抬起物体，它可以传播思想，它可以影响到薄弱的意志，它可以展示过去，揭晓未来，它蕴藏在第六感敏锐的人和劫后余生的人身上，它是光明与黑暗的结合体。它就是原力——乔治·卢卡斯《星球大战》中的宇宙灵魂所在。它也是宇宙中最异想天开、最没有科学依据的元素，或者至少，还没有任何与原力相关的科学解释。原力似乎是从神话、魔法和宗教的混合物中诞生的。那么科学就不应该掺和进去了吗？

　　但是，科学的一个最重要的目标就是去理解尚未被理解的东西。纵观历史，科学曾面对许多解释不了的现象和无形的力量。我们知道得越多，产生的问题也就越多。在对未知事物的探索求知上，正如同宇宙论者斯蒂芬·霍金（Stephen Hawking）说的"我们为什么会存在，宇宙为什么会存在"，科学和神秘主义经常相互联系，有时候甚至是重叠的。在这些领域里，科学可能会让我们对原力有所了解，对那个终极问题——原力是否真的存在——有所了解。

原力与你同在——存在某种携带原力的粒子吗

　　我们可以通过两种角度考虑这个问题，这两种角度恰好反映了科学家看待宇宙的两种不同方式。在第一种方式中，我们必须想象宇宙是一个基本粒子和相互作用的能量包的集合。在这个模式中，所有的"原力"不过是粒子之间能量包（被称为量子）相互交换时的作用。比如电磁力是光量子交换的结果。在这个模式中，引力不是空间扭曲造成的，而是小型的引力能量包——即重力量子交换产生的结果（像我们在第四章说的那样），重力量子将一个物质拉向另外一个物质。

　　在这个宇宙观中，如果原力存在，它一定是被某些能量粒子或者能量量子携带着。如果卢克要从树上获得能量，使用能量抬起 R2，那么必须要发生以下两种可能性中的一种：第一，携带能量的粒子必须从树上转移到卢克那儿再到 R2 那儿。这并没有看起来那么奇怪。这样的转移总在发生，比如光子从太阳转移到你脸上，让你的脸热起来；第二，粒子海洋保持静止，但是允许某种波从树那里涌向卢克再到 R2，就像海洋中的波浪传递水一样。但是我们还不知道有哪一种粒子的表现和原力的表现一样，这些粒子肯定和我们见过的不一样。为了将一切联系起来，它们一定无处不在。

科学家可能成为绝地武士吗——科学家怎么看待原力

尤达把卢克的 X 翼战斗机移出达戈巴的沼泽的时候，卢克目瞪口呆："我简直不能相信。"

"那，"尤达说，"就是你失败的原因。"

如果信仰是绝地武士的要求之一，科学家可能成为绝地武士吗？科学家相信原力是真的吗？

斯蒂夫·格兰特是网络生活科技公司的首席技术官：

"是时候该给科学家们一些让他们感到尴尬的东西了，搅乱他们完善的还原主义理论！谁知道这个复杂的宇宙疯狂的创造力还会变出什么真实的、新奇的现象？"

雷·海曼（Ray Hyman）博士，俄勒冈大学的物理学荣誉教授：

"很明显，包含一切的力并没有解释一切。这是没有用的。事物之间是相互联系的，这是新时代思考的界定标准。即使是这样，那又怎样？这没有解释任何东西。讨论原力的人就是寻求乐趣、具有冒险精神的人，而作为怀疑论者就被视为不合群的人。我却宁愿相信在真实的科学里有更加浪漫的东西。"

霍尔·帕特霍夫博士，德克萨斯大学奥斯汀分校高级研究院的主任：

"如果去除了预知能力，你可能会想用物理来解释原力的其他属性，就好像我们很了解它的原理一样。"

维克多·斯滕格（Victor Stenger）博士，夏威夷大学的物理学教授：

"他们这里讨论的一定是一个量子概念，特别是其中有意识问题并且涉及用思想控制物体，他们在讨论什么就更加明显了。最难解释的就是它的功能整体性。它是穿越整个宇宙的持续的场，一瞬间就可以跨越宇宙。"

马特·维瑟博士，华盛顿大学圣路易斯分校的副研究员：

"原力既不是理想的物理学，也不是理想的宗教。我最大的困难就是我没有看到一个可以证明这种东西存在于现实中的实验性证据。"

杰西卡·伍茨（Jessica Utts）博士，加州大学的统计学教授：

"它似乎是我们看到的数据的另外一种解释，而且绝对是我不会排除的那种解释。"

加来道雄博士，纽约城市大学理论物理学教授：

"从第零类文明的角度看，这是不可能的，是愚蠢的，这违背了我们所知道的关于物理的一切。它是骗人的鬼话，胡言乱语，新时代谬论。但是如果我们从第三类文明的角度看呢？那是有 10 万年历史的科技。我们的科技才有 300 年。它们体现出了科学的进步，越来越像是魔法，就像亚瑟·C.克拉克（Arthur C. Clarke）[1] 说的那样。在第三类文明中，现

1　亚瑟·C.克拉克（1917–2008）英国科幻小说家。其科幻作品多以科学为依据，小说里的许多预测都已成现实。作品包括《童年的终结》《月尘飘落》等。还与人合作拍摄富有创新的科学幻想片《2001年太空漫游》。与艾萨克·阿西莫夫、罗伯特·海因莱因并称为"20 世纪三大科幻小说家"。

在我们开始进入实际上是科学的魔法领域。如果我有比我们先进 10 万倍的科技，我会做什么呢？可能就是电影里的那些事。"

马克·米里斯，美国国家航空航天局（NASA）突破性推进物理计划主管：

"它乞求不被解释。一旦被揭示了，它的魔法和神秘魅力将不复存在。"

虽然原力混合了许多特征，但是关于独特的元素充斥于宇宙中并将所有的东西联系起来的思想，从古希腊时期就开始产生了。希腊人认为所有的空间和空间中的所有东西都被一种无形的被称为"以太"的物质渗透。以太是天国的物质。亚里士多德称以太为精华，或者继土、气、火和水以后的第五种元素。行星在以太中穿行，行星通过以太传递波，影响地球上的人类。这就是希腊人对占星术的解释，他们相信恒星和行星的位置影响着地球上的事件。

19 世纪科学更加成熟，我们对于以太的观点更加具体。它一定是没有质量的，因为它不能够被探测出来，但是科学家依旧认为以太一定存在。就像水波通过水传播，声波通过空气传播，科学家认为光波，比如来自恒星的光波必须通过介质——以太传播。牛顿甚至提出大脑可能在以太中激发振动，给予人类精神力量。

之后，在 1887 年，科学家 A.A. 迈克尔逊（A. A. Michelson）和爱德华·莫雷（Edward Morley）做了一个实验，证明了以太并不存在。我们开始明白电磁辐射（包括可见光）可以自行在真空中传播，不需要介质。

虽然古代人认为存在的以太并不存在，宇宙中可能存在某种传播尚未被探测到的力的粒子介质吗？这项任务的唯一具有可能性的候选者就是虚粒子场——量子层面上瞬息而现、转眼即逝的存在。正如我们在第四章所讨论的，宇宙的真空中也有能量活动的存在。我们讨论过把这种真空的能量开发成驱动宇宙飞船的能源。虽然在如何获得这种能量这个问题上只有一个大概的想法，但是让我们绕过问题，思考真空中的虚粒子是否能够给予绝地武士足够的力量来展现让他的朋友惊奇的武艺。

零点能是否能够被开发利用来抬起像 R2 这样的物体呢？假设 R2 有 220 磅或者 100 千克重，再假设达戈巴的引力和地球一样。这样要将 R2 抬起 1 码（约 0.9 米）高大约需要 100 亿尔格[1]的能量。这并没有听上去那样多。毕竟，如果 R2 真的只有 220 磅重，丘仔可以轻而易举地把他抬起 1 码高。问题是，零点能场可以提供这样的能量吗？

如果你还记得我们在第四章的讨论，对真空能大小的估测差别很大，从微弱得不能作为一种能量来源到 118 数量级——1 后面跟了 118 个 0——比整个宇宙的质量中蕴含的能量还要巨大。如果后者是正确的，它完全可以支持达斯·维达的断言——他宣称死星的威力和原力的力量比起来实在是微不足道。

然而，最近的研究可能让我们对这个能量的大小有更准的估测。如果你记得，宇宙论者认为零点能一定很小，因为作为能量，它应该有像质量这样的效果，很有可能创造出可以让宇宙向内塌陷的引力。如果因为某些奇特的原因，它有了反引力的排斥力，高能的零点能会把宇宙炸得四分五裂。

科学家测量出我们的宇宙在适度地膨胀，渐渐地，膨胀的速度放慢了。就算不引入零点能解释，这也是很合理的。宇宙大爆炸通过释放大量的能量并且不断向外推送能量，使得宇宙膨胀。但是宇宙中所有物质的引力对膨胀产生了制动力。因为宇宙膨胀可以通过这个方式来解释，宇宙论者得出结论，零点能一定十分微小，对宇宙的发展所起的作用有限，甚至没有起到作用。

1　尔格是 1 达因（使质量是 1 克的物体产生 1 厘米 / 二次方秒的加速度的力）的力使物体在力的方向上移动 1 厘米所做的功。

　　但是在去年的一个十分激动人心的试验中，两组不同的研究团队都测量出我们宇宙膨胀的速度并没有像我们一直认为的那样放缓，实际上却是加速了。事实上，他们估计现在的膨胀速度比 70 亿年前的膨胀速度快 15%，70 亿年前宇宙只有现在一半的年纪。

　　这个结果似乎很难解释。为什么本应被引力相互吸引的星系却在越来越快地远离彼此？为什么宇宙扩张得越来越快？如果宇宙的膨胀确实是加速了，那么一定是某种比引力强的斥力在起作用。真空能可以提供那样相斥的，或者说是反引力的力。

　　科学家使用最新测量出的加速度来计算斥力有多么大。虽然他们不能计算出零点能的绝对值，但是他们能够计算出零点能和宇宙的质能密度的比例。这个比例相对比较容易计算出来，因为它是反引力的强度和引力的对比。科学家发现它既不是小到微不足道，也不是大到撕碎宇宙，零点能密度似乎是宇宙质能密度的两倍多一点。

　　这对于想把他的机器人抬起来的卢克·天行者来说意味着什么？好的，如果我们可以计算质能密度，我们就会得知零点值是它的两倍。迈克尔·伯恩斯博士是理论天体物理学家以及科学、数学和工程公司的董事长，他提供了宇宙质能密度的估测方法。通过估测恒星的平均能量、星系中恒星的数量和宇宙中星系的数量，他得出一个十分粗略的宇宙质能总值的估值。用这个数除以估测所得的宇宙容量得出的宇宙质能密度为每立方厘米一亿分之一尔格。在边长为 1 米的空间里，零点能提供大约 0.01 尔格的能量。这就意味着要抬起 R2，卢克需要从 1 万亿立方米的空间——相当于半径 6 千米的球体——里提取 100 亿尔格的能量。要完成一个相对较小的任务竟需要这么大的区域，你可以想象卢克要从沼泽里抬起他的 X 翼战斗机需要提取多少能量了。虽然尤达说这比抬起 R2 难不了多少，但是卢克没有能力做到。

　　即使可能有必要从大型物体中获得能量来积攒更多能量，加来道雄博士也仍认为真空能是"物理上接近于原力的一种东西。唯一可以渗透一切的能量就是零点能"。

但是，让我们回到我们之前绕过的棘手问题：卢克怎样获得这样的能量？很难想象人类没有任何机械的协助就可以使用它。我们一直都在压缩着携带能量的粒子，但是在将携带能量的粒子压缩成能量的途径方面，我们受到了很大的限制。比如，我可以吸入氧气，用它来燃烧食物，为身体供能。我可以站在一束光下面，吸收它的热量。但是我不能单凭意念就将热量传给我的大蜥蜴，为它保暖。霍尔·帕特霍夫博士把这个过程比作卡通片里出现黑板，上面写着"接下来，奇迹发生了"。

不过，因为《星球大战》中的科技太先进了，所以他们可能想出了一个好方法获得原力，这个办法在我们今天看来是不可思议的。就像亚瑟·C.克拉克说的："任何足够先进的科技和魔法都是差不多的。"原力的能量似乎是有魔力一样。加来道雄表示同意："给我 10 万年的时间、100 亿倍地球的能量，然后让我们再谈谈。如果你身处第三类文明中，就有可能操控这样的原力。"

能用电脑与原力连线吗

虽然我们可以说先进的科技可能有某种方式让人们可以用意念来控制周围的事物，但他们是怎样做到的？加来道雄博士强调："我不认为心灵感应存在，它违反了物理中的四种力。"但是他提出科技可能可以增强生物系统。他引用了一个瘫痪的中风病人的案例，这个病人几个月前接受了大脑植入物手术。植入物放大了大脑信号，信号被放置在病人头上的感应圈接收，然后传输给电脑。加来道雄博士称之为"无线电增强心灵感应"。电脑不能够读取病人的思想，要实现这一点，我们还有很长的路要走，但是通过训练，病人学会了用意念触发电脑光标移动，他因此也学会了怎样将光标移到特定的图标上，这样就可以和别人交流了。他可能将光标移到"你好"的图标上,"很高兴与你聊天"的图标上,或者"我饿了"的图标上。在开发的下一环节中,科学家将连接上电脑,这样病人就可以指挥光标移到图标上,打开灯或者给电视换频道。加来道雄博士总结道:"甚至在地球上,在未来的100年里,你可以看到终有一天你可以通过意念移动东西。你的意念可以转换成无线电信号,传递给电脑,然后电脑就会实现你的想法。再来10万年时间,我可以预见我们可以通过意念控制我们周围所有的电脑。"

朝着这个目标,澳大利亚的生物医学工程师格特·福特舍勒(Gert Pfurtscheller)正在训练电脑识别出不同的脑电波模型,这是一个艰巨的任务,因为大脑相当复杂,有超过1000亿个神经元,可以同时处理1000兆的信息,每一个神经元都生成了带电信号。脑电波是各种各样信号的大杂烩。探测出准确的模式就像单纯靠嘴命令录像机,让它播放《帝国反击战》一样,在目前是不可能的。为了简化这个任务,福特舍勒博士特别关注 μ 脑电波,这种脑电波和移动的意向、真实的移动动作或者感知有联系。其他的脑电波信号就被过滤掉。因为我们有意识地去控制我们的行为,与其他类型的脑电波相比,μ 脑电波更像是和人类控制力相关的电波,并且实验对象确实成功地控制了它们。福特舍勒博士让实验对象做一些动作,比如抬起手指或者一遍一遍地笑,同时电脑记录下与预备做出动作相关的脑电波模式。电脑一旦识别出了这些不同的模式,福特舍勒博士就可以将每一个模式和不同的命令联系在一起。比如,实验对象可能想到笑,相关的 μ 脑电波可能命令电脑关掉灯。这样卢克就可以想着抬起 R2,电脑就帮助他抬起 R2。"卢克学习控制这种能量的时候,"加来道雄博士说,"就像是学习控制脑电波一样。他的衣服里可能有收集这些信号的芯片。"

相似地,莱特－帕特森替代控制技术实验室的格兰特·麦克米兰

（Grant McMillan）和同事构建了各种各样的设备，利用大脑的电脉冲来控制灯、电视、电子游戏，甚至是飞行模拟器。这样你就可以用意念来换频道、操控飞机——或者 X 翼战斗机——飞行了。你也就可能通过意念来抬起 X 翼战斗机，或者命令它飞起。

因此，我们就可以很轻易地想象出《星球大战》世界中人类用意念控制机械。查尔斯·卢里奥（Charles Lurio）博士是一名航天航空工程顾问，他甚至说这样的科技可能很久以前就产生了，在当前人类的身体中自然地被遗传下去，他们甚至都没有意识到。

虽然这些可能性想想就觉得十分吸引人，但是我们在电影里面并没有看到它们。卢克不是用意念来操控 X 翼战斗机的。《星球大战》里的科技似乎是另类的。许多外星人也有能力使用原力，拥有某种不可能的、已被遗忘的生物移植技术。另外，原力从根本上来说是非科学的。卢克用上述的科技和对自己感觉的自信摧毁了死星。最重要的是，即使卢克的脑电波被传送到电脑里，也不能解释电脑是怎样获得原力抬起 R2 的。我们还是不要担心卢克是怎样获得原力的，现在我们必须要弄清楚电脑是怎样获得原力的。从我个人的角度上来说，我很难相信原力与我的电脑同在（除非，有可能，是黑暗面在影响我）。

可能通过某些方式，卢克可以获得这种真空能量抬起 R2。但是这些虚粒子可能与那些和原力相关的其他力量有联系吗？让我们思考一下绝地武士似乎拥有的第六感吧。原力告诉卢克某些寒冷邪恶的东西在达戈巴的洞穴中潜伏着。原力告诉维达欧比－旺已经到达了死星。为了弄清楚其中的原理，我们需要看看感觉是怎样收集信息的。

粒子可以穿过死星垃圾处理器里的一个垃圾上升到通风口里到达拘留层，

然后进入丘巴卡的鼻子里，所传达的信息让他犹豫是否要钻进通风口。相似地，原力告诉卢克某些寒冷邪恶的东西在达戈巴的洞穴中潜伏着。卢克感受到了什么，就像丘仔一样。但是通过怎样的方式呢？正如我们之前讨论的，一些粒子一定将信息传达给了卢克，或者粒子海洋中的一道波传播了信息。虽然一些未知的以太可能做到，但是虚粒子不可以。它们出现得太快，消失得也太快，难以探测到。所以很不幸，根本不可能有一个粒子从洞穴里传到卢克那里，或者从卢克那里传到莱娅那里——在他召唤她把他从云城的底下解救出来的时候。斯滕格博士指出了让零点场携带信息的另外一个问题："它是随机地波动的，所以没有能力产生信号。"

那么有不仅可以渗透空间，还可以存在足够长的时间来把信息从一个地方带到另外一个地方的粒子吗？劳伦斯·克劳斯博士（Lawrence Krauss）是凯斯西储大学物理系的主任、《超越〈星际迷航〉》（*Beyond Star Trek*）的作者，他提出携带原力的以太的另外一种可能来源——暗物质。暗物质是我们不能看见的物质，因为它既不释放出能量，也不反射能量。那么我们怎么知道它的存在呢？天文学家通过测量银河系旋转速度，发现它比能见到的物质更加庞大。如果银河系没有那么大，它的旋转会造成其内部恒星的飞离。科学家现在估计可见物质最多占银河系总质量的10%。每一个星系似乎都被放进了一个巨大的暗物质圈内。银河系可能有10万光年宽，暗物质晕可能有120万光年那么宽。

暗物质也许只是普通的物质，比如极度昏暗的恒星、行星、岩石、寒冷气体、尘埃或者黑洞。或者暗物质可能不是由普通的物质构成的，而是由一些我们之前没有见过的不同寻常的物质构成的。如果暗物质是由某种未知的粒子构成的，这种物质可能就在我们周围，我们只是没有探测到而已。我们甚至可以想象这种物质是由所有东西辐射出来的，包括每一块岩石、每一棵树。

这些粒子的行为方式是怎样的呢？让我们先看看在目前看来似乎至少是宇宙暗物质一部分的一种亚原子粒子——中微子。中微子不是探测不到，但是已经证明它们十分难以被探测到。虽然中微子分布广泛，但是它们和其他物质之间的互动很微弱，它们被比作鬼魂；科学家花了 26 年才找到决定性的证据证明它们的存在。日本科学家发现之前被普遍认为没有质量的中微子确实是有极其微小的质量的，比质子的十亿分之一还少。虽然它们的质量很微小，但是宇宙中有这么多的中微子，它们的质量叠加起来，占了宇宙质量十分显著的比例。在宇宙大爆炸中，创造出了大量的中微子，太阳每天也倾泻出来许多中微子，每一秒大约有 100 兆的中微子穿过你的身体。因为它们实在是太小了，而且没有电荷，所以它们可以穿过地球而不留下任何痕迹。

　　将中微子，或者广泛意义上的暗物质视为传输原力的介质就会产生一个问题，暗物质根据它的定义就是暗的，我们不能看见它。我们看不见暗物质是因为它不和其他物质互动，或者这种互动很微弱。如果卢克要从暗物质中获取能量或者信息，它就必须和他互动。想象一下，沙人用加德菲棒钝的一端袭击了卢克。棍子击中了卢克的肚子，将动能传递给了卢克，导致卢克向后摔了一跤。棍子之所以能够把能量传递给卢克，是因为它和卢克互动了。如果棍子穿过卢克就好像卢克不在那里一样，不和他互动，那么它就不能传递任何能量或者信息给卢克。

　　中微子和普通的物质互动很微弱，它们可以穿过卢克而完全不和卢克产生互动。对于它们来说，卢克是隐形的。有可能在训练中，卢克通过某种方式学会了怎样让这些"粒子"和他互动？很难想象是通过怎样的方式，但是那可能会提供一种可能的解决方案。但是一些中微子携带的能量比强伽马射线还要大。如果这样的粒子在通过他的时候和他产生互动，它们很有可能就会破坏他的分子和细胞，而不是帮助他抬起机器人。

　　所以，如果我们想要找到可以携带原力的以太，这样的粒子存在的时间必须够长，使得信息可以从一个地方传递到另外一个地方；它们需要以一种安全的方式和我们互动，这样我们可以获得那些信息和能量；它们的数量需要足够多，或者能量足够大，摧毁一颗行星就像捏爆花生一样。我们知道任何这样的粒子吗？不，还没有。但是多数科学家都相信这样的未知的粒子是存在的，虽然如果它们真的存在，有以上的特征，我们很可能很久之前就发现它们了。

虽然虚粒子的零点能可能可以为原力提供部分解释，但是它不满足所有的标准。实际上，我们现在可以看到是什么让原力这样让你难以理解了：它通过这么多不同的方式来展现自己。

但是我之前说过，通过两种不同的方式可能获得原力。现在让我们转向科学家的第二种看待宇宙的方式。第二种方式的宇宙不是粒子和能量包之间的互动，第二种方式将宇宙看成一个持续不断的力场的网络。在这个观点下，引力不是被称为重力量子的微型粒子之间相互交换的产物，而是重力场的产物。相似地，电磁的吸引和排斥也是场造成的。

为了让负电荷电子周围的电场形象化，想象电子向各个方向发射出一条条线，就像车轮上的辐条一样。这些线的密度和集中程度显示了电场的强度。我们远离电子，场里的线的密度就降低了，电力也就衰弱了。我们靠近电子，电力就增强。在这样的宇宙观中，电子甚至是不存在的。粒子只是场的表现方式，展现出了电场线高度集中的区域。让我们看看这样的模式是否可以让我们进一步了解原力。

原力可以预知未来吗

卢克闭上眼睛，看到了未来：他的朋友在云城被折磨。但是他是怎样看到未来，在事情还没有发生之前就预见到呢？来自未来的信号一定通过某种方式返回到了卢克那里。但是这不就意味着这件事已经在未来发生了吗，还能够改变吗？帕特霍夫博士认为在原力所有奇奇怪怪的能力中"从物理的角度上最难理解的事情就是预知"。

　　许多科学家坚称时间旅行的想法可能是可以实现的。它违反了因果关系的原则，在因果关系中因一定是发生在果之前的。确实，卢克违反了因果关系。如果卢克没有收到来自未来的信息，他就不会在完成训练之前离开达戈巴。他离开的原因（汉和莱娅受折磨）确实发生在果（他的离开）之后。就好像我现在立马死在我的电脑旁边，因为有人要在五年后杀我。这违背了我们对宇宙及其运行方式的常识性认识。

　　当然，如我们所知，物理经常违反我们对宇宙的常识性认识。在量子水平上，海森堡不确定性原理告诉我们不能同时准确地测量出粒子的位置和速度，总有某些不确定性。因此，粒子可以在短时间内超越光速，甚至我们都意识不到。许多科学家认为在量子水平上，这确实发生了。

　　从更广阔的范围来说，狭义相对论不允许时间旅行的存在，但是广义相对论允许这种可能性。因为空间—时间可以被扭曲，可以创造出时间的扭曲。时间旅行的一个理论上可行的方式就是通过虫洞。因为虫洞连接了空间—空间的两点，一些科学家认为虫洞可能联系了未来和过去。我们可以想象一个信号通过这样的虫洞中从未来穿越到现在，向卢克展示了他的朋友在云城被折磨。

　　另外一种可能的方式涉及超光速粒子，这种理论上的粒子比光的速度快。从狭义相对论中我们可以知道，当"千年隼号"的速度越来越接近光速的时候，它的钟会走得越来越慢。如果通过某种方式真的可以比光速更快，按照理论，钟就会开始倒着走。因此，比光还要快的超光速粒子似乎可以让时间倒流。让我们想象在汉和莱娅被折磨后，一些超光速粒子离开了云城，奔向达戈巴。这些超光速粒子有效地让时光倒流，在折磨开始之前到达了达戈巴。如果原力让卢克通过某种方式获得了超光速粒子上的信息，他就可能看到未来。

但是，时间旅行也存在问题。如果一个人可以看见未来，这不就意味着未来是注定的、不可以改变的了吗？如果是这样，不管是通过虫洞还是超光速粒子，我们似乎都是在偷看一些"已经"发生的、不可改变的事情。

尤达的解释——"未来在不断运动中"让《星球大战》避免了得到这个推论。我们在那样的条件下看到的是不确定的未来。未来的一个可能性？或者在所有未来的可能性中都会发生的事情？

虽然物理学家认为时间旅行没有问题，但是我们的大脑肯定会出现问题。我们一辈子都生活在一个时间向前推移而不是向后推移、因在果之前、未来展现出各种未知性的宇宙里。但是可能有某一天，一切都将改变。实际上，我相信会有这一天。

第五种力——宇宙中是否存在尚未被发现的力

正如很久以前古希腊人将世界拆分为四种不同的元素，科学家发现在宇宙中观测到的所有情况都源于四种潜在的力。如果我们想要将原力视为一种力——名字确实很适合，我们看到的现象一定和四种力中的一种或者多种力有关，或者一定存在科学家尚未发现的第五种力。

支配我们宇宙的四种力是什么呢？其中的两种在很微观的原子尺度上起作用。强核力将带正电的质子和中性的中子集中在原子核里。弱核力控制原子的放射性衰变。其他两种力可以在更广阔的范围内运行。电磁力让带负电的电子和带正电的质子相互吸引，创造出原子和分子以及一切重要的东西。引力控制一切物质，将它们拉到一起，创造出太阳系和宇宙的结构。科学家们一直在寻求将四种力的运作合而为一的大统一理论。这样的理论将解释这四种力只是一种潜在的力的不同表达方式，目前有一些迹象显示确实是这样。量子场理论现在可以描述四种力中的三种——除了引力，虽然看起来不是这样，但是引力是最弱的力。引力一直难以被合并到大统一理论中。我们在第四章讨论的超弦理论尝试过统一四种力，虽然这个理论本身都是不完善的。但是即使我们可以发现这四种力只是一种潜在的力的不同表达方式，那一种力可能是原力吗？

这样统一的力作用在我们身上，作用在我们身体中每一个原子的每一个粒子上，也作用在宇宙中每一样东西的每一个原子的每一个粒子上。你当然可以说它"环绕在我们身边，穿透我们，将银河系联系在一起"。这样说相当准确，但是这样统一的力可以做到电影中原力能做到的一切吗？不幸的是，我们十分了解，这些力不能说服帝国士兵你是无辜的，让你感受到另外一个绝地武士的存在或者让你看到未来。此外，获得这些力量就像获得粒子的力量一样，不是动动念头就可以轻易实现的。居住在这样的宇宙观里，粒子不过是电场线高度集中的区域而已。因此，我们可能总结说一棵由粒子构成的树是电场线高度集中的区域。卢克从这些场中获得能量抬起 R2，他就是在移动这些场。因此，树里面的粒子（体现了场中最强大的点）应该也会移动。但是树的粒子没有移动。这就是原力的一个最奇怪的特性。想象一下，比如，将月球上的引力场移除！

这些力量一定可以转换，可以从一个地方转移到另外一个地方，我能够想出好几种方法使用树的四种力来抬起我的机器人。

我可以砍断树，用它做成板，构建一个杠杆把我的机器人翘起来。从本质上来说，我是使用了木头的原力里粒子之间的电磁力，这个力让木头保持完整，让它坚硬，可以抬起机器人。我也可以用树里面的物质创造出一个原子炸弹，弱核力可以引发一场爆炸，肯定可以将 R2 炸飞出达戈巴。但是在两种方案中我们操纵的物体都体现了场的高度集中的能量。但是我们还不知道有哪一种能量可以做到像原力那样。

那么，原力一定就是还未被发现的第五种力吗？我们是否可能遗漏了宇宙中的另外一种力？

大多数科学家都同意宇宙中可能有尚未被发现的力。维瑟博士认为这个观点合理："除了标准的四种力以外还有更多的力，这也不是完全没有可能。第五种一定是相当弱的力，满足某些相当严格的限制。"因为我们尚未发现这样的力，所以科学家认为它一定在很小的亚原子范围里运行。

物理学家一直在寻找第五种力，有一些物理学家甚至报告说发现了第五种力。但是那些报告已经被否定或者尚未被证实。这样弱的、范围狭窄的力没有能力拥有我们所看到的原力具有的能力，比如长距离传播信息。

即使存在这样的力，"原力中的扰动"最多只能够和光速一样快。如果许多光年以外的奥德朗星球被炸成了碎片，在这个大质量物体四分五裂的时候，引力场线将会发生频变，引力的频变将会从扰动的源头传播出去，以光速运行。"扰动"就像是石头落入池塘造成的波动一样。所以"千年隼号"上的欧比-旺不可能立刻知道星球毁灭。但是他确实知道，就好像原力的波动在所有地方同时发生一样。这违背了我们从最根本上对宇宙的认识。

虽然某种未知的力或者粒子可以为绝地武士的能力提供一些可能的解释，但是原力呈现给我们的是最基本的科学问题。原力提出了一个和我们所生存的宇宙完全不一样的宇宙。对于"遥远的银河系"里更加先进的科学家来说，似乎也是难以解释的。原力被当成一种神秘的宗教或者迷信，而不是科学现实。这意味着它和任何已经发现的东西之间都存在着根本上的差别。"如果原力是真实存在的而他们对它没有认识，"马克·米里斯说，"那它肯定是一种完全不同的现象。"华盛顿大学圣路易斯分校的副研究员维瑟表示同意："我甚至不确定它是否适用于物理学或者生物学。"

那么我们该何去何从呢？

绝地武士也不敢涉足的领域——用量子论是否能解释原力

在尝试解释任何现象的过程中，一旦两种现实的科学观点经反复思忖而没有任何答案，我们就必须考虑第三种选项：现实可能和我们想的不一样。

电影中说原力和所有生命的物体联系在一起，这样的联系似乎不依靠空间，甚至时间。奥德朗的人民丧生的一刹那，欧比-旺就知道了。尤达似乎能够"看着"距离达戈巴星球数光年的塔图因星球上卢克的成长，这样的距离，任何信号的传递都需要花上几年的时间。卢克甚至可以看到未来。

这些事件挑战了我们对宇宙的基本认识。科学家一直以来都对定域因果原则[1]深信不疑。一个物体只能被靠近它的物体影响。如果我有放置好的一副1英里长的多米诺骨牌，我推倒第一块，最后一块不会受到任何直接的影响，它不会马上倒下。第一块牌会推倒和它相邻的一块，相邻的那一块又会推倒下一块，下一块又推倒下一块，它们遵循着定域性原则。只有在这个过程持续了一段时间，从一端到达另外一端，倒数第二块多米诺骨牌才最终会推倒最后一块。这个效果，或者这个信号穿越1英里的速度取决于这个信号的性质，最高的速度可能达到光速。原力因此也就违反了定域性原则。

和定域性原则相联系的是独立性。如果定域性原则真的存在，那么每一个粒子都是独立的，只能被它周围的粒子影响。原力通过某种超越了时间和空间的即时的方式将所有事物联系了起来，它也违反了独立性原则。

很明显，原力可以让绝地武士做到似乎不可能的事情，甚至是魔法。幸运的是，科学家提供了一种允许这种魔法般的神奇效应存在的理论，在这个理论的领域中，粒子的行为不总是像粒子，定域性原则被推翻了，远距离的粒子有时候通过某种神秘的方式联系了起来，这个理论就是量子力学，这个理论描述了宇宙是怎样在亚原子层面上运作的。维克多·斯滕格博士，夏威夷大学的物

1　简称为定域性原则，即任何物理效应都不可能以大于光速的速度传递。

理学教授，《无意识量子》（The Unconscious Quantum）的作者，他说："他们这里讨论的一定是量子概念。"

除了量子理论，还出现了另一个备受争议的科学假设，这个假设十分接近对原力的整体描述。这个理论是对量子力学的因果解释，1952年由物理学家大卫·玻姆提出。直到几年前去世，他还一直在修订并完善他的解释。他的因果解释违反了定域性原则，就像原力一样，他的理论表明宇宙中的所有事物从某种更深的现实层面上相互联系、统一。

玻姆博士一生都渴望弄清楚并描述所有的现实，他被一些量子论困扰着，沉迷于其中。大多数科学家都偏向于量子论的哥本哈根解释，这种解释起源于丹麦的物理学家尼尔斯·玻尔（Niels Bohr），这种解释驳斥了玻姆的解释。但是近些年，玻姆的成果又开始被重新重视和思考。

你可能会奇怪我们为什么对一个理论会有不同的解释。理论不应该清晰无歧义地解释物理过程吗？但是在量子论中，解释才是关键。理论清晰地告诉我们在不同的实验情况下可以测量出什么，它的预测一直被证实是准确的。但是还不清楚这些结果究竟是怎样表现出隐藏着的现实的。就像我们知道惯性存在，但是我们不确定是什么导致的，我们知道量子影响存在，但是我们不知道它们是怎样被实现的。

在解释实现方式上，标准哥本哈根解释所提供的亚原子现实和我们熟悉，并让我们感到舒服的宏观存在有很大的差别。科学家已经接受大部分这些奇怪的推断，但是他们中的许多人还是不情愿的，比如玻姆，他提供了另外一种关于这样的理论表明了怎样的现实的解释。虽然从量子论提出以来已经超过70年，科学家依旧在讨论它的含义。维瑟博士认为辩论越来越激烈了："流传着对量子物理学的基础内容的大量猜测。"

量子论也让爱因斯坦感到困惑，特别是亚原子粒子的相互关联性似乎违反了定域性原则和独立性原则，爱因斯坦称之为"鬼魅般的超距作用"。他和他的同行们一起探索这种"鬼魅般的作用"，这可能和我们从电影里看到的原力很相似。他们的争论成为著名的爱因斯坦-波多尔斯基-罗森悖论,简称"爱波罗悖论",或者"EPR 悖论"。

为了弄清楚他们的争论,让我们快速地回顾一下量子力学的基础。不要担心,这花不上几分钟。它可能会让你的大脑转不过弯,但是转述我的"绿色小朋友"[1]的话(不,不是我的大蜥蜴伊格默):"如果你想弄清楚原力,你必须完成你的训练。"所以你要听我说下去。

根据哥本哈根对量子力学的解释,亚原子粒子,比如电子或者光子,既可以像粒子一样又可以像波一样,这取决于我们怎么看待它们。实际上,所有的物质都有类粒子和类波的性质,虽然大型物体的类波性质小,难以测量。就像莱娅公主在帝国官员中用英音,在朋友中用美音一样,这些量子粒子的行为特征取决于我们观察它们的时候它们所处的环境。

量子论的第二个基础是海森堡不确定性原理,我们在第四章与真空涨落的关系中简要地讨论过。这个原理告诉我们,我们可以收集到的关于微小物体的信息是十分有限的,因为简单的测量行为就会破坏这个物体。我们尤其不能完全准确地测量出亚原子的位置和速度。我们所达到的准确率不可能大于普朗克常数。虽然普朗克常数是一个很小很小的数字(在人类力所能及的测量范围内已经是相当精确的了),但是这样小的数字却在我们尝试着从量子范围进行测量的时候成为一个重要的限制条件。

为什么测量粒子会破坏它?为了测量出一个物体的位置,我们必须向它射出一个光子或者其他粒子。光子就会被弹开或者反射向我们,我们就可以"看到"或者测量想要测量的物体。比如,我们可能会向一个黑暗的房间射入手电筒光来找到赫特人贾巴的位置。测量出赫特人贾巴的位置并不难,因为少量的光子不会干扰到它油腻腻的外形。但是测量一个电子的位置确实就成为了一个问题。因为电子很小,来自手电筒的光子将会干扰到它。我们可能可以得出它的准确

1　指尤达大师。

位置，但是它的速度就会受到根本性地改变，这样我们就不知道它的真实速度是多少了。或者使用不同的技术，我们可能测量出它的速度，但是这样做就会改变它的位置。

所以量子论告诉我们不能准确得知电子在哪里或者它在做什么。但是这对现实意味着什么呢？电子究竟是什么呢？哥本哈根解释中说因为电子的位置是不可测量的，因此它也没有意义。除了这个，解释还告诉我们粒子在没有测量出来之前没有确定的位置或者速度。我们测量中的不确定性不仅仅是测量的某种特点，而且是亚原子粒子的固有特征。

一个粒子怎么会没有一个准确的位置呢？这就要回到量子论的第一部分，粒子的名字确实是取错了。它可能有时候像是粒子有时候像是波，但是描述它最准确的方式是波包，它是一种小范围内的扰动，从数学的角度，用某种被称为"波函数"的东西来描述它的状态。波函数提供了一种概率，描述粒子可能会在不同的状态下、不同的位置里。我们经常认为，在氢原子里电子绕着质子旋转，就像行星围绕着太阳一样。但是电子的运动并没有那么有条理。根据哥本哈根解释，电子在不同位置的概率也不同。如果将电子想象成莱娅公主，我们可以说"她可能在霍斯指挥中心，她可能在'千年隼号'附近"。我们不知道她究竟在哪里。不仅这样，她可能无处不在。她就是科学家口中的"状态叠加"，她的波函数包含了所有这些位置的可能性。

除了不在某个特定的位置上，电子也不遵循施加在它身上的力所设定的轨道，不像太阳周围的行星一样运行，也不像莱娅公主向汉·索洛发火跺着脚离开"千年隼号"去视察指挥中心那样。正如玻姆所说："人们假定在任何特定的试验中，我们获得的结论将完全是随机的，和这个世界上存在的任何东西或者存在过的任何东西都没有关系。"从根本上来说，粒子的位置不取决于任何特定的原因或者力量。这就违背了决定论中的科学原理，决定论中说粒子的位置和状态完全取决于施加在上面的力。所以不仅仅是原力违反了亲爱的科学原理，被人们广泛接受的量子论的哥本哈根解释也违反了科学原理。

　　我们在测量电子或者莱娅公主的位置的时候会发生什么事情？测量，或者观察，从量子论的角度上来说都有可能产生巨大的影响。这就是量子论中你需要知道的第三个也是最后一个信息。在我们测量它的位置之前，电子有可能同时出现在诸多不同的位置，但是实际上却不在任何一个位置上。当我们测量的时候，电子只是出现在波函数所包含的其中一个位置上，没有任何明确理由确定其详细的位置。我们在指挥中心找到莱娅公主，也没有什么详细的原因。在测量的时候，我们就已经排除了她在"千年隼号"附近的可能性。相似地，我们可以在一个特定的地方找到电子，并且排除它在其他任何地方的可能性。就像物理学家说的，我们使波函数"坍缩"了，消除了其他的可能性，将波包定位下来，让它承担粒子的特性。《量子现实》（*Quantum Reality*）的作者尼克·赫伯特（Nick Herbert）这样描述："我们接触的每一样东西都成为问题。"

　　斯滕格博士将波函数比作彩票。在中奖号码被选出来或者被看到之前，你有百万分之一的概率中奖。你有可能会赢也可能会输——虽然输的可能性更大。当彩票号码被选中的时候，可能性就"崩溃"了。不论你是赢还是输，最后只有一种可能性会成真。我们必须观察粒子，因为它一定出现在某个位置，这个要求意味着在量子水平上，没有客观的现实存在，粒子必须被观察才能存在，这是一个客观过程。

　　许多科学家都抗议没有客观现实存在这个观点，因为客观现实正是科学要去描述的。哥本哈根解释中的这个部分以及对决定论的违背让许多科学家很吃惊，认为这是荒唐的、难以接受的。但是因为缺少一个完整的、表述清楚的其他选择，哥本哈根解释逐渐被接受。

　　在我们讨论 EPR 悖论之前，你还需要最后一个信息。许多基础粒子包括电子都有一种被称为"自旋"的特性，这反映出了粒子的角动量。这些粒子的旋转方式和地球绕着它的轴的旋转方式不同——量子力学中是没有什么可以简单地形象化的——但是我们可以按照那个方式想象，也不会有太大的问题。量子论允许电子只能用大小相等、方向相反的角动量按照两种可能性中的一种进行自旋。这和想象电子按照固定速度自旋相似，但是它可能顺时针旋转也可能逆时针旋转。这被称为"自旋向上"或者"自旋向下"。一个电子的波函数可以显示出它有50％的概率自旋向上，有50％的概率自旋向下。如同我们之前讨论的位置问题一样，电子没有自旋，就像将硬币抛在半空的时候，它落地时候有50％的概率正面朝上，也有50％的概率背面朝上。然而，当我们测量电子的时候，我们就迫使电子显示出这两个可能中的一个。让我们想象硬币定在半空中的那一刻，硬币落地时可能正面朝上也可能背面朝上——这就相当于测量电子的那一刻，电子可能自旋向上也可能自旋向下。然而，一旦我们测量，比如结果是旋转向上，那么波函数自旋向上和自旋向下的概率就不再是对半分，它现在有的是100％的自旋向上的概率。

现在让我们探讨让爱因斯坦困惑不已的EPR悖论，这个悖论认为在一个点上发生的事件同时会影响到很远之外另外一个点发生的事件，这和原力一样违反了定域性和独立性原则。想象我们现在有两个电子。我们创造出一个系统，在这个系统里，两个电子总自旋一定为零。这意味着如果一个电子自旋向上，另外一个电子必须自旋向下。这两个电子用物理概念来说是相互纠缠的，纠缠是指一个状态影响到另外一个状态。这样的这两个电子的波函数揭示了两种可能性：有50％的概率电子1自旋向上，电子2自旋向下，有50％的概率电子1自旋向下，电子2自旋向上。

现在让我们将两个电子分开，它们之间的距离很遥远，比如1光年。我们接下来测量电子1的自旋。在我们测量之前，它自旋向上和自旋向下的概率各占50％。在我们的测量中，我们发现它自旋向上。电子2在我们测量之前自旋向上和自旋向下的概率各占50％，现在它100％自旋向下。因为电子1自旋向上，电子2必须自旋向下。电子2的波函数就崩溃了。如果韦奇·安蒂列斯在1光年以外测量电子2的自旋，他会发现它自旋向下。但是电子2怎样知道它现在必须自旋向下？它怎么知道电子 1 被测量出的自旋是怎样的？这看起来就好像电子 1 和电子 2 之间有即刻的信息交流一样，速度比光速还快！因此，EPR 悖论揭示了一种违背定域性和独立性原则的情况，就像欧比-旺立刻感知到几光年以外奥德朗星球上所有生物的死亡一样。

因为爱因斯坦相信非定域效应是不可能的，他将其形容为"鬼魅般的超距作用"，所以他从 EPR 悖论中总结出量子论一定是不完备的。肯定还有我们未知的隐藏的变量和潜在的现实可以解释这种效应，这些变量和现实使得电子有特定的自旋，而不只是具有各种自旋的概率。但是在他对哥本哈根解释的反对中，爱因斯坦选择了一个不流行的观点。

其他科学家得出了各种各样的结论。哥本哈根解释的创始人玻尔博士坚称，位置或者自旋这样的量在它们被测量出来之前是没有意义的，我们不知道在测量进行之前，这两个粒子之间发生了什么。因此我们得不出关于是否有任何"鬼魅般作用"发生的结论。

虽然多数物理学家被 EPR 悖论的推断震惊了，就像他们被量子论中许多推断震惊了一样，他们最终还是找到了一个他们能够接受的解释。科学家强调以上的情况并没有真正违反任何信号的速度都不可能比光速快的结论，因为在这样的情况下，我们不能从一个地方向另外一个地方传输信号。虽然电子之间可能有超越光速的交流，但是我们不能用这个现象向韦奇·安蒂列斯发送警告消息。他可能发现电子自旋向上，也可能发现电子自旋向下，我们不能控制。如果这个解释让你觉得根本站不住脚跟，就加入到我们的俱乐部中来吧。

玻姆博士同意爱因斯坦，认为哥本哈根解释是不完备的，一定还有我们尚未弄清楚的并且决定了粒子自旋的隐藏的变量。因此，并不是每一种结果都有 50％的概率，而是只有一种可能的结果。我们只是缺少信息，通过测量才可以推断出到底是哪一种。测量的结果并不仅仅取决于可能性，而是由我们尚未弄清楚的原因和力决定，这个观点为玻姆提出的量子论的因果解释奠定了基础。

如果莱娅在霍斯星球的指挥中心，这不是因为概率，而是因为她之前在"千年隼号"上，由于生气跺脚离开，前往指挥中心。粒子的位置、速度和自旋完全取决于它们之前的状态和施加在它们上面的力。玻姆的解释保留了决定论，不像哥本哈根解释那样否定决定论。

但是玻姆认为EPR悖论表明定域性可以被违反。他没有尝试着把悖论解释清楚，他将其视为宇宙在某种潜在的层次上相互联系的标志。在他看来，两个电子并不是两个互不相干、完全独立的粒子，它们是一个单一的整体或者波函数。回到我们的硬币比喻上，我们可以认为两个电子就是硬币的两面。如果正面向上，那么背面一定是朝下的。这两面相互纠缠。

难道我们不可能是某种宇宙波函数的一部分，相互纠缠、相互联系吗？这是玻姆提出的问题，也是他给出的答案，如果将其应用到欧比-旺身上，答案是肯定的。他和奥德朗星球上的人纠缠在一起，他和所有东西纠缠在一起。奥德朗星球的毁灭对他有立即的影响。如果我们问多数科学家，我们可能会得到稍微不同的答案。被大多数人接受的回答是，纠缠只在微观领域发生，而不会发生在我们生活的宏观世界中。加来道雄博士说："根据标准的量子力学，有一堵墙把我们和微观世界隔绝开来。"

但是这些亚原子粒子是我们世界的一部分，它们奇怪的行为也对我们产生了影响。实际上，我们构建出了某种奇怪的条件，在这个条件下，微观事件和宏观事件纠缠在了一起。它们中最奇怪的就是"薛定谔的猫"悖论，这个悖论由埃尔温·薛定谔（Erwin Schrödinger）博士阐述，用来显示出量子论可能有多么荒唐古怪。

在下面的例子中，我们将其称为"莱娅公主悖论"。顺便提一下，这个悖论涉及的是公主，并不是电子。公主被击晕，关在死星的一间小牢房里。有一把爆能枪瞄准了她，而爆能枪和一个镭原子连在一起。镭原子具有放射性，它将会衰变。我们设想它有50％的概率在一个小时内衰变，而当它衰变的时候，它将触发爆能枪，莱娅就会被击中。镭的波函数是两种可能状况的叠加：一种情况中镭原子还没有衰变，另外一种情况中镭原子已经衰变。相似地，莱娅公主的波函数也包含了两种可能情况：一种情况中她被击中死了，另外一种情况中她没有被击中，她还活着。

哥本哈根解释认为在一小时后卢克打开牢房的门之前，她既不是活着，也没有死去。相反，她是两种状况的叠加，每一种有50％的概率。观察肯定会破坏波函数，将她置于这个或者那个状态。卢克一定要打开门看里面的莱娅公主是活着还是死了。

埃尔温·薛定谔博士认为这个悖论揭示出了哥本哈根解释的一个关键缺陷，也是量子论中的一个荒谬之处："月亮之所以存在难道就是因为一只老鼠在看着它吗？"爱因斯坦对此也表示赞同。又一次，哥本哈根解释的结论——不存在客观现实——再次摆在我们面前，不仅仅在量子层面上，有时候也在我们生活的宏观范围里。

科学家一直在努力寻找一种证明在卢克不打开门看的情况下，莱娅既活着又死了的方法。大多数科学家用观察意识逃避这个要求，他们说实验中不需要一个有生命的观察者，只需要有某种测量仪器。像加来道雄博士这样的其他科学家认为这两个可能性都会发生，宇宙将分成两个宇宙。在一个宇宙中莱娅是活着的，另外一个宇宙中莱娅死了。每一次做出观察的时候，我们得到一个具体的结果，宇宙分裂成了好几个平行宇宙，每一个宇宙中发生一种可能性，就创造出了宇宙的无限性。根据这个理论，这些宇宙相互之间没有交流，所以没有任何办法证明或者否定它们的存在。但是这种"多个世界"的解释依旧需要我们做出测量或者观察，从本质上来说，这是为了"创造"我们的现实。而在这些解释中没有客观现实。

唯一包含客观现实的解释就是玻姆的因果解释，在他的解释中，隐藏的力决定电子是自旋向上还是自旋向下，镭是衰变还是不衰变，莱娅是生是死。无论卢克是否打开那扇门，这些隐藏的力已经施加在镭原子上，决定了牢房里的情况。莱娅不是两种状态的叠加。莱娅要么是死要么是活。结果不仅仅取决于摸彩票一样的概率。根据玻姆的观点，我们没有能力证明这些事件的原因并不意味着原因不存在。

在其他方面，隐藏的力是玻姆和哥本哈根解释的分歧所在。玻姆认为粒子一直是粒子，不是波。观察者对粒子的观察也不会导致波函数的崩溃。每一个粒子都有其特定的位置、动量和自旋。我们可能不知道这些性质，因为我们没有办法弄清楚控制它们的隐藏的因素或者力，但是它们却又有特定的值。确实，这和我们现实中的日常生活有很多一致的地方。玻姆的因果解释和实验结果也是一致的。"玻姆理论中一些部分是相当漂亮的，"维瑟博士说，"它向你展示出你可以构建一个隐变量理论，它可以发挥作用，并且和实验物理学保持一致，就像哥本哈根解释和平行宇宙的解释一样。"

玻姆的解释也提出了一个具有挑战性的问题。这些能够控制宇宙中每个粒子运动的隐藏的力到底是什么？玻姆博士推断有第五种力的存在，一种覆盖整个宇宙的量子势场。这个量子势场中的波伴随着粒子存在，而且粒子受到波的控制，这样量子力学的奇怪效应就产生了。就像电场总是伴随着波存在，量子势场也总是伴随着电子存在。量子势波和哥本哈根解释中的波函数这个给出可能性的数学模型不一样。它是物理力场的一部分，就像引力场一样，它影响粒子的轨道。因为我们不清楚这个力是怎样起作用的，所以我们还不能算出粒子的轨道。但是如果有一天我们弄清楚了，我们就可以算出来了。

玻姆认为这个力不像其他的力那样会随着距离扩大而减小，因此可以帮助解释EPR悖论中的长距离效应。在这种情况下，单独的量子势波控制着两个纠缠的粒子，不管它们之间的距离有多远。测量粒子的一种性质，比如粒子的自旋，就会立刻改变波的形态，影响在它控制之下的其他粒子。所以量子势既违反了定域性原则，也违反了独立性原则，就像原力一样。量子势场可以将变化立即带到宇宙的每一个角落，这就意味着它携带着关于整个宇宙的信息。

玻姆博士将量子势和粒子之间的关系与无线电波和受这些电波导航的自动驾驶状态下的船只之间的关系做了对比。无线电波没有推动船只，但是它们提供指导船只移动的信息。相似地，可以说，这也是传说中原力控制人行为的方式。

　　但是这个量子势可能是原力吗？至少，它们的一些性质是相似的。首先，它们都是非定域性的。斯滕格博士认为原力是非定域性的，将它描述为"一体的。它是贯穿整个宇宙的，一瞬间可以对整个宇宙产生作用的场"。第二，原力势场不像其他的力那样，不是物质产生的，也不集中在物质周围。原子势力指挥着粒子却又不是粒子产生的，就像无线电波不是轮船产生的一样，它们只是控制着轮船。所以虽然我们很难想象卢克是怎样调动星球的引力来抬起 R2 的，但我们大概可以想象卢克通过某种方式收集并指挥着量子势，发出可以操纵 R2 升到戈巴空中的信号。第三，因为量子势渗透整个宇宙，不受到距离的影响，所以从本质上来说，它和所有的粒子纠缠并联系在一起。在玻姆看来，整个宇宙不是物体的集合，而是一张由这样的量子势控制的网，按照一定的模式振动，将一切联系起来。这听起来像是尤达所展现出的世界观。维瑟博士表示同意："如果玻姆是正确的，如果量子势确实存在，要想实现原力所能做到的事情，它可能是最合适的选择。"

　　除了其基本的特性，这种量子势到底是怎样的，我们所知甚少。根据玻姆的观点，一种可能性就是它可能是我们之前讨论的零点能场，或者是和它很像。帕特霍夫博士说："我确实认为可能是一种东西的不同表现方式。"如果真的是这样，我们至少对量子势的强大程度和它的产生方式有一些了解。

　　那么如果玻姆的因果解释是正确的呢？量子势真的存在吗？因为因果解释和哥本哈根解释都预测了相同的实验结果，除了少数的例外，两种解释都会得到实验结果的支持。虽然斯滕格博士认为玻姆的研究很有意思，但是他认为哥本哈根解释会对所有实验结果做出令人满意的解释。"还没有你需要用这个去解释的现象。"他显然没有看见尤达将 X 翼抬出沼泽的一幕。但是因果解释的预测和哥本哈根解释的预测产生不同结果的例外呢？到目前为止，这些差别被证明是无法测量的。毕竟，我们应该怎样在我们看到莱娅之前知道她是否活着呢？

大多数科学家从两个方面反对玻姆的量子势，这两个方面正是量子势和原力相同的性质。首先，和其他力不同，量子势明显没有已知的物理学来源。第二，和其他力不同，量子势违反了定域性原则。如果我们同意当前的普遍看法，那么量子场和原力都是不可能的。但是如果我们和越来越多的科学家一样，认为量子势为实验结果提供了另外一种解释，它似乎也是有可能的。通过思考它的运作方式，我们可以进一步了解原力可能是怎样的。

从现在开始，我们对量子论的因果解释的科学性会越来越少，哲学性会越来越强。证据已经不能让我们了解更多。我们可以做的就只是推断量子势的存在可能表明怎样的现实性质。但是只有在科学和哲学的真空地带，我们可能找到原力。"从某种意义上说，"维瑟博士说，"原力似乎是一个融合了神、宗教和哲学的概念，然后被放在了一个看似科学的设定中。"

正如同爱因斯坦认为空间和时间相互联系且是时空连续体的一部分，玻姆博士认为每一样东西都是相互联系的，是一个单一连续体的一部分，整个宇宙是一个单一、复杂的整体。正如同超弦理论学家认为支配宇宙的四种力可能是存在于十维空间里的一种超级力的表现形式。之前，我们讨论了两个相互纠缠的电子是怎样被看成一个单一整体的，就像硬币的两面一样。玻姆使用了稍微不同的例子，解释了另外的维度可能包含解释我们观察到的作用的关键。

正如我们所知的，很难想象出更多的维度，所以让我们假设我们住在一个二维空间里。现在让我们开始我们的思维试验。想象一个鱼缸，鱼缸里有一条鱼。我们在鱼缸底部安装上摄像机，另一个安在鱼缸的侧面。鱼缸和鱼存在于一个三维的空间里。但是在二维的空间里，我们看到的是两个平板电视播放两个摄像机记录的东西。如果鱼面对着鱼缸的底部，我们就会看到一个高高瘦瘦的形象。在另外一块屏幕上我们就会看到一样高但是很宽的形状。想象鱼转向了鱼缸的侧面。在第一块屏幕上，细长的生物现在变得很宽，而在第二块屏幕上，很宽的鱼变得很细长。正如我们观察到的，我们意识到一块屏幕上从细长到宽的变化总是伴随着另外一块屏幕上由宽到细长的变化的。正如同 EPR 悖论中，一个电子自旋向上总是伴随着另外一个电子的自旋向下。如果我们不知道这两个影像展示的是同一条鱼，我们可能会好奇这样的变化是怎样协调起来的。它们同时发生，不论两块屏幕之间的距离有多远，这违背了定域性原则。两个画面似乎通过比光速更快的方式进行交流。

事实上，这两个画面并没有立刻进行交流。它们只是一个三维现实的不同表现形式。相似地，玻姆认为纠缠的粒子是一个潜在现实的两个方面，我们不能感知到它的整体。再一次，这和电影中关于原力的描述产生了联系。尤达暗示有我们看不到的更加广阔的现实存在，他解释说："我们是有灵性的，不是这种原始的物质。"

玻姆认为在表面上混乱的物理领域之下，更高维度掌控着被隐藏的秩序。他将其应用到了量子领域，提出隐藏秩序由量子势维持，它控制着并且联系着所有的东西。玻姆使用全息图作为类比来解释这个隐藏的秩序。我们在第四章讨论了激光器怎样放出一个单一的同相波长。全息图从某种意义上来说就像是用激光器拍下的照片。它通过将一束激光分散成两束而构成。一束光被物体弹开，形成全息胶片上的一道。第二束光直接从激光器到达胶卷，不触碰物体，和第一束光叠加起来。两束光是不同相的，它们交汇在一起的时候，会在照片上创造出有趣的图案。

如果你想要亲眼看到干涉图是怎样的，就将你厨房的水池蓄满水，双手保持 1 英尺（约 0.3 米）的距离悬在水面上方，有规律地用食指轻拍水面。你将会看到一圈圈的波纹以你双手的食指为中心发散开来。这些波纹相遇的时候，它们会相互干涉。如果一个波峰遇到另外一个波峰，它们就会产生叠加干涉，创造出比原来更高的波峰。如果一个波峰遇到一个波谷，它们就会产生抵消干涉，相互抵消。结果就是布满波峰和波谷的复杂图案。

　　全息胶片也有类似的图像。和普通的照片底片不一样，全息胶片没有所拍物体的影像。它更像是一张布满圈圈和波纹的网，看起来很随机、混乱。但是当激光穿过照片的时候，就像光打到幻灯片上一样，原来物品的三维图像就被投射了出来，就像 R2 投射出来的莱娅公主的影像一样。照片上的干涉图案包含了编入或者压缩进去的物体的图像。将光投射到全息图上，就展开了物体的结构，表现出了物体的整体样貌。

　　对于玻姆来说，全息图体现出了一个道理：在看似随机无序的某样东西，比如全息图照片里，隐藏着秩序，就像是被照物体的图像一样。全息图的另外一个特征也展示出了玻姆的宇宙观。如果你将全息图拆分成碎片，只用一道激光照射其中一片，你看到的不是被照物体的一部分而是整个物体。照片会失去某些锐度，但是依旧是整体的图像。因此，在全息图的每一片中都蕴藏着整体的图像。

　　相似地，玻姆认为"整个宇宙通过某种方式压缩到了每一样东西里面，每一样东西都被压缩到了宇宙中"。这体现出了原力的相互关联性，暗示了欧比-旺是怎样立刻知道奥德朗的灭顶之灾的。如果全息图展示出了物理世界表面上的混沌，我们可以想象原力就是穿过全息图的光。如果你在原力中受到训练，你就可以透过看似混乱的物理世界，看到真正的秩序和宇宙的本质。实际上，这样的秩序和本质就蕴藏在你的身体里，只要你冷静下来，沉静下来，你就可以展开你体内的宇宙。你就是一切，是岩石，是树，是行星，是所有人，是宇宙。你观察着这个秩序，你是这个秩序的一部分。你和所有东西都联系在一起。

　　所以，通过量子论的因果解释，科学向我们展示了和原力所暗示的宇宙相似的宇宙，科学也向我们展示了原力的模型，它和原力在性质上有许多相同之处。

它就在你的思维里——意念能控制自然界的力吗

因果解释和原力最关键的不同就是控制权。绝地武士不是简单地受到原力的控制，他们也可以控制原力。但是玻姆认为每一样东西都受到量子势的控制。量子势是决定每个粒子的位置的原因。人们的意识仅仅是统一的宇宙的一部分，并不具备石头或者树木不具备的特殊能力。人类的思维就像其他东西一样受到量子势的控制。帕特霍夫博士解释了玻姆的观点："每一样东西都被灌注到了混凝土之中。"创造出一个每一样东西都通过一种单一的控制的力联系在一起的宇宙的代价，就是我们失去了影响这个宇宙的能力。

维瑟博士认为绝地武士用意念控制原力的能力是最难理解的特征。"它应该是与人类的思维结合在一起的。物理的四种力与每个单个原子以及身体结合在一起，我们却完全不清楚你怎么建立起一种可以和思维结合，而不是和身体结合的东西。"

为了找到一个我们可以用思维来影响量子现实的宇宙，我们必须放弃每样东西都相互联系的想法，返回到定域性原则的概念中。这就把我们带回到了哥本哈根解释中。在哥本哈根解释中，意识扮演了特殊的角色，它会导致波函数的坍缩，"创造"出现实是必需的。虽然大多数科学家认为测量仪器可以达到同样的目的，但是一些科学家认为有意识的观察者也是必须的，意识在这个过程中扮演了某种特殊的角色。

加州大学伯克利分校的亨利·斯塔普（Henry Stapp）博士就是认为意识在宇宙中扮演特殊角色的一名科学家。在他的理论中，根据哥本哈根解释，测量工具不足以使波函数崩溃。让我们回到将莱娅公主封在里面的囚室和爆能枪上。还记得吗？在一个小时内，镭原子有50%的概率衰变，如果有一个镭原子衰变了，爆能枪就会开火。莱娅处在生和死的叠加状态中，直到做出观察，她的波函数才会坍缩。一个小时后，我们没有派卢克去观察莱娅，而是送了一个摄像头进去。摄像头进去并记录下它的发现。

多数科学家认为这种记录或者测量足以使镭粒子的波函数坍缩，这样莱娅就一定要么死要么活。但是斯塔普博士认为有意识的观察者必须读取测量或者观察记录，这样就是为了导致波函数坍缩。如果真的是这样，摄像头做的记录现在就和镭原子、莱娅公主纠缠在一起。记录处在一个叠加的状态中：一种状况下它的记录显示莱娅已经被击中，另外一种情况下莱娅公主安然无恙。相似地，当摄像头向卢克展示记录的时候，他也和这个混乱的状态纠缠在了一起。但是出于某种原因，他并没有进入叠加的状态——一种状况下，他看到莱娅死的记录，另外一种状况下，他又会看到莱娅活着的记录。相反，当他的意识观察记录的时候，波函数就崩溃了。观察意识的引入改变了一切。只有引入了观察意识，才会记录着莱娅死或者记录着莱娅活。只有引入了观察意识，莱娅才会要么死要么活。只有引入了观察意识，镭原子才会要么衰变要么不衰变。

为什么意识扮演着这样特殊的角色呢？斯塔普博士认为当有意识的观察者大脑中的原子和被观察的原子纠缠的时候，特定的机会产生了：意识和物质可以发生联系。他甚至认为量子论的方程式还需要另外的条件，一个可以反映出观察者大脑和被观察粒子纠缠的条件。如果这样的条件在这些方程式中是有效的，人们的思维不仅可以导致波函数的坍缩，而且还可能影响其坍缩的方式——决定莱娅是死还是活。罗伯特·杨（Robert　Jahn）博士是普林斯顿工程异常研究室的主管，他研究与意识有明显联系的物理现象。他认为他的实验发现需要一种"包含有人类参与的测定结果，这显然完全背离了常规的物理科学"。

在我们进一步探讨前，我们必须强调科学家坚定地认为波函数坍缩所处的状态只是一个概率和机会问题。测量或者观察限制了波包，所以强迫它进入特定的状态。但是测量或者观察不能控制它进入哪个状态。斯滕格博士认为如果我们有这样的能力，我们很久之前就看到它的效果了。"我们必须以我们所知的，以我们已经获得确认的对宇宙的观察为依据。我们现在有的是一个存在了93年的理论，从来没有发现过反例。这并不意味着它永远不会被打破，但是以我们所知的为根据，我们不能做出任何这样的假设。"

那些愿意相信意识影响现实的人（比如那些相信超自然的人）使用哥本哈根解释或者像斯塔普博士那样的理论来为他们的信仰做出辩护。斯滕格博士认为这些观点是没有依据的。"他们利用了量子力学的哥本哈根解释——现实不会产生，直到你观察它。他们弄错的地方就是假设发生在量子水平的效应会发生在人脑这样宏观的领域中。人脑是经典的机器。量子力学和人脑或者人的身体几乎没有什么关系。我们需要量子力学理解岩石中的化学物质，这并不意味着岩石就是意识。"

但是一些人认为像斯塔普博士那样的理论意味着意识可能影响量子水平的物质。如果波函数的崩溃是因为某种意识／粒子的纠缠，他们争辩说那么为什么意识不能影响物质呢？帕特霍夫博士同意这样的想法："我确实认为意识影响现实。"

是什么让斯塔普博士得出如此激进的理论？正是超自然调查者赫尔姆特·施密特（Helmut Schmidt）的实验。斯密特使用随机数生成器生成了一系列的随机正负数，随机数生成器（RNG）是利用放射性衰变生成一系列随机数字的电子装置。正如我们在莱娅公主悖论里面讨论的，放射性衰变不能被预测出来，这就使它成为了随机性的优质源头，就像一个人翻开一副牌一样。当放射性衰变发生的时候，当前循环中的数字——一副牌最上面的那张就会被机器推出来。一秒钟可以发生几百次衰变，所以就可以很快生成一系列的随机数字。

就像莱娅囚室里的镭原子决定爆能枪是否射击她，这些具有放射性的原子根据自己衰变与否决定生成哪一个数字。正如同莱娅的状况被记录了下来，生成的数字也会被记录下来。如果斯塔普博士是正确的，而且这个记录是不足以使波函数坍缩的，那么记录就会处在叠加状态中，有许多可能的数字排列清单。这个记录就不会使波函数坍缩而只生成一个单一数字清单，直到观察者看这个清单。

在施密特的实验中，所有人员——甚至包括施密特——几个月都没有看数字清单。之后，清单在一班学武术的学生面前通过电子显示屏滚动显示。学生们被要求尝试着用意念去影响清单，使正数比负数多。最后这些数字中确实正数比负数多，多到负数出现的次数以一千分之一的概率随机出现。斯塔普博士推论说直到学生们去观察，数字都没有坍缩成一个单一的清单，他们的意志状态影响了数字的崩塌，使正数多于负数。从本质上来说，学生们影响了几个月前发生的放射性衰变。

如果这具有可能性，我们就可以在 EPR 悖论中所设定的情况中传递信息，信息的传递速度比光速还要快。在那种情况中，我们有两个相互纠缠的电子，它们的自旋的方向必须和对方相反。如果我们测出电子 1 是自旋向上的，我们就知道电子 2 是自旋向下的。电子 2 通过某种方式立刻"知道"电子 1 已经被测量出是自旋向上的，即使它在一光年以外。科学家为了摆脱这个困境，给出的解释是我们不能使用这个现象来传递任何信息，这样它就不会违反光速的限制。如果韦奇·安蒂列斯测量电子 2 的自旋，我们无法控制他的测量，只是不管我们怎么测量，电子 1 的自旋都是与他的测量结果相反的。

但是如果我们可以控制我们测量的东西，通过意念影响电子 1，使其进行特定的旋转，我们就可以发信息给韦奇。我们可以和韦奇商量，如果他测量出电子自旋向上，他就从陆地上进攻帝国，如果他测量出电子自旋向下，他就从海上进攻。我们就可以使用我们的精神力量，让我们的电子自旋向上，这样韦奇的电子就一定会自旋向下，我们就能给他发出从海上进攻的信号。

超自然现象的信徒将像斯密特那样的实验看成意念可以影响量子事件的证据。如果那是真的，他们认为这些量子效应可以提供一种方法，通过这种方法就可以操控其他超自然力量，比如心灵感应、千里眼、意念移物和预知未来。这些正是原力的力量。

但是测试超自然力量的实验并不像它们看起来那样具有决定性。虽然斯滕格博士尊重斯塔普博士在方程式中量化意识的尝试，但是他认为这些实验结果值得怀疑。许多不同的因素都在实验结果的可靠性中扮演了角色，我们之后会谈到这些。但是检测这些力量存在的实验提供了另外一种研究原力的方法。不论我们是否能够从理论上解释它，和原力相关的现象被观察到过吗？原力真的在地球上存在吗？

来自第四维度的入侵者——能够在更高的维度中获得原力吗

　　如果原力存在，它可能存在于我们觉察不到的更高维度的空间里。玻姆的理论暗示原力可能存在于另外的维度里。相似地，超弦理论认为我们的宇宙可能有 10 个维度。无论我们是否能够在其他维度里找到原力，它们本身就可能给予我们惊人的能力。在第四章中我们讨论了我们怎样能够通过展开坍缩的维度来快速穿越星系。正如同我们想象将高纬度作为穿越宇宙的捷径一样，我们可以想象使用更高的维度来获得原力的力量。

　　卡尔·高斯（Carl Gauss）是 19 世纪著名的德国数学家，他使用思维实验来阐明更高维度的作用。他想象一种只存在于二维空间中的生物——"书虫"，它生活在一页巨大的白纸上。作为三维空间的人，我们可以将书虫从白纸上剥下来，转移到其他地方，再放回到白纸上。对于其他书虫来说，似乎那只虫子消失了，然后神奇地出现在别的地方。或者我们可以让虫子沿着白纸滑动，神奇般地使它"悬浮"起来。从我们的高度来看，我们可以看见书虫世界里的远距离事件，比如一只叫作"卢克"的年轻的虫子在做什么。书虫世界里的密封瓶子只是画在纸上的瓶子的轮廓线。如果一个秘密的信息被封在瓶子里，我们可以轻而易举地拿起它，放到其他地方。

　　加来道雄博士说了一个关于通灵者亨利·斯莱德（Henry Slade）的故事，亨利·斯莱德在 19 世纪的伦敦十分出名。那时候一些顶尖的科学家坚信，当斯莱德与亡者交流以及进行一些看起来不可能的任务的时候，他可以进入"第四维度"。他可以使两个独立的、完整的木头戒指交缠在一起。他可以不破坏密封口或者瓶子就可以将瓶子里的东西拿出来。只有通过某种方式从更高的维度移动这些东西，这样的任务才有可能实现。深感震惊的科学家当然被手段高超的表演者蒙蔽了。但是真相没有改变，进入了更高维度才可能拥有这些看似魔法的力量。

这意味着尤达可以进入更高的维度抬起物体，看到很远的地方发生的事情吗？加来道雄博士承认："这样的'魔法'技艺从原则上来说在多维空间物理范畴里是可能的。"但是他告诫说："超越时空的科技在地球上比任何事情都难实现，至少在未来几百年都不会实现。"

如果原力可以通过某种方式进入这些另外的维度，绝地武士就可以用原力抬起物体，观察到视野之外的事情，从一个地方把物体传送到另外一个地方。他们甚至能够不打开啤酒瓶，从外面就能喝到里面的啤酒。

心灵控制术——原力能影响他人吗

在与原力相关的所有力量中，看起来最有意思的一种能力就是影响别人的能力。"现在你会把我带到哈里森·福特那里。"如果可以的话。

通过使用"老一套的绝地武士的把戏"，欧比-旺让帝国冲锋队认为R2-D2和C-3PO不是携带着死星设计图的机器人，卢克让贾巴的首席助手——头上长触角的比布·福图纳允许他进入贾巴的宫殿。在这两个案例中，那些受到影响的人重复了绝地武士的话，他们就好像被迷住了，然后执行了绝地武士的意愿。

虽然这种能力不是我们每天看到的那种，但它确实和我们多数人熟悉的现象一样，这种现象从古巴比伦时期开始就被大家熟知。在恰当的条件下，催眠师可以影响一个人说和做他们一般不会说和做的事情。

　　在催眠的状态中，被试者虽然很专注，但是又极度放松并且易受到暗示。他脱离了现实感，判断力和他自身的感官都不起作用了。他的注意力被催眠师提出的事情吸引和引导了。催眠师接下来就可以对被试者做出某种暗示，除非他感到十分反感，不然他会相信并且跟从催眠师的指令。迈克尔•亚普科（Michael Yapko）博士是临床心理学家和权威的催眠教科书《催眠工作》（*Trance-work*）的作者，他解释说："如果一个人情绪矛盾，左右摇摆，你就可以动摇他们。"如果帝国冲锋队士兵和比布•福图纳对他们的工作并没有什么热情，他们就很容易被动摇。

　　暗示可以让一个人做出特定的行为，甚至看到或者听到不存在的东西。服从者可能会认为有一只蚊子在周围嗡嗡叫。他可能会把手伸进装有冰水的碗中却感到舒适温暖，或者他可能看到彩色的画却认为是一片灰色，就像色盲一样。接收暗示后，他可能会麻痹、丧失记忆、产生幻觉或者对疼痛不敏感。一些人能够没有任何感觉地分娩或者接受大型手术，比如截肢手术。

　　观察这样的能力确实启发了亚普科博士去研究催眠。"人们有潜在的力量和能力，但是他们并没有发觉到。"一些被试者会发现改变行为，比如戒烟、减肥或者克服恐惧，变得更加容易了。这些潜能可以用于不那么有建设性的目的。被试者可能认为他们的屁股被粘在椅子上了（我不介意看到一群帝国冲锋队士兵处在这种状况中）。亚普科博士强调催眠只是一个途径。"催眠不是一件好的事情，也不是一件坏的事情。主要是你怎么运用它。"这意味着催眠有好的一面也有坏的一面吗？"当然。"他回答。

　　催眠师用某种特别的措辞来表达他们的暗示。哪一种暗示最好还是取决于个人。亚普科博士说知道使用哪一种暗示是"催眠技巧"的一部分。通过直接的暗示，催眠师告诉被试者他想要被试者相信或者去做的事情，就像"这些不是你想要找的机器人"。通过间接的暗示，催眠师用一种间接的方式展示出引起被试者欲望的想法和行为，就像"这些如果不是你想要找的机器人，你会感到很放松"。欧比-旺和卢克给出的都是直接的暗示而不是间接的暗示，虽然这些紧张而又情绪化的人可能对间接暗示的反应更加好一些。卢克的暗示中有不容置疑的权威感，就像亚普科博士描述的那样："你将会做……"比如："你现在将会把我带到贾巴那里"。欧比-旺的暗示并没有那么强势，表达的方式几乎让冲锋队士兵放松了下来，但是他还是具有十分权威的口吻，命令士兵将他的话当成现实。C·罗伊·亨特（C. Roy Hunter）是催眠师，他建议使用现在时进行暗示，就像欧比-旺那样。如果使用了将来时，他强调在行为将要完成时具体说明的重要性。卢克在他以上的命令中，正是这样做的。

所以绝地武士的暗示和别人在暗示影响下的反应看起来和催眠很像。但是在《星球大战》中，我们并没有看见这些人被催眠。冲锋队士兵和比布可能这么快就被催眠吗？虽然我们多数人认为催眠师只是将怀表晃来晃去，口中说着"你越来越困"，但是当代的催眠师会使用各种各样的方式将人引入催眠状态。大多数这样的工作是缓慢的，可能会超过 15 分钟，渐渐让被试者感到越来越轻松。然而，快速催眠方法经常被舞台催眠师使用。这种方法被描述成系统震撼，这和我们在《星球大战》中看到的最像。催眠师以一种猝不及防的方式给出一个突然的强迫式的命令，让被试者在几秒内陷入催眠状态。罗伊·亨特解释说："参与者或者当事人会经历'被动的状态'，在这个时候他或者她要么反抗催眠状态，要么'放松'，很快进入催眠状态。"但是欧比-旺和卢克没有发出大动静也没有花哨动作，就做出强迫式的命令，这一定会让听者大吃一惊。

不过，亚普科博士强调，舞台催眠师会在被试者"立马"进入催眠状态之前，对他做一些前期准备工作。"他们会执行可暗示性测试来推断人在那种情况下的反应程度。"比如，告诉一个人她眼皮上有一种特别的胶水，她不能够张开眼睛。然后催眠师叫她张开眼睛，如果她做不到，他就知道她是他表演的最佳被试者。将传统的催眠状态引入从未被催眠的被试者身上，即使是用这些快速的方式，也至少要花上一两分钟。

所以，像欧比-旺或者卢克这样快速地用传统的催眠方式将他人催眠是不太可能的。但是在许多案例中，被试者不用被催眠也可以获得和接受暗示，就像眼皮上有胶水的暗示一样。一些治疗师称这些为"非催眠暗示"，但是其他人更偏向于更加广泛地定义催眠。确定一个人究竟什么时候被催眠的难处在于我们对这种状态还没有一个清晰的定义。被催眠的人的脑电图看起来和正常状态下的脑电图几乎一样，所以我们不能肯定某人处于催眠状态中还是没有处于催眠状态中。

神经心理学家们对大脑在催眠期间发生了什么意见不一。科学家们大体提出了三种解释。亚普科博士认为："每一种解释中都有一些部分在催眠状态中是很明显的。"首先，一些科学家认为被催眠状态是独特的已经改变的状态，在这个状态中，大脑运行的方式和正常的方式不一样。这就解释了为什么催眠可以让我们获得正常情况下没有的能力。一些科学家认为催眠的时候我们所进入的状态和我们日常精神高度集中的状态相似，就像我们做白日梦或者沉迷于一本好书或者电影，比如《幽灵的威胁》时一样。但是其他科学家认为催眠只是一个被试者与催眠师合作，想象出各种不同的东西，做出不同动作的过程。在这个观点中，被试者容易接受暗示，具有想象力，与权威形象保持亲密关系，不想让权威形象对自己感到失望。

第二种和第三种解释让催眠的定义更加广阔了，允许催眠活动甚至在某人没有被正式催眠的时候就可以发生。一些治疗师认为包含直接暗示的对话是催眠。T. X. 巴伯（T. X. Barber）是《催眠：一种科学的方法》（*Hypnosis: A Scientific Approach*）的作者，他指出，直接暗示人们去经历、想象、感受特定东西的对话激发的反应与传统催眠状态中产生的反应相似。这样的暗示可能让被试者认为他伸出的手臂十分沉重，或者他不可以松开他的手。在一项研究中，大约有40%的参与者在他们没有被催眠而只是接受暗示的时候经历了幻视和幻听。

亚普科博士认为："不论何时，只要一个人将他的注意力转到或者关注某一个想法，并被交流触发了情感，催眠都会不同程度地发生。"这样的状态可以仅仅通过漫不经心的话语引发。如果它影响了被试者的体验，那么它就是催眠。被试者不是进入了特定的状态，而是和催眠师互动，进入了交流催眠模式，被试者的注意力都被吸引了。

为了让非催眠建议起作用，亚普科博士认为一个催眠师应当熟练地控制他的声音和身体，这样他们就可以给人一种可信赖、有权威的感觉。在权威主义技巧中，催眠师的眼睛盯着被试者的眼睛。本和卢克都做到了这个——将被试者的注意力吸引到自己身上。其他的方式也可能有助于吸引被试者的注意。当欧比-旺和帝国冲锋队士兵说话的时候，他的手做了一个小动作。卢克在他做出暗示的时候将手指伸向比布。亚普科指出："当一个人做出动作的时候，就会吸引注意力到他和他的动作上。这是一个最大限度获得别人注意力的好办法。"

除了这个，催眠师必须要看起来从头至尾都知道自己在干什么。"确定性是具有说服力的。当史蒂文·西格尔走进有十个坏人的房间并且侮辱老大的时候，有这种自信的人身上就会有某种震慑人的东西，这让坏人害怕。他们认为'也许他知道某些我们不知道的东西'。这种不确定性可以让你更加有可能顺从有高确定性的人，或者被这样的人吓到。"欧比-旺和卢克还是相当确定他们的主张的。

但是，催眠师需要自信和权威性的声音、姿势之外更多的东西。为了快速诱导或使非催眠暗示达到效果，根据亚普科博士所说，还必须有"一些期待、一些历史渊源、一些默契，和一些依从权威的意愿"。舞台魔法师可能从他的名声那里获得权威。被试者认为魔法师有某种催眠能力。他期待被催眠，可能想要被催眠。他可能之前见过催眠，这就提供了历史渊源，他的自愿行为反映出了服从催眠权威的意愿。精神治疗医师的资格证书和被试者对他的信任给了他权威性。治疗师和被试者的前期准备工作在他们之间建立了默契关系。

在卢克和比布的案例中，期待在之前比布看见卢克的全息信息的时候就建立起来了，全息信息是 R2 投射出来的。卢克说自己是绝地武士，暗示如果贾巴不同意交出被碳凝的汉，就会产生"不愉快的对峙"。亚普科博士是《星球大战》的粉丝，他说："如果守卫知道卢克在使用原力方面和达斯·维达不分上下，而且他知道如果反抗卢克，就会处于危险之中，这就可能威慑到他，或者让他易于被卢克的暗示影响。"在这样的情况下，一些历史渊源和期待——卢克可能使用了"老一套的绝地武士的把戏"——就会建立起来。

但是在欧比-旺和冲锋队士兵的例子中，并没有确立这样的历史渊源和期待。虽然欧比-旺暗示的结果和催眠的结果相似，但是似乎他一定是走了某种捷径达才到这种效果的。他的意识似乎能够直接影响到别人的意识，就像我们说过的量子力学中的联系那样。

我们有另外一个和原力影响相关的例子，那和催眠完全没有关系。催眠师做出语言暗示，目标接受这个暗示。虽然我们可能会说欧比-旺在塔图因上遇见冲锋队士兵的时候就采用了这种方式，他甚至在死星上都没有和冲锋队士兵说话。在关闭牵引波束之后，他需要让冲锋队士兵看向别处，自己好走过去。他做了一个手势，他就通过某种方式让冲锋队士兵认为他们听到走廊有声音，他们的目光就跟了过去。这里没有看出任何催眠的过程。似乎欧比-旺要么用心灵感应影响了他们的思想，植入了暗示，要么他通过操控物质或者能量在大厅弄出了真实的声响。就像亚普科博士说的，"那肯定是原力"。

测量原力——能否用实验证明存在超自然力的存在

因为很难给催眠状态下定义，所以研究人员关注另外一种超自然现象来为通灵力量寻找确凿的证据。像心灵感应、千里眼和意念移物这些现象一直以来都是超心理学的研究对象。

我们之前讨论过原力从理论上来说是否具有可能性。但是理论并不是探索原力的过程中唯一要解决的问题。科学很少出现先有理论后发现其证据的情况。

通常，科学研究的过程是先观察一个不能解释的现象，然后创造出可以描述或者解释它的理论。重力在我们了解它的作用方式之前就存在了（我们甚至现在还不是完全了解它）。和原力相关的现象可能存在，不管我们是否可以从理论上解释它们的作用方式。杰西卡·伍茨是加州大学的统计学教授，也是超自然现象的研究者，"有许多事情，在我们知道它们是怎样运作之前，我们就从科学上接受了它们。学习过程和记忆过程就是这样的例子。心理学家不清楚这些简单的人类能力，但是没有人会仅仅因为我们不清楚它们而否认这些现象的存在。"

自 1882 年英国灵学研究会在英格兰成立以来，科学家们一直致力于用实证研究来证明超自然现象的存在。许多人认为他们已经证明了。然而，他们在这些现象如何与传统科学相联系这点上有不同的观点。一些超心理学家认为这些现象可能与我们当前对宇宙的认识并不矛盾。他们指出量子力学是一种可能的解释。因为量子论处理的是统计学概率，超自然现象——正如我们将要讨论的——也有统计学的性质，他们认为超自然现象是量子效应的结果。其他人认为要找到这些现象的证据，就需要在科学上来一场彻底的革命，在这场革命中，我们要摒弃我们对物理的一切认识。雷·海曼博士是俄勒冈大学的心理学荣誉教授，他认为："不管是相对论还是量子论都不能和一个藏匿着通灵现象的世界共处。"

但是，不论它们最终能否获得解释，与超自然现象相关的令人信服的证据是否已经找到了？许多科学家认为，通过他们的实验已经找到了证明这种力量存在的证据。但是科学家不相信有结论性的证据存在。非凡的主张需要有非凡的证据来支持，然而超自然现象的证据还是存在许多缺陷，受到诸多怀疑。

部分失败的原因归于有缺陷的实验过程。为侦测超自然现象而设计的实验似乎特别容易出现欺骗实验对象或者实验人员作假的情况。许多科学家都上了魔术师和骗子的圈套，他们欺骗观众的把戏——包括藏起来的收音机——远远比科学家所知道的复杂。魔术师詹姆斯·兰迪（James Randi）就是著名的"令人惊奇的兰迪",他一生都致力于揭穿这样的骗子,揭露超自然实验中的漏洞。他通过位于佛罗里达州罗德岱堡的詹姆斯·兰迪教育基金会来做这件事情。有一些人靠假冒魔术为生,兰迪认为对魔术的冒充从来都不应该被视为真正的魔法。

海曼博士叙述了自己被愚弄的一个事件。政府叫他调查一名科学家的研究工作,据说有一个女人可以通过抚摸书页来读书。"她看起来是一个很传统的人。她不想受到任何曝光。她甚至不想被测试。我知道事情有问题,但是我不相信发生了什么造假的事情。最后发现她骗科学家说自己眼盲。"兰迪认为许多科学家太容易接受那些可以验证他们信仰的事情了,这使得他们十分容易被别人甚至是自己欺骗。"我可以走进一个实验室,将任何一个团队的科学家骗得团团转。"

即使各方都是诚实的,但是科学家心中愿意去相信的意愿会让设计上的缺陷潜入到实验中,如果实验没有经过小心谨慎的设计,科学家可能会给他们的实验对象传达微妙的、无意识的线索,暗示他们"正确"的答案而证明他们的通灵能力。科学家一旦收集好数据,他们可能用不同的方式操控数据以得出一个显著性的结果。如果他们不能得出这样的结果,超自然学家往往不报告他们的实验,只报告那些有积极迹象的超自然现象。因为大多数进行超自然实验的科学家相信超自然现象,所以这个问题很难避免。

除了这些问题,超自然学和其他科学在许多方面都不同,这使得相信其他准则的科学家难以接受可能的积极结果。大多科学学科都有基本的、易复制的、可产生一致结果的实验,比如年轻教师经常让你在科学课上做的那些实验。海曼博士引用了一个例子:"艾萨克·牛顿用多棱镜来做实验,展示出光可以分成多种色彩。我们依旧可以做这些实验,得到这些结论。科学的每一个领域都有几百个这样教科书式的实验,学生在做这个实验之前就可以预知到结果。这和超自然学中的实验完全不一样。"伍茨博士解释了原因:"我可以说出其他现象,要想研究这个现象,学生不可能做个简单的实验,观察一下结果就了事,比如研究吸烟与患肺癌之间的关系的实验。这些实验和用多棱镜分光这样简单的实验之间的差别就是，这些实验的效应具有统计学的意义，而且不是每次做这些实验都可以得到这些效应。不是每一个吸烟的人都会得肺癌，但是我们可以预测吸烟得肺癌的人的比例。不是每一个尝试心灵感应的人都会成功，但是我认为我们可以预测成功的人的比例。"

超自然学和其他领域的另外一个差别就是超自然现象不能被证明是假的。在物理学领域中，做实验要么就是证明理论是正确的，要么就是证明理论是错误的。如果结果证明理论是错误的，理论就会被放弃。但是如果超自然学实验没有得到结论，海曼博士指出，实验者就会争辩说"条件对进行通灵实验不利"。因为这种现象的原理完全是未知的，影响实验的因素也是不清楚的。

所有这些问题最终都会对你如何看待实验结果产生重要的影响。当这些实验被其他科学家审视的时候，那些相信通灵现象的科学家就会觉得证据是具有结论性的，然而那些不相信通灵现象的就不会这样认为。马克·米里斯认为唯一能够获得数据的方式就是保持开放的思维，但是他解释道："开放的思维有两个方面，第一是你必须对事情成真的可能性保持开放的思维，第二就是你必须对事情可能失败保持开放的思维。许多人只对一个方面保持开放的思维。"

我们从这样的实验中可以得出怎样的结论呢？许多科学家认为，任何给出积极信号的通灵现象实验一定是有问题的，因为这样的现象是不可能的。帕特霍夫博士感叹道："许多怀疑论者坚定地认为这样的实验是不可能的。他们拒绝结果，因为他们就是不能想象出它怎么可能是真的。这样的怀疑主义从本质上来说是没有价值的。"其他那些可能像米里斯所说的那样有开放思维的人因为缺少令人信服的证据而感到很泄气。

但是一些超心理学家认为，实验已经证明超自然现象毫无疑问是存在的。伍茨博士宣称怀疑论者不能够解释清楚重要的结果。"他们可没少尝试。"有时候，物理学家或者工程师会因为一个十分具有说服力的证据，或者一个特别的研究而改变自己的信仰，开始研究超自然现象。但是信众认为他们的证据不能被广泛接受。"超自然学家是科学界的罗德尼·丹泽菲尔德[1]，"海曼说，"他们想获得尊重。他们遭受的不尊重有些是不应该的，有些则是自作自受。"

从他们的观点中可以看出，超自然学家还一直在努力着在实验室里捕捉魔法。但超自然现象的研究收效甚微，伍茨博士承认要进行成千上万的实验才能获得重大的成果。同时，如果实验对象没有完全放松，超自然学家认为实验对象的通灵能力就会消失。这就是许多通灵者被带到实验室后就不能产生结果的原因。如果对他们过多地进行控制，他们就会有不信任感。确实，在超自然研究的历史上，因为实验设计越来越完善，控制越来越严格，所测出的通灵能力都变得越来越微弱。虽然愤世嫉俗的人认为这意味着没有这样的能力存在，但信众认为过多的控制会扼杀实验对象的精神力。怀疑者的存在可能也会抑制实验对象的通灵能力，这就是怀疑者复制出的之前获得成功的实验却总是不能得出积极的结果的原因之一。就像尤达告诉卢克他必须相信原力会起作用，超自然学家认为信仰是他们实验的一个重要组成部分。

现在你知道了通灵研究所涉及的一些因素，那么让我们来看看这样的一些结论，之后你就可以自行决定原力是否"与你同在"。

非常规信息传递——运用原力能实现心灵感应吗

在《帝国反击战》的结局中，卢克挂在云城底下一个看起来像天线的东西上面。卢克使用原力，用意念呼唤莱娅求助。她"听到"了他的呼唤，驾驶着"千年隼号"去救他。当载着卢克的"千年隼号"想要尝试超空间跳跃

1　罗德尼·丹泽菲尔德（1921—2004），美国喜剧演员，他著名的口头禅是："我并没有得到尊重！"。

的时候，达斯·维达通过原力用意念呼唤卢克。不幸的是，你不能"挂断"用原力拨打的电话。

这里的原力使人们之间可以进行心灵感应交流。超自然学家喜欢称心灵感应为"非常规信息传递"，因为人和人之间的信息传递没有使用任何明显的工具。他们找到证据证明我们有能力用意念和别人进行交流了吗？

从刚开始的查理·亨诺登（Charles Honorton），到后来继续他事业的爱丁堡大学的罗伯特·莫里斯（Robert Morris）博士，还有各种各样机构中的其他科学家的一系列实验得出了很有意思的结果。

亨诺登博士设计出一个实验，他希望这个实验会侦测到心灵感应，希望这个实验不存在任何设计上的漏洞或者没有欺骗人和作假的机会。大多数科学家都同意，如果人们确实有心灵感应能力，那么在大多数情况下对大多数人来说，这种感应能力一定是十分弱的。所以亨诺登博士认为，为了促进心灵感应交流，他需要让他的实验对象免受所有干扰，将他们置于理想的状态来"接收"交流。过去宣称和心灵感应交流相关的案例经常和冥想、做梦，或者变换意识状态有关，就像我们在《星球大战》中看到的一样。卢克挂在云城底下的某样东西上，他进入冥想状态呼唤莱娅。在一些实验中，实验人员给实验对象听完令人放松的磁带或者疏导紧张感的磁带后，测试他们的心灵感应能力，实验表明放松的人表现好于那些紧张的人。在另外的实验中，被试者在冥想过后，被测试出心灵感应能力更强了。

为了让他的实验对象尽可能善于"接收"，亨诺登博士将他们放到一个感觉剥夺室中，他们躺在一个倾斜的椅子上，每只眼睛前面都系着半个乒乓球。红色的泛光灯营造出模糊的视野，耳朵上挂着的耳机播放着白噪声（德国超自然学家称为"超感官知觉全域测试"）。在这个没有任何显著的感官界限的迷雾中，实验对象在 15 分钟以内就进入了意识改变状态中。

亨诺登博士选择的信息发送者是实验对象的朋友或者亲人，以增加通灵联系的概率。他将信息发送者和实验对象放到分开的、独立的、隔音的且隔绝辐射的房间里。信息发送者看到电脑随机选择的视频片段，尝试用心灵感应传递图像给实验对象。实验对大脑中浮现的图像或者想法进行独白描述。

当实验对象走出隔离房间的时候，亨诺登或者其他的研究人员会给他展示四个视频片段，让他选择和他在隔离房间中脑海里的想法最相似的片段。实验人员不知道给信息发送人展示的是哪个画面，所以他们对结果不会有任何偏见。

因为向实验对象展示了四个片段，在没有心灵感应运作的条件下，他们应该有 25% 的概率选出向信息发送者展示的图像。但是亨诺登博士的测试显示实验对象有 35% 的概率选对图像，用运气来解释远远不够。而且，最近爱丁堡大学进行的测试发现实验对象有接近 50% 的概率选对图像。这些实验对象真的接收到心灵感应图像了吗？

虽然心存怀疑的科学家还没有很确定地证明结果是无效的，但是他们发现了实验中几个可能的设计漏洞，这些漏洞可能误导了结果。记住，在你看这些的时候，这个实验就像所有的超自然研究一样是用来测量统计学效应的，不是一个绝对的结论。每次当我扔出一本书的时候，重力就会让书落到地面上，但是每次当人们尝试的时候，心灵感应不一定每次都让人们成功进行交流——至少在这个行星上是这样。实验显示实验对象选对片段的概率比随机选择的概率大。任何可能影响到实验目标选对片段的因素都是相关的。

一种可能性是，无意识的相互联系可能在结果中起了作用。比如听到白噪声的人们可能更多地想到的是水而不是性（将你的收音机调到两个台之间的静电噪声区试试看）。如果电脑选择的视频图像恰好经常出现潮汐波浪，而不是两个人在床上，实验对象常常会选择波浪的图像而不是人在床上的图像，这不意味着有任何的心灵感应发生。这只意味着实验对象听到白噪声经常会想起波浪。这就是这样的实验中的一个案例。

另外一种可能性是，在向实验对象展示的四个图像中，他们倾向于选择第一个或者最后一个。如果电脑选择的图像放在第一个或者最后一个向实验对象展示的次数多于放在中间的次数，实验对象就可能在没有心灵感应干涉的情况下选择它们。这只是许多实验中的一个因素。

出于信息发送者传递图像的需要，一个视频片段会一遍一遍地播放，片段就可能受到静电干扰，图像质量也会被削弱。实验对象看视频片段的时候，他可以猜出哪个片段会被使用。

另外一个潜在的危险就是研究人员可能知道电脑选择了哪一个图像，即使他们不应该知道这个信息。研究人员看到了装有视频片段的录像机上的计时器，有目的地获得了这个信息，或者他们根据录像机放完一次片段后倒带的时间，无意识地知道了播放的是哪一个片段。

研究人员可能无形地影响了实验对象对特定的图像的选择。实际上，研究人员在选择过程中，经常和实验对象说话，指出片段中不同的地方，将这些信息和实验对象被隔离的时候说的话联系起来。海曼博士质疑："这是在测量实验对象选出正确目标的能力，还是研究人员的能力？"在产生了50%正确率的实验中，多数成功的例子都来自有三个研究员中的一名的实验，这意味着研究人员影响了结果。

所以超感官知觉全域测试的证据依旧充满争议。你可能认为这些瑕疵微不足道，不太可能发生。关键问题是被发现的瑕疵是否可以解释观察到的结果。在他的超感官知觉全域测试结果的研究中，海曼博士说："刚开始它们给我留下了十分深刻的印象，但是在我仔细检查它们的时候，我发现由42个案例建立起的数据库中的每一个案例都有明显的瑕疵。"伍茨博士认为："如果所有的实验都有不同的瑕疵，但是都得出了相同的事实，那还是很具有说服力的。"作为一名物理学家和完美主义者，要让我接受实验中的瑕疵，实在是忍不住感到不舒服。究竟这些瑕疵是否完整地解释了观察到的效果，这还是不清楚的。

说服大多数信众的不是统计学，而是心灵感应交流上个别令人吃惊的例子。

比如在一个实验中，使用的视频片段是电影《变形博士》（*Altered States*）[1]中的一幕。这一幕的主色调是红色，描绘了含有乱七八糟的形象的、地狱般的幻想：尖叫的男人、大火和烟雾中的人、有一圈日冕的太阳、巨大的十字架、跳下悬崖的人、岩浆和烟、张开嘴巴的蜥蜴。以下是超感官知觉全域测试中实验对象说的话："我看见一个巨大的 X。巨大的 X。我看见前面有一个隧道。似乎是一个有雾的隧道或者有烟的隧道。我走了进去。我很快走了进去……我还是看见红色、红色、红色、红色、红色、红色……啊，忽然间我看到了太阳……那是一种卡通的太阳，圆圈周围有一根根向外放射的线……我踩上了一片玻璃，我的脚上流了一点血……一个有大大脑袋的蜥蜴。"

　　对应关系十分具有说服力。但是这只是诸多实验中的一个。复杂的视频片段混杂了各种各样的图像，实验对象似乎无意中猜出了几个。从科学的角度来看，相关的证据不是实验对象说了什么，而是实验对象最后是否选择了正确的片段（他做了什么）。科学家被个别案例说服后，就会无视许多其他没有显示出对应关系的实验。虽然多数科学家认为这些个别的实验只是侥幸成功，超自然学家断言它们是具有天赋的实验对象，在适合的时间展现出了天赋的例子。

　　我在写这本书的时候也和心灵感应有近距离的接触。在我对"令人惊奇的兰迪"的采访接近尾声的时候，我问他是否可以读出我的思想。他狡猾地说："你在想'是时候该走了，我对你已经够有耐心了'。"

　　谁最有可能有心灵感应能力？根据超自然学家的观点，是那些对心灵感应坚信不疑，并且在冥想、放松和创造力方面受过训练的人。茱莉亚学院表演艺术系学生组选对图像的概率最高，有50％。尤达一直在训练学生具体化意念、冥想和放松，他可能提高了他的学生的心灵感应能力。他可能想要进行一些创造力训练——可能是手指画课程？

1　《变形博士》是由美国著名导演肯·罗素（Ken Russell）执导拍摄的科幻片，描绘出一片意识的异度空间。

原力不存在于我们身上，而是在星际间

超自然学家做了一些很奇怪的实验，来探索、了解通灵现象，下面就是一个这样的例子。帕罗阿图市认知科学实验室的詹姆斯·斯波提斯–沃德（James Spottis–Woode）博士想知道通灵能力和地球上的实验对象与恒星的相对位置是否有关系。他们的相对位置是天文学家用恒星时测算出来的。他发现心灵感应和透视能力在当地恒星时接近13∶30的时候会提高3倍以上。根据斯波提斯–沃德的观点，这个结果意味着天空中的物体对心灵感应能力有某种影响，可能是通过恒星发出的某种信号来发挥作用的。

在偷窥的绝地武士——真的有"千里眼"吗

尤达告诉卢克他可以通过原力"看见"发生在很远的地方的事情，甚至发生在过去或者未来的事情。尤达承认自己已经"观察"卢克很长时间了。我们可以称他为"在偷窥的绝地武士"吗？

传统上，这种可以看见远处的事情的能力被称为"千里眼"，但是科学家又一次想出了他们自己的名字——"遥视"。五角大楼美国中央情报局曾透露他们在过去的几十年里一直在从事遥视的研究。结果正如我们所想的那样，充满了争议。

遥视实验按照几种不同的方式进行。其中一个在旧金山湾附近选择了五个地点。研究人员选择其中一个地点，并到达那里，充当"灯塔"把实验对象的注意力吸引到那个地方。在一个密闭的房间里，实验对象和另外一个研究人员坐在一起，等待"灯塔"到达选址的消息。在收到信息后，实验对象就尝试描

述并画下那个地方。他的评论被录了下来，之后转录为文字。不鼓励实验对象说出物体的名称，比如出"我看见贾巴的宫殿"。相反，他们被鼓励简单地描述或者画下大概的样子。这个方式带来了更加成功的结果，研究人员对实验方法充满信心，解释说通灵能力不涉及大脑的言语部分。伍茨博士解释说："获得的结果是更加广泛的图像和样子，而不是精确的理解。"

在另外的实验中，给予实验对象经纬度坐标，要求他们画出那里有什么，这个实验中没有"灯塔"。无论有没有"灯塔"，实验结果是一样的，这就引发人们思考到底遥视是怎样工作的。如果有"灯塔"，遥视可能和心灵感应没有太大的差别，"灯塔"传递信息给实验对象。但是如果没有"灯塔"，实验对象似乎通过某种精神旅行到了那个地方并且观察了那里。遥视者无论是短距还是远距表现都一样，甚至有时候能看到过去或者未来。一些研究人员，包括伍茨博士，真的相信遥视能通过预知能力起作用。因为实验过后实验对象被带到了实地，所以实验对象早前的描述可能是通过看到未来实现的。

有一次实验，所有的五个地方都被"遥视"，成功配对的数量必须被评估。研究的负责人尝试把实验对象的画和对五个不同地方的描述配对。只是偶然，负责人成功配对的概率是20%。和超感官知觉全域测试实验相似，正确率比能解释的偶然性要高。

20年研究之后，中央情报局聘用了两名研究人员来评价收集的证据。只有一个人——伍茨博士在一些实验对象身上发现了遥视令人信服的、结论性的证据。另外一个人——海曼博士没有发现任何令人信服的证据。帕特霍夫博士是研究项目的创始人，他说海曼博士"承认数据从统计学上来说有重大意义。但是他说这一定是有瑕疵的，甚至他都不能找出瑕疵是什么"。海曼博士解释，虽然此实验比之前的实验设计更加完善，但是他们引入了某些全新的程序，之前都没有试过。"每一次新的程序被引入，就需要时间来找到其中的漏洞。每一个实验中总是有漏洞的。"中央情报局总结说所提供的证据是不充分的，没有任何科学根据，就停止了赞助这项研究。

　　可能我们不能仅仅通过相似的实验辨别出遥视研究中可能存在的漏洞。新西兰奥塔哥大学的大卫·马克斯（David Marks）博士和理查德·卡曼（Richard Kammann）博士是《通灵心理学》（The Psychology of the Psychic）的作者，他们说了一个关于他们尝试复制政府研究人员遥视结果的有趣故事。他们按照相同的程序进行实验，他们很惊讶也很失望地发现他们没有获得神秘重大结果。所有他们的实验对象都不能被称为遥视者。

　　奇怪的是，几乎毫无例外，当实验对象和"灯塔"在实验后来到现场的时候，他们都坚信实验对象准确地描述了现场。他们看到了实验对象和实地各种物体之间的强烈联系，就像我们看到了《变形博士》中的情景和超感官知觉全域测试对象的描述之间的联系一样。但是当一个和实验完全没有任何联系的仲裁人尝试将记录和画与地点清单配对的时候，仲裁人会做出不同的类比和联系。同样，他也坚信实验对象成功地看到了地点，但是他会将描述和地点配对错误。

　　比如，一个地方可能是房子。实验对象和研究者来到房子，发现从房子里看到的街景和这个地方相关的记录中的某些元素一致。相反，裁判可能发现房子的样子和另外一个记录中的某些元素一致。马克斯和卡曼博士称这种现象为"主观验证"，他们说当"出于信仰、期待、假设的需要、关系的需求，两种不相关的事情被认为是相互联系的"时候，就会发生这种现象。如果某人认为记录准确描述了那个地方，在他"脑海中的描述还十分新鲜清晰的时候拜访那个地点，他就会很容易发现描述和地点是相符的"。换句话来说，"可以使任何描述与任何目标相符"。因为不鼓励实验对象具体地说出物体名称，这只会使人更加容易用不同的方式去理解记录。

　　如果真的是这样，那么最早的研究者是怎样获得比偶然性的概率更高的配对准确率的呢？什么使他们的仲裁人这么多次地将描述和地点正确地配对？马克斯和卡曼博士认为这和政府实验的仲裁人得到的地点清单和实验地点顺序一致有关。但这不重要，除非仲裁人也知道记录和画被生成的顺序。如果他真的知道，那么就是简单地把第一个地点和第一个描述配对就可以了，以此类推。但是他真的知道吗？

在检查实验对象帕特·普莱斯——政府遥视实验明星的五份成绩记录单时，马克斯和卡曼博士发现每一份记录都包含了地点描述被记录下来的顺序的线索。比如，在一份描述中，普莱斯表达了自己在遥视能力上的紧张感，从这一点可以得出结论：这是他的第一次尝试。在他的第二份描述中，他提到了这是"今天的第二个地方"，在第三份中，他提到"没有什么比得上可以获得三次胜利"。在他的第五份记录中，普莱斯提到小船坞是第四个地点。如果仲裁人知道拜访地点的顺序，他就很容易百分之百正确地把描述和地点配对起来，马克斯和卡曼确实知道拜访地点的顺序。这样记录中的具体描述是否和地点相符合就完全不相关了。

在其他没有那么戏剧性的案例中，仲裁人至少还原了部分时间顺序，提高了正确配对的记录。一些记录上面甚至有日期！马克斯和卡曼在他们的实验中没有成功地实现更多的正确配对，是因为他们在仲裁人看到记录之前就修改了记录中的此类线索。

对于配对成功率提高是因为记录中提供了线索这个说法，帕特霍夫博士提出了质疑。"为了回应这些批评，我们将整个实验交给了独立的第三方。他删除了所有线索，重新对这些记录做配对。仲裁人所做出的配对和最初研究中的配对一样，证明了马克斯和卡曼的线索假说是错误的。"帕特霍夫博士强调对目标的准确描述产生了正确的配对，而不是线索。

在检查政府实验记录的时候，马克斯和卡曼发现另外一个造成积极结果的可能原因。他们称有一些实验虽然做了但是没有报告出来，这就意味着政府实验选择了最有希望的结果来报告，废弃了其他的。

马克斯和卡曼的工作可能帮助解释了这种高于偶然概率的配对结果是如何产生的。但是研究人员又一次引用了那些似乎能够提供令人信服的遥视证据的个别例子。还是那个记录被用来研究寻找线索的实验对象，他的实验结果就相当成功。这个实验对象帕特·普莱斯是警察局前任局长，他听到有人在警察无线电通信中报告罪案，就会用精神扫描城市，然后派一个警察小分队到那个他"看到"藏有一个惊慌失措的男人的地方。在一场遥视的实验中，普莱斯十分详细地描述了一个地方——游泳馆。所有细节都很准确，除了一点：他的描述中，场馆里面有蓄水池，但是那里没有。之后，研究人员发现在1913年的时候，场馆里确实有这样的水池，所以他们引用它作为遥视看到过去的案例。虽然真的可能是这样，但是在我看来，如果你考虑到在历史的进程中每个地方应该有什么东西，你就会找到一些东西和普莱斯的描述相符。

在另外一个实验中，普莱斯被要求遥视10000英里（16093.44千米）以外俄国的实验和研发工具。普莱斯画了一个起重机和一个庞大金属球的一部分。几年之后，研究人员才发现这些东西真的存在于那个地点。但是许多其他普莱斯看到的东西没有在那个地点被发现。

另外一个遥视者名叫英格·斯旺，一些研究人员称他为"欧比·斯旺"。他决定在美国航空航天局的"先锋号10号"观测木星之前先遥视木星。身为一名职业通灵者的斯旺在人们发现木星光环之前就"看见"了它。

除了我们已经讨论的实验，美国国防部经常咨询遥视"间谍"收集情报。遥视者画出过苏联的秘密水底建筑、朝鲜的隧道和美国将军在意大利被绑架时被拘禁的屋子。他们的描述和画与侦察情况及其他数据对比的时候，据说有15%～20%的准确度。

如果遥视不可能存在，这样的成功率是怎样实现的？有一天我和魔术师詹姆斯·兰迪电话聊天的时候，他提供了一个有意思的例子。当时我在新罕布什尔州，他在佛罗里达。兰迪说他可以"遥视"我画的东西。他叫我画两个简单的几何图形，一个套着一个。我抓起笔很快就画出了两个图形。（如果你也愿意一起玩，就先停下来，画出两个图形。准备好了吗？）接下来，他问我是否在圆圈里面画了一个三角形。我十分惊奇。那正是我画的！（你画的是什么？）我问他是怎样猜到的。他回答说："这就是我们这一行的一个小把戏。我们知道在特定情况下人们有可能画什么。"大多数人在被要求在一个几何图形里面画一个几何图形的时候，他们就会画我所画的。

这就解释了一些积极的结果，但是在"遥视者"没有去过那里的情况下，他们画出来的东西怎么可能会和侦察照片一样呢？兰迪告诉我，关键就是画一个十分常用的图形，这个图形可以用多种方式去理解。如果研究人员想要看到画和侦测照片的联系，他们就会找出联系，就像马克斯和卡曼所说的"主观验证"。为了举一个例子，兰迪叫我画一个狭长的、水平的椭圆形，就像一条虫趴在你的纸上一样。然后在椭圆形的两端向上画两条倾斜的线，这两条线会相交，在椭圆形上面构成一个倒 V。兰迪指出这个画可以从以下几种方式理解：就像一个冰淇淋的蛋筒，一个自动贩卖机里面的老式杯子，一个探照灯，一顶帐篷，一条帆船，一个角，一个帽子。还有其他许多东西。就像兰迪说的，"这和政府实验中的情况十分相似"。

这可以解释所有发现的积极结果吗？因为有这么多的超自然研究，所以这确实很难说。遥视反面的研究，大多数是保密的。伍茨博士和海曼博士都同意许多调查都是可信的，但是政府似乎不愿意继续资助研究了。

但是兰迪基金会提供了 140 万美元给能够说出兰迪在罗德岱堡的家中一个橱柜里锁住了什么的遥视者。橱柜里面有一个简单的家里常见的东西，比如一个橘子或者一瓶番茄酱——出于安全考虑每过几周就换一次。没有人赢得这个挑战。那些声称自己是遥视者的人，兰迪说"他们给出各种各样的借口，他们宁愿观察黎巴嫩或者木星，而不是罗德岱堡，因为他们可以骗他们的客户相信他们说的是真的，但是他们骗不了我。"

这个奖励不仅仅面向遥视者，还面向那些可以在限制条件下展示真实的超自然能力的人。如果你感觉到了原力，想要夺取奖励，你可以从兰迪的网站上获得更多的详细信息。

科学家对《星球大战》中错误的反击

在这本书的引言里，我说我的目标不是吹毛求疵。但是我认为我应该给一些科学家一次机会来分享让他们感到不爽的《星球大战》中的科学错误。

马克·米里斯，美国航空航天局突破性推进物理计划的主管：

"如果你可以捡起一样物品扔向卢克·天行者，为什么不直接把卢克扔出去呢？为什么不在光剑刺向你的时候把它变弯呢？这些东西的本事明显还是有很大的局限。"

维克多·斯滕格博士，夏威夷大学的物理学教授：

"关于他们能够瞬间穿越远距离方面的说法，我是不信的。我认为虫洞存在，但是我不认为人们将有能力穿过那里，然后出现在宇宙的另外一个地方，不管穿越的方式经过多么精心的设计。可能粒子可以这样做，但是整个复合体会被撕碎。"

米格尔·阿库别瑞，德国马克斯·普朗克研究所引力物理研究员：

"最让我烦恼的就是关于宇宙中的爆炸声音。一些东西爆炸了，你就听到一声巨响！爆炸不会发出声音。一方面作为科幻粉丝，一方面作为物理学家，这是具有二元性的。作为一名物理学家，你知道科幻粉丝喜欢的一些事情是不可能实现的，你必须让大脑短路。当你看到一些我们可以做到的事情，他们却做错了，你就会很恼火。"

柯利弗德·皮寇弗博士，生物化学家，《外星人科学》（The Science of Aliens）的作者：

"马克斯·里博乐队里各种各样的外星人音乐家似乎很享受我们音频频谱范围内的音乐。音乐可以进化得如此相似不太有可能。"

马克·斯塔福德（Mark Stafford），阿拉斯加州紧急服务部门的工程师：

"电影中的战斗机在转弯的时候会倾斜机身，但是飞机之所以这样做是因为机翼给它们的升力使其倾斜。宇宙中的飞船应该平行转弯。还有，为什么高级星区总督塔金在《新希望》结尾的时候不炸掉气态巨行星雅文，而要花时间绕开它？炸掉雅文几乎肯定可以毁掉它所有的卫星。"

杰西卡·伍茨博士，加利福尼亚大学的统计学教授：

"这不是一个错误，但是欧比-旺·克诺比的名字在玩文字游戏。欧比（Obi）的读音和OBE（意为灵魂出窍）一样。这是关于一个人有可能拥有OBE能力的小信息。"

斯蒂夫·格兰特，网络生活科技公司的负责人：

"我一直努力不让科学上的不可能性影响我欣赏一个好的故事！关于地球上的事情的电影情节已经足够不合理了，那么为什么还要去抱怨科幻小说中的错误呢？"

绝地武士带我走——意念移物是否能实现

原力使得绝地武士有能力使用意念搬运东西。达斯·维达使用这个能力操纵光剑和卢克决斗，用意念将一块设备扔向他；尤达甚至将卢克的 X 翼从达戈巴沼泽中抬了起来。

有人宣称在地球上也可以做出相同的事情。不使用任何已知的物理工具来移动物体的能力被称为意念移物。就像心灵感应和遥视一样，意念移物也是很罕见的，作用范围很小。实际上，大多数超自然学家认为意念移物可能限制在量子水平上。所以从这点来看，将 X 翼抬起来似乎不可能。

最有希望的结果来自罗伯特·杨博士在普林斯顿工程异常研究实验室做的实验。杨博士是普林斯顿大学工程和应用物理学院的前主任，当一个大四学生的实验似乎在量子水平上找到了意念移物的证据的时候，他对意念移物产生了兴趣。杨博士被意识在这个水平上"创造现实"的可能性迷住了，他自己跟进了这个实验。

许多这些实验都涉及了随机数生成器（RNG），我们之前讨论过这个。在这个案例中，可能数字限制于 1 和 0，所以 RNG 的工作和抛硬币差不多，有 50％的概率是"正面"，有 50％的概率是"背面"。生成器可以每秒抛 200 次硬币，这个速度可以让杨博士收集到大量的实验数据。

杨博士让一个参与者坐在生成器前面，尝试影响结果——让 RNG 产生更多的正面或者更多的背面。如果实验对象没有产生任何效果，那么正面和背面的顺序应该是随机的，每种都有 50％的概率。

杨博士平均了许多实验的结果，他发现了一个很小的效果，他宣称这在统计学上具有重要意义。在一个典型的系列实验中，当参与者尝试在 200 次抛掷中产生更多的正面时，正面朝上的平均数是 100.037，而反面朝上的平均数是 99.966。因此当受试者想要抛出正面的时候，它最后正面朝上的概率不是 50％——正如我们会相信的那样，但是实际上概率是 50.2％。每 1250 次抛掷，就多一次正面朝上。这可能听起来微不足道，但它确实如此。

当然，如果你抛掷两次硬币，你不可能总是得到一次正面朝上和一次背面朝上。你可能很容易获得 100％正面朝上，0％背面朝上的结果，我们不需要意念移物来解释这个情况。如果你抛掷 20 次硬币，你不可能总得到 10 次正面朝上和 10 次背面朝上。但是如果在 20 次抛掷中，如果你抛出 100% 正面朝上，我们就认为这有些奇怪了。实验的次数越多，概率出现这样显著的偏离就显得越不可能。如果你抛掷 200 次硬币，你不会总是得到 100 次正面朝上和 100 次背面朝上。但是如果你抛出 100% 的正面朝上，我们就会觉得十分诡异了。我们必须检查你是不是被恶魔上身了——不过这就是另外一本书的内容了。这一切得出的结论就是，抛掷的次数越多，概率的偏离就应该越小。因为在多次的实验中，偏离会逐渐被平均掉，大量的抛掷应该会产生十分接近各占50% 的结果。

在过去的 12 年里，杨博士检查了 170 次实验中的 91 名不同的被试者的 3.4 亿次硬币抛掷。在这样的数量水平上，实验对象抛出 50.02% 正面朝上的概率是十分显著的概率偏离。这样的结果随机产生的概率是 1/2500。杨博士认为这证明了人们有能力用一年去影响灵敏的机器原件。

为了检测人们是否可以影响宏观的物体，他建造了一个"随机机械级联"，就像嘉年华游戏和弹珠机之间的结合体一样。9000 个大概有半个乒乓球那么大的聚苯乙烯球被 10 英尺（约 3 米）高、6 英尺（约 1.8 米）宽的瀑布带落下来，瀑布上有 330 个短桩可以让球蹦向随机的方向。在瀑布的底部 19 个小盒子连成一排。一般大多数球会落到中间的盒子里，较少会落到两边的盒子里，小球堆叠起的高度构成了一个钟形曲线。杨博士让参与者尝试着影响小球落下的途径，让更多的球落到左边或者右边。他发现参与者可以让更多的球落到左边而不是右边，其中的原因他还没有弄清楚，测试结果随机发生的可能性是 1/3300。

和其他的超自然现象一样，意念移物看起来违反了我们对物理力的认识。杨博士已经进行了让被试者尝试影响远处的结果的实验，远到俄国和新西兰。这些参与者产生的作用和在实验室中产生的作用一样强烈。当参与者尝试实验几天前或者实验几天后影响结果，他们确实也产生了同样强烈程度的作用，这违反了因果关系的原则。

　　维瑟博士认为宏观的意念移物特别难以接受。就像我们在讨论和推动力相关的因素时说的那样，牛顿运动法则之一就是每一个作用力都有大小相等、方向相反的反作用力。维瑟博士指出："如果你推了某样东西，它也会推你。我认为很难理解你怎样希望在大型物体上使用意念移物而不造成可以摧毁你大脑中灰质的反作用力。"

　　杨博士的研究结果还是受到了许多的争议。一些科学家认为科学偏见在这些实验中起了作用，杨博士操控了数据来获得想要的结果。其他人认为测量到的效果太小了，有许多可能的方式来进行解释。但是还有一些人认为他的实验在某些方面是有漏洞的。比如，参与者被单独留在了随机数生成器的房间里，他们可能做了什么来影响机器，不管是有意的还是无意的，比如踢机器，在机器旁边挥动磁铁或者靠在机器上面，制造出某种小型的静电效果。杨博士回应："如果认为实验室20年以来一直在筹谋这种事情，那是无稽之谈，我们得出的成就会一直受这种闲言碎语的攻击。我们的实验包含了多层防护措施。"

　　但是1988年政府对杨博士的工作审核后发现，有一名参与者参与了15%的实验，成功的测试结果有一半来自这个参与者。海曼博士认为这个参与者是实验室的负责人，是电脑程序的真实设计者。"对于我来说，如果运作实验室的那个人就是生成结果的那个人，这个实验就是有问题的。"这可能解释了为什么其他的实验室不能复制出杨博士的结果。政府的审核得出结论，认为如果将从这个实验对象身上得到的实验结果移除出数据，实验产生的效果就会微乎其微，更像是随机发生的。但是杨博士反驳："政府报告太过时了，而且也不是真的。如果你看到这些数据，就会发现没有太大的波动，也没有什么突显的参与者。"

　　认为遥视有可能的伍茨博士对于人类用意念移动物体的能力感到怀疑。她用另外一个理论来解释这个现象。在杨博士的实验中，参与者决定什么时候按下按键开始实验。伍茨博士认为参与者可以看到未来，知道RNG会恰好产生比平均数多的正面朝上次数的时刻。正如我们所知道的，抛掷的次数少，就会出现显著的偏离。当参与者被要求产生更多的正面朝上时，参与者就等到那个时候来临，然后按下按键。按照这种说法，她认为遥视和意念移物的运作原理一样，都是通过预知能力。

即使这样的能力确实存在，它们与原力相关的能力也不在一个水平上。不幸的是，你不会很快就能用你的意念将设备扔向你的敌人或者抬起机器人。杨博士认为我们某天可能造出对我们的微小精神力量敏感的机器，这些机器可以帮助我们执行某些任务。同时，你还可以对放射性衰变施加影响。如果你发现自己被关在囚室里并且有爆能枪对准了你，爆能枪将被镭原子的衰变而触发，这样的能力将会十分有用。

大蜥蜴和绝地大师——动物能获得原力吗

一些我最喜爱的超心理学实验探索了以下几个十分吸引人的问题：

● 为什么在月圆的时候，自动售卖机收的钱会更多？

● 人们可以用意念影响藻类的生长吗？

● 蟑螂有意念移物能力吗？

因为《星球大战》中的外星人可以获得原力，我们可以认为动物也能获得原力。有一个奇怪的实验测试了小鸡仔的意念移物能力。实验使用了 R. 唐吉（R. Tanguy）建造的自动机器人，这个机器人看起来像是一个小型的 R2。它有两个轮子和一个固定的腿，由随机数生成器驱动。随机数告诉机器人怎样移动两个轮子。轮子由几个独立的发动机控制，可以向同一个方向运动，让机器人向前或者向后，或者沿着相反的方向运动，让机器人顺时针旋转或者逆时针旋转。机器人被限制在 3 英尺乘 5 英尺（约 1 米乘 1.5 米）的长方形表面上，在里面随机移动。

与法国马塞尔和莫尼克心理物理基金会合作的雷内·皮欧克（Rene Peoc'h）博士想要测试小鸡仔是否可以影响机器人的移动。小鸡仔白天的时候喜欢光线，如果忽然把它们放到黑暗中，它们就会乱叫。皮欧克博士将小鸡放到盒子里，盒子底部是长方形的表面，上面有机器人。小鸡被放到右边。机器人头上有一根点燃的蜡烛，然后把灯关了。小鸡们可以影响机器人，让机器人把蜡烛移过来驱散黑暗吗？

皮欧克博士测试了机器人在盒子左边花费的时间和在盒子右边花费的时间。在有小鸡的实验中，在71%的测试中，机器人在右半边花的时间更长，离小鸡更近。在没有小鸡的空盒子里，机器人在左半边和右半边花的时间一样多。

看完这个实验，我忽然产生玩心，想要测试我的大蜥蜴伊格默的意念移物能力。我想出了一个完美的实验：在机器人头上放一盏加热灯，看喜欢温暖的伊格默是否可以让带着灯的机器人靠近它，让它感到舒服。接下来，我意识到伊格默已经完全掌控了温暖与舒适。我就是机器人，负责满足伊格默的每一个欲望，拿来加热灯，拿走加热灯，让它出去，让它进来。可能它真的有原力。但是这意味着我意志薄弱吗？

我之前提到1988年政府对杨博士工作的审核。这个审核所调查的研究范围更加广阔，包含了所有超自然能力的最佳证据。应美国陆军的要求，调查由国家调查委员会进行。如果有任何超自然能力存在，陆军都希望他们的士兵拥有它们。毕竟，士兵被要求"做所有你能做的"。在讨论超自然能量可能的应用时，报告称："情报收集……在对方不知情的情况下，把想法植入到他的大脑中。"报告的作者也想象了"由'武僧'构成的'第一地球战队'，'武僧'掌握几乎所有的委员会考虑中的技术，包括使用超感觉力、灵魂出窍、悬浮、精神治疗、飞檐走壁"。听起来就像绝地武士，不是吗？

不幸的是，报告总结说："超过130年的关于超自然现象的研究没有产生任何证明其存在的科学的理由。"参与审核的海曼博士表示："确实存在许多证据，它们可能不是好的证据，但是也算是证据。"

然而，伍茨博士认为："我们已经证明了它的存在。但是我不认为在我们得出一个合理的解释之前，我们可以走出这种怀疑的僵局。我很清楚这一点。作为一名统计学家，我和物理学家看待数据的方式不一样。我想我们已经有数据了，只是我们没有证据。"

甚至像海曼博士那样的怀疑论者也说："不要太早下结论，在我有生之年，超自然能力是否存在这个问题不会有定论。"虽然他们的报告得出的是消极的结论，但是全国研究委员会建议将来意念移物、遥视和心灵感应的研究都应该受到陆军的监控。以防万一。

一个可以一次性证明超自然能力是否存在的实验依旧很难实现。但是某一天，这些充满争议的实验结果会被接受或者获得解释，甚或可以操控。尤达更喜欢操控它们。

虽然地球上还没有出现原力存在的证据，我们也许可以去检测与我们当前理解的宇宙相违背的现象。即使这样得到的结果可以通过实验错误或者其他因素解释，然而，真相依旧是量子水平上的——虽然我们可以描述发生了什么，我们却不清楚它为什么会发生，甚至它怎样发生。这些谜团依旧没有被解开，到最后谜团被解开的时候，我们会发现我们生存的这个世界令人着迷而又匪夷所思的真相，同时还会发现更多谜团。这就是科学激动人心而充满挑战之处。

虽然科学远远落后于"遥远的银河系"，但是《星球大战》上映几十年以来，我们已经在追赶乔治·卢卡斯的想象上有了很大进步。以前那个看起来不可能的、充满行星和外星人的宇宙，现在似乎越来越具有可能性。之前看起来稀奇古怪、从物理角度看不可能的科技，如今我们起码可以从理论上去理解了。可能再过几千年，我们将生活在一个我们梦想过的、和《星球大战》很像的世界里。

后记

"他没有父亲。我独自怀胎，我生下他，我抚养他长大。我也不知道是怎么回事。"

——施密·天行者，《幽灵的威胁》

在引言中我曾经提到过，本书成书时，《幽灵的威胁》还没有上映。本书之所以能囊括这部电影中的诸多元素，如纳布星球、加·加·宾克斯、双刃光剑、STAP 载具等，完全是因为我提前做足了功课。虽然对这些"剧透"信息了如指掌，但在电影中将这些元素加以引证的时候，我还是会大吃一惊。

在本书的平装本付梓之时，很幸运，我获得了一个添加批注、继续饶舌的机会。至今，《幽灵的威胁》我也看了几遍——比我在书中承认的次数还要多得多——它为《星球大战》的宇宙拼图打造了新的碎片。不过，最让我瞠目结舌、走火入魔，甚至引发了诸多争议的新元素就是"迷地原虫[1]"。不管我去到哪里，星战粉们都会问我迷地原虫的真实性，以及"原力"在科学上的可信程度。正如我们在第五章中讨论的那样，"原力"所带来的费解问题与迷人的可能性将

1　迷地原虫（Midi-chlorian），又译作"纤原体"。

会一如既往地存续下去。迷地原虫概念的提出虽然为"原力"提供了新的解释，但也引出了它自己的问题——以及更多的可能性。

浓缩的都是精华——迷地原虫是怎样一种存在

在这部电影中，我们了解到，迷地原虫是一种微型生物形体，它寄居在生物的细胞中，利用原力相互沟通。在《幽灵的威胁》小说中，我们能获得更多细节。迷地原虫具有集体意识和集体智慧。迷地原虫一旦灭亡，生命也就无从谈起。它们为生命的存续提供必要的支持，也能获得生命的反哺。因此，迷地原虫及其宿主是互惠共生的关系。

不过在我们的宇宙中，并不存在迷地原虫这样的生命——如果硬说有的话，最接近的生命结构无非是线粒体而已。线粒体是生命体细胞中的微型结构，形状和香肠类似。这样的结构，或细胞器官，广泛存在于人类、动物、植物、菌类——即地球上各种宏观生命的细胞中。它们一般位于细胞核四周的细胞质当中，携带着自身独有的 DNA 和基因，与细胞核相对独立。

你可能还记得，生物老师将线粒体称为"细胞的动力工厂"，其提供的生化能量可以维持细胞活性。在呼吸作用过程中，线粒体摄入我们饮食当中的糖类、脂肪酸、氨基酸等物质，利用氧化过程降解，释放能量。然后，线粒体会产生三磷酸腺苷（ATP，即最方便身体取用的一种能量存储物质）。ATP 是细胞用于制造蛋白质、脂肪、碳水化合物和核酸的"燃料"。除此之外，它还能协助细胞间的物质运输，在人体运动时促进肌肉收缩，甚至在细胞间传递神经冲动。根据所处的细胞类型不同，线粒体的形态多种多样，大小千差万别，数量可多可少。需要大量供能的细胞，如肌肉细胞，线粒体的含量会更高。一般来说，细胞内线粒体的平均含量约为数百个。

因此，和迷地原虫一样，线粒体存在于细胞当中，存在着多种的生命形式，还为我们提供着不可或缺的能量。不过，线粒体生成的机制是怎样的？为何它们广泛存在于生命体之内呢？欲解答这个问题，可能我们必须找到接下来这个问题的答案：迷地原虫是如何出现的，它们又是如何成为生命体的一部分的？

科学家们在研究人类进化史的同时，也对以下问题进行了调查：细胞是如何进化为如此复杂的结构的，以及线粒体是如何产生并成为细胞的一部分的。因为线粒体和细菌具有众多相似点，大部分科学家坚信，线粒体的前身曾经是独立生存的个体。不过这种细菌相当智能，它们具备一套高效生产、储存能量的系统。一项理论指出，大概15亿年前，一个原始的、类变形虫的单细胞生命体吞噬了这样的细菌并与之结合。两个生命体形成了一个完美的互惠共生关系。细菌能够获取能量，并在呼吸作用中将其释放，产生能量，以供细胞使用；细胞则为细菌提供了稳定的生存环境，以及源源不断的营养供给。

随着共生关系的进一步繁荣，宿主细胞为了维持两者的协作，渐渐打破了这民主关系，开始独断专行起来。细菌所有的一些非必要基因慢慢消失殆尽，其他的则转移到宿主的细胞核内。虽然细菌保留了自己的部分基因（用于持续创造能源的基因），但它也失去了独立维持机能的能力，并逐渐进化成了今天我们所知的线粒体。在共生关系中，任何一方都不能脱离对方独立存在，因此这种独立性的丧失在自然界并不鲜见。

我们大可以假设，迷地原虫的进化方式也遵循此道。既然线粒体的细菌祖先和原始细胞可以形成绝妙的共生，迷地原虫的祖先也可以和细胞建立互惠关系。

不过出现类似进化的可能性很高吗？假如在某个未知的星球上确实存在迷地原虫的细菌祖先，它们能顺利地被原始单细胞生命吞噬并实现进化吗？在第二章中我们曾经讨论过多种进化演变的形式，并通过确认物种在地球上独立进化的次数来评估其可能性。那么，线粒体经历了多少次独立进化呢？

虽然科学家们至今仍无法确认线粒体的细菌元祖究竟是哪一种，但大部分人就线粒体独立进化的次数还是达成了共识——次数为一。所有复杂生命体中的线粒体的进化均来自一次"突变"——即原始细胞吞噬细菌元祖的瞬间。这意味着这种进化方式的可能性极低。戴尔蒙西大学的生物化学、分子学、进化生物学教授迈克尔·格雷（Michael Grey）博士研究发现，其他行星上的生命体拥有线粒体的可能性很低，但仍旧坚信外星生命势必存在"某种共生关系。在地球上，共生关系是生命的固有特征。多数生命体——事实上我很难想到任何反例——都在某种程度上和其他生命体存在联系，难以独立生存"。

　　然而，迷地原虫却广泛存在于所有生命体的细胞中。奎-刚大师曾说："没有迷地原虫，生命也就不复存在了。"这意味着正如上文我们所假设的那样，原始单细胞生命体确实吞噬并同化了迷地原虫的细菌元祖。不过，如果我们接受了"迷地原虫是生命存在的前提"这一假设的话，就会面临一个巨大的问题。迷地原虫又是从何而来的？除非它的进化是一蹴而就的，否则就必然存在着一个更原始的先祖。但这个更原始的先祖体内并无迷地原虫，它又是怎么存活下来的？

　　所以，我准备给奎-刚大师的言论换个说法。可能他的意思是："没有迷地原虫的存在，多细胞生物就不复存在了。"正如我们所知，绝地大师嘴里的"真相"总是有些靠不住。如果这是奎-刚大师所言的真意，那么线粒体还真算得上是不错的类比。线粒体并非所有地球生物共有的，细菌体内就并没有这种结构。不过，地球上的复杂生命体内确实都能找到线粒体的存在。格雷博士说道："大部分高级生命形态的存续都依存于线粒体，它算是多细胞生命的标配。"因此，对迷地原虫做出类似论断完全是合情合理的。

　　不过，"迷地原虫广泛存在于所有复杂生命体内"的理论存在着一个问题，即不同星球上物种的差异性。正如我们在第二章中讨论的，相异星球上的生命可能存在着根本性的差异。外星生命拥有和地球生物相同 DNA 分子及遗传密码的可能性几近于零。因此，不同行星上的迷地原虫怎么可能拥有相同的元祖细菌呢？回顾一下科恩博士的论断："在其他行星上寻找和地球上的恐龙或人类相同的物种，比在太平洋远洋小岛寻找一个能说纯正德语的人还要难。"外星生命所经历的很有可能是一条全然不同的进化路径，亲历了截然不同的历史。那么，外星生命有可能拥有和地球生物相同的线粒体吗？对此，格雷博士说道："我看不到任何的可能性。"

不过，相较于科恩博士的论断，我们的处境可能要稍微乐观一些，因为细菌是一种极为古老的生命形式，在进化过程的早期，其进化就已经在悄然进行了。我们大可以假设在其他行星上是可以进化出相似的生命形式的。事实上，科学家们一直认为，即便我们在其他行星上发现了生命，它们应该也是以单细胞细菌的形态存在的，不过，其形态可能会和地球上的细菌生命大相径庭。

如果迷地原虫在所有生命中的存在形态完全相同，那么比"在相互独立的星球上却进化成了相同形态"更有说服力的说法是，迷地原虫的元祖细菌在某一行星上实现了高度进化后，被其宿主带到了其他行星上。这就意味着，其他行星上的生命最初一直维持在单细胞的原始阶段，当迷地原虫的元祖抵达后，进化逐渐解锁。细菌元祖抵达其他行星后，和原住生命无法和谐共生，不得不根据不同星球的环境开启相应的进化过程。尽管这个理论存在一定的可能性，但并没有说服我。据我猜想，当原住生命进化为足以实现太空旅行的文明物种后，迷地原虫也丧失了脱离宿主生存的能力，就和我们体内的线粒体一样。由此观之，迷地原虫的细菌先祖早就灭绝了，植根于外星的多细胞生命也就不复存在了。

让我们再考虑另一种可能性。我们先来假设，外星多细胞生物需要某种特定的细胞器官生产能量，就像地球生命对线粒体的利用一般。这个假设看起来合情合理。如果假设成真，那么所有行星上的全部多细胞生命都拥有类似于线粒体的细胞器官。但各个行星上的生物共享"同种"线粒体的可能性微乎其微。更可能的解释是，不同行星的生物会演化出各异的供能器官。拥有这种器官的生命所在的星球才能衍化出纷繁的物种。类似地，如果生命体确实拥有与原力相关的媒介器官，不同星球的生命也会创造出属于自己的"版本"。可能绝地武士们会将不同行星上从事相同机能的细胞器官统称为迷地原虫。

这样一来，我们就能想象出一个宇宙；在这个宇宙中，所有的复杂生命形式的每个细胞中都寄居着迷地原虫。但这样的媒介器官真的能实现迷地原虫的功能吗？

"我有种不祥的预感"——迷地原虫如何具有感知原力的能力

据说迷地原虫是以原力为媒介进行沟通的，如果一个人体内具有高浓度的迷地原虫，他甚至能"听到"原虫向他倾诉"原力"的意愿。因此，绝地武士们会对某个事件"有不祥的预感"，或者"感受到原力的扰动"。

在这些情况下，迷地原虫成了绝地武士额外的"感觉器官"，协助宿主与环境中的原力相互感应。正像我们能够感受到地震中大地的震颤，看到飓风天气中的漏斗状积云一样，若迷地原虫感受到毁灭能量的聚集，绝地武士就能感受到"原力扰动"的乱流。

在本书第二章中，我们曾讨论过我们和动物在感知外界环境方面的差异性。海豚和蝙蝠可以通过超声波来锁定物体的坐标，探寻物体的形状。很多动物对特定的味道异常敏感，并借此完成交配，或远遁以逃离威胁。其他动物甚至拥有异乎寻常的感知能力。某些鼹鼠、鱼类、鲨鱼和鳗鱼的头部都带有特殊的感觉器官，能侦测到周边水域中电场的变化。一些鸟类、昆虫、海龟、蝾螈能感知地球的磁场，并借此定向和导航。这些动物可以轻易获取人类难以企及的信息，感知人类漠视的力场。怎么样，听起来是不是有些耳熟？

在第二章中，我假设《星球大战》电影中的人类和地球人在生物学上是无二的。现在我们已经知道，两者之间至少存在着一项差异。电影中的人类拥有迷地原虫，而且离了这些寄生生物就无法存活。如果这是两者唯一的差异，那么迷地原虫是否为宿主超乎寻常的能力的源泉呢？类线粒体细胞器官是否能赋予我们额外的感知能力呢？

　　首先，我们先看看那些能感知地球磁场的动物。不同种类的动物也拥有相异的感知磁场的方式。不过我们的科学家在这方面的认知也不过皮毛。许多生物——如细菌和海龟——的某些细胞内蕴含着一种磁性矿物质——磁晶，有理论称，对这些动物来说，磁晶就像一个个小号的罗盘，协助动物探测地球的磁场。在某些情况下，这些微小的磁晶在磁场感知器官中还会汇聚成链，组成一个更大的罗盘。科学家还坚信，其他动物——如某些鸟类或蝾螈——眼部的视觉感受器细胞，能感受到外界的磁场。虽然感受细胞本身没有磁性，却具备一定的顺磁性，从而对磁场做出反应。当眼部细胞感受到外界磁场的时候，这些动物就能"看到"磁场。

　　虽然在《星球大战》系列电影中，我们并没发现剧中人物长着独有的感受器官，但他们确实能像上述的动物一样，凭借着这项能力从外界环境中获取附加的信息。正像细菌可以通过细胞内的磁晶感受磁场一样，绝地武士们也可以通过迷地原虫体内的某些分子或矿物质感受到原力。如果迷地原虫能识别出原力辐射的力场，而迷地原虫含量丰富的人又能"聆听"原虫的窃窃私语，那么他们或许能轻易感受到周围原力的变化，即原力的扰动。

　　格雷博士还将迷地原虫与植物细胞内的叶绿体进行了类比。和线粒体类似，叶绿体也是细胞内用于生成ATP的重要器官。在植物体内，与之对应的生化过程称为"光合作用"。科学家们相信，叶绿体也是由类似线粒体的细菌元祖进化而来的。叶绿体中的叶绿素分子能够充分吸收太阳能，将其转化为生化能量。格雷博士解释道："在我们的设想中，一个个体能够辐射出一种形式的能量，如太阳能，这种能量也能被另一个体吸收。这就是叶绿体吸收太阳能的原理。"那么，迷地原虫可能也拥有吸收原力的接收器，并将其引为他用，比如让绝地武士跃至半空，做出一系列酷炫的动作。

　　电影中还说，生物能制造原力。那么迷地原虫不仅能感知、吸收原力，还能释放原力。它们是怎么做到这点的呢？为了探究这个原因，我们得将视线转移到能探测电场（而非磁场）的动物身上。一些能感知电场的动物，如某些鱼类或鳗鱼，能释放一系列短促——每秒 120 次到 300 次不等——的电脉冲，在体外四周铺设电场，借以感知外界环境中的电场。不过这并非电鳗用于捕猎的麻痹性强电场，其能量相当微弱。那么它们的目的何在？

其实在水中，所有动植物都会辐射持续的弱电场，大部分并非刻意为之。不过对电场异常敏感的鱼类对电场的感知力要比其他鱼类强上 100 倍。当其他动植物进入这种鱼类的电场领域内，会对该电场造成不同程度的畸变，这些鱼类就能迅速感觉到这微妙的变化，从而在漆黑的环境或乱流中迅速发现闯入者，甚至探测到隐藏在水域底部砂层中的危险。

如果一个人在感知原力之余还能在体表形成自己的原力领域（和上述的鱼类类同），就必然会向外辐射原力，就能凭借自身原力领域的畸变来识别闯入者；同样，他的出现也会被其他绝地武士识破，就像《新希望》中达斯·维达寻找欧比-旺那样。

不过，这个假设还得建立在一个前提上：《星球大战》电影中的人类除了拥有感知和辐射原力的特殊器官之外，和现实中的我们并没有其他差异（我们也可能拥有类似器官，只不过还没探索到）。对电场敏感的鱼类已经拥有了一套释放电脉冲和感知外界电场的完备系统，才能对周围的状况一"览"无余。

上文中，我们假设《星球大战》电影中的人类确实拥有额外的感受器官，不过，如果我们认真看过电影的话，就会发现类似的器官压根就没出现过。他们所需的原力辐射和感受器官，需要通过感受神经和大脑相连，而且大脑还能识别并分析原力脉冲。格雷博士认为，欲完成如此复杂的反应机制，细胞必须通过某种网络结构有序相连。"如果拥有某种能够实现细胞传递的生化递质，并相互联系为网络，这个想法就有可能实现。最终相应的神经网络还是必须的。"科学家们正在上述不同种类的动物体内寻找类似的网络系统，如用于搜集分析电磁场变化的电脉冲接收器和神经通路等。如果我们接受了"《星球大战》电影中人类和我们在生物学上并不相同"这一设定，也就不必大费周章地为两者的不同构建理论性的解释了。不过仔细想想，除了和原力相关的能力之外，两种人类几乎看不出什么差别，这还是有些奇怪。与此同时，这个设定也揭开了原力的神秘面纱。如果原力感应器官确实存在，科学家们和《星球大战》电影中的绝地武士就能对其了如指掌，原力存在的原理也能迎刃而解。这样一来，原力的存在就不关乎个人信仰的问题，而是客观事实。

不过，考虑到原力神秘的特性，更合理的解释是，原力的感受体和发射体会以一种更为隐蔽、罕见的形式发挥作用，而《星球大战》宇宙中的科学家对此尚无了解。如果感受体和发射体并非集中于特定器官，而是广泛分散且作用于各个细胞（就像叶绿体那样），并且可以通过某种化学递质将信息传递到脑部的话，《星球大战》电影中的人类就可以保持与常人无异的形态。这样一来，原力所包含的信息，就能通过与传递感受信息相异的路径输送至脑部，人们也可以通过训练掌握"倾听"原力的技巧。

即便我们承认迷地原虫具有感知原力的能力，第五章中我们所讨论过的问题也依旧存在。人们可以感知千里之外的原力信息，甚至在事件发生前预知原力的扰动，这些都是违反基本的物理定律的。对电场敏感的鱼类也只能感知两个体长之内的电场波动而已。

最后为大家提供一个小趣闻。如果把一条鱼放置在适度的强电场中，它的肌肉会出现无意识地收缩，迫使它向一个特定方向前进。在电影中，绝地武士"思维控制的小把戏"能通过原力控制他人的行动。我们可以将两者做一个类比。

"原力在我的家族血脉中澎湃"——迷地原虫如何通过血脉代代相传

迷地原虫的另一特征是：其聚集浓度可以通过血脉在人类中代代相传。卢克曾说，原力在他家族的血脉中澎湃。奎-刚大师也曾向施密打听过阿纳金父亲的身份，其实他是想了解阿纳金体内迷地原虫的高浓度从何而来。不过奎-刚并未对施密的体质做过任何检验，看来父方才是原力体质能否得到继承的决定方。

有趣的是，就线粒体来说，母方才是决定的关键。虽然人类的卵子和精子内都存在着线粒体，但在受精过程中，卵子会将精子中的线粒体全部杀死。卵子中的线粒体得以生存，因此人类体内的线粒体均来自母方，线粒体内的 DNA 也全部来源于母亲，跟父亲没有一丝一毫的关系。大部分动物都遵循此规律。如果迷地原虫也不例外，那么父方并不能决定孩子体内迷地原虫的数量浓度。母亲才是一切的关键。

不过，迷地原虫的作用方式可能正好相反，在受精过程中，母方的原虫损失殆尽，而父方的原虫得以保留。在极少数的物种身上，会出现这种罕见的情形。

那么，不同个体之间所继承的迷地原虫的强度会表现出差异吗？这是当然的，就和线粒体的继承差异是一样的。线粒体内的遗传因子可能是有益且完美的，也有可能是变异且残损的。100 种以上的人类疾病源于线粒体基因缺陷。线粒体基因突变的速率是细胞核基因的 10 到 20 倍，这是由于线粒体从事的机能，即产能，是一个"高危工种"，会对线粒体 DNA 造成不可逆转的损伤。DNA 一旦损坏，细胞产能的效率将下降，如果类似情况出现在某些组织中，组织的机能会大幅受限，甚至死亡。科学家们认为，线粒体的功能衰退正是造成人类衰老的原因。因此，母方线粒体的健康与否和损坏程度会直接影响继承者体内线粒体功能的强弱。以此类推，继承自父方的迷地原虫也会有强弱之分。

决定原力强弱的另一个因素就是迷地原虫的浓度。从电影中我们已经知道，阿纳金体内迷地原虫的浓度值为 20000，比已知的任何人都高。我们假设他细胞内迷地原虫的数量恰好为 20000。为什么迷地原虫在人类体内的浓度含量会存在差异呢？

人类细胞中线粒体的平均数量约为数百，在不同功能的细胞中，数量也会存在很大差异。精子中线粒体数量在 50 ～ 100 之间——足以支撑精子抵达卵细胞。卵细胞，或卵子内约有 10 万个线粒体——足以孕育一个崭新的人类。不过，不同个体的线粒体浓度却大致趋同。虽然线粒体确实有"强弱"之分，却无数量之别。你的肝脏细胞中线粒体数量和我的并没有什么差异。

细胞核 DNA 是决定线粒体数量的关键。如果出了意外，细胞创造出了多余的线粒体，细胞核就会暂停生产过程，直到线粒体数量降至正常水平。但迷地原虫似乎并非遵循这个规律，不同个体间会存在天差地别的数量差异。不同个体的细胞核对迷地原虫数量的控制指令不同，阿纳金的 DNA 会促使迷地原虫的产生，直至细胞含量达到两万。而波巴·费特的 DNA 则会在原虫浓度达到 50 的时候叫停生产过程。

由此观之，一个人体内原力的强弱取决于两个因素：迷地原虫的 DNA（决定原虫的质量或强度）和细胞核的 DNA（决定原虫的数量）。许多死忠粉丝推断，乔治·卢卡斯之所以引入迷地原虫这个概念，是在为未来的《星球大战》系列电影设置悬念。如果"迷地原虫是原力的载体"这一隐含意义属实，我们不妨做个设想。

如果我们想人为地提升个体的原力，单纯注射大量的迷地原虫还是远远不够的。即便受试者的身体能够抵抗排异反应，细胞核也会将迷地原虫的浓度控制在正常水平。

如果我们想创造一个具有强力原力的个体，单纯凭借克隆技术——至少单靠一位男性绝地武士是远远不够的。克隆过程中，我们首先要移除卵细胞的细胞核，将之替代为克隆对象的细胞核。假设，我们需要克隆阿纳金，那我们就需要将捐献人卵细胞的细胞核剔除，并将阿纳金的细胞核注入其中。这个经过处理的卵细胞在适宜条件下会成长为阿纳金的克隆体。克隆体细胞核内的 DNA 和阿纳金的并无区别，但线粒体 DNA——迷地原虫 DNA 也极有可能——来自卵细胞捐献者，而非阿纳金。若要制作一个阿纳金的完美"翻版"，即克隆体拥有的原虫数量和阿纳金全无差异的话，我们需要引渡的不仅仅是阿纳金的细胞核，还有他细胞内的线粒体和迷地原虫。这并不难——我们已经在小白鼠身上尝试过，而且很成功，但和普通的克隆过程相比还是略显复杂。这样一来，我们就能创造出一个像阿纳金一样拥有强力原力的绝地武士。"克隆战争"也会变得更加有趣。

你确定那晚没有酒后乱性吗——关于迷地原虫的生物学解读

不过，关于迷地原虫最大的争议在于，它们在阿纳金的身世之谜中扮演了可疑角色。据阿纳金的母亲施密所说，阿纳金没有父亲。我的第一反应就是她在说谎。直到今天，我仍是这么认为的，对于乔治·卢卡斯那套说辞我并不买单。他笔下的施密是一位诚实智慧的女性，从不说谎。但星战的狂热粉丝也给出了不少猜测——比如施密是在服药后发生的性行为，事后就忘记了；她是在无意识的情形下人工受孕的；她被外星人绑架，等等，但这仍和乔治·卢卡斯的原意相悖。施密也曾说她对自己受孕一事无法给出解释。我们能吗？完全脱离父方的孕产是可行的吗？

在某些种类的动物中，类似的孕产是存在的，被称为"孤雌繁殖"（也称"单性繁殖"）。这个单词来源于希腊语，本意是"贞女产子"。在孤雌繁殖中，卵细胞或卵子并未与精子结合，而是直接发育成健全的后代。很多动物，如昆虫、爬行动物、驯养火鸡都能通过这种方式繁衍后代。一些通过孤雌繁殖繁衍的物种有雌无雄，即除此之外别无他法；还有一些物种的选择余地更大些，既可通过孤雌繁殖，又可以通过寻常的雌雄结合繁衍后代。

火鸡就属于后者。当雌雄结合的方式遭遇阻碍（比如，雄火鸡的精子计数低，或罹患鸡瘟）的时候，火鸡就会选择单性繁殖。不过，火鸡单性繁殖的后代均为雄性，而且其中只有 20% 是可育的。

还有一些物种，其孤雌繁殖并非自然反应，而可以通过人工刺激实现。这项技术已经广泛用于多数动物实验：未受精的卵细胞可以被技术"哄骗"，从而像受精卵一样发育。在 1900 年，雅克·洛布（Jacques Loeb）对青蛙卵施以针刺后，发现部分蛙卵开始持续发育，和受精卵没什么两样。兔子的卵子可以响应温度变化和化学变化。不过大部分人工刺激的卵细胞会出现发育异常的状况，比如，哺乳类胚胎在完全成形前会停止发育。截至目前，还没有任何一例人类孤雌繁殖成功的案例（无论是自然的还是人工刺激的）。那么对于人类来说，单性繁殖是否可行呢？

两年前，研究员们发现了五例蛇类单性繁殖的案例，在研究中尚属首次。一开始，科学家们对此持怀疑态度，因为雌蛇可以将精子在体内保持数年之久，以备繁殖之需。但研究对象中，一些雌蛇从未和雄性蛇类接触过，最终还是产下了幼蛇。虽然大部分后代在胚胎期夭折了，但是若干条幼蛇还是成功孵化，并且存活下来。DNA 检测表明，幼蛇体内的 DNA 完全来自母方，科学家们这才相信，在缺乏配偶的情景下，蛇类也可以进行单性繁殖。如果雌蛇找不到可交配的雄蛇，就会进行孤雌繁殖。

那么如果施密在与人类男性完全隔绝的环境下生活数年，且身边都是沃图、贾巴、比布·福图纳之流，她会不会在脱离父方的条件下，自行产子呢？科学家们坚信，哺乳动物的 DNA 并不允许哺乳动物（包括人类在内）进行单性繁殖。精子和卵子内 DNA 所携带的遗传因子是相异的，只有两者同时出现的时候，胚胎才能正常发育。

尽管如此，单性繁殖还是阿纳金身世由来的最简单的解释，不过只有一个疑点，即阿纳金是男性。如果人类真的能够实现单性繁殖，其后代必然是女性。从本质上说，在单性繁殖中，后代其实是卵细胞自相结合的结果。既然卵细胞内含有一半源自母方的遗传因子——通常状态下另一半遗传因子源自父方的精子，那么后代应该只会继承母方的特性（假设基因突变不予考虑）。人类和其他哺乳动物相同，其性别取决于 X 染色体和 Y 染色体。染色体是 DNA 深度压缩形成的链状聚合体。雌性有两条 X 染色体，雄性有一条 X 染色体和一条 Y 染色体。既然在单性繁殖中，后代只能继承母方的 DNA，即不会拥有 Y 染色体，也就不可能为男性。

那阿纳金的来历就有些扑朔迷离了。当然，历史上还有另一位声名煊赫的大人物也是由"童贞女子"产下的。

为了探究新的可能性，我们必须开个"脑洞"——事实上，要"脑洞"大开。其实还有几种可能性在等待我们探索，但其成立的可能性几乎为零。毕竟，如果这些可能性悉数成真，我们就会遇到一大群能实现单性繁殖的女性。我在下文中讨论的，是最具可能性的解释。但话说回来，这些最具可能性的解释还是非常非常不可能的。

人类和大多数动物具有遗传镶嵌性。让我们回到个体受孕的时刻，那时的你还只是一个受精卵。受精卵内包含着所有足以发育成完整个体的 DNA。在卵细胞持续分裂的过程中，DNA 也在不断复制，以保证每个细胞能够获取相同的 DNA 集合；至少它的作用机制是这样的。在实际中，DNA 复制并不能保证每一次都是尽善尽美的。一旦错误出现，即卵细胞分裂出一个具有 DNA 缺陷的细胞，那么后续影响就会源源不绝。DNA 有缺陷的细胞继续分裂，所有的子代细胞、细胞系都会携带相同的 DNA 缺陷。这样一来，你的身体中就包含两类细胞。其一携带着原始 DNA，其二携带着缺陷 DNA。遗传镶嵌性就此得以体现：并非你体内所有的细胞都携带着相同的 DNA。

不过直到近几年来，科学家们才开始意识到镶嵌性的真实含义。现在学界已经广泛认同，人类是具备遗传镶嵌性的，每 100 万个细胞中就会发生一例 DNA 的遗传错误或变异，而人类身体内共计约有 10 兆个细胞。遗传镶嵌结果的利害与否取决于 DNA 携带的错误基因的种类、细胞系中含有缺陷 DNA 的细胞数量以及这些细胞所在的位置。

对部分人来说，基因的镶嵌性在卵细胞受孕伊始就开始了，在后期会衍生出更加明显的基因差异。可能一个卵细胞会畸变出两个细胞核，并分别和两个精子结合。两个受精卵同时生长、分裂。尽管从遗传角度来说，这两个细胞并不相同，但却共同参与到形成胚胎的过程中。结果就是，这两簇细胞会分别生成两个互异的人体 DNA 构架。该情况类似于单个人体中包含了两个人体的细胞。实际上，这种情形在动物和人类中有过先例，也被记录在案。赫尔曼芬奇健康科学大学／芝加哥医学院的产科学、妇科医学、微生物学、免疫学教授阿兰·比尔（Alan Beer）博士也说过"这一点是毋庸置疑的"。显然，对胎儿来说，上述情形是个严重的问题。如果胎儿的健康问题并不严重，一些良性的失败镶嵌结果会从体貌上表现出来，例如婴儿的一条腿较另一条略长，一只耳朵较另一只位置略高等。不过，如果婴儿身体内大部分细胞拥有相同的 DNA，只有少部分细胞拥有第二套 DNA 的话，婴儿还是能表现出正常体貌的，镶嵌效果也不会特别明显。

那么，我们假设施密就具备上述的遗传镶嵌性。她体内绝大部分细胞有相同的 DNA，且 DNA 携带的遗传因子完全正常，但还是有极少数细胞携带不同的 DNA。这些细胞存在于施密的卵巢中，有些还形成了卵子。需要重申的是，类似的情形在人类当中存在着先例。在很多案例中，除非两个没有显性遗传病的父母生出一个患病子代，否则携带 DNA 缺陷的细胞很难被查测到。也就是说，疾病的遗传密码是"潜伏"于亲代的卵子或精子中的。

不过，遗传镶嵌性还不足以解释单性繁殖的现象。为了寻求解释，我们还需要施密体内的两组细胞，其中一组（虽然在她体内占比甚微）需要包含卵细胞在内，且这些细胞的遗传物质不仅要和正常细胞相异，甚至要达到"变态"的级别。嘿，我之前说过要开"脑洞"了！跟着我的思路往下走。

通常，精子和卵子各含有 23 对染色体（即正常细胞染色体数量的一半）。当精子和卵子结合后，受精卵就会含有 46 对染色体（和体内其他的正常细胞无异）。

不过偶尔一个卵细胞会同时结合两个精子，那么受精卵内染色体数量就会变为 69 条。这种受精卵被称为"三倍体"。通常状况下，精子和卵子结合后，会激发起相应反应，强化卵细胞的细胞膜，从而阻止其他精子进入。但比尔博士解释道："如果两个精子同时冲线，就能同时进入卵细胞。"在实际受孕过程中，三倍体出现的概率为2%。在这些三倍体中，能侥幸活产的仅有千分之一，且平均寿命不过24小时。这类婴儿体内有三条性染色体，而非两条。

拥有69条染色体的胎儿无法正常成长，甚至无法存活。不过，如果镶嵌性发挥功用，胎儿体内只有少部分细胞拥有69条染色体，而绝大多数细胞正常且健康的话，还是可以顺利存活下来并发育成婴儿的。不过，这些婴儿体内仍"潜伏"着反常的细胞。施密可能就如是。

那么，我们来分析一下施密母亲的受孕情况。首先，母亲产出了拥有两个细胞核的卵子，其中之一和单个精子结合，另一个细胞核和两个精子结合。第一个细胞核有46条染色体，包含着性染色体XX。这个细胞核在正常发育后，形成了施密体内大部分正常细胞。第二个细胞核有69条染色体，包含性染色体XXY。它分化为施密体内少部分细胞，其中也包括她的卵子。

那么，在这个卵子内，一共发生了两件罕事：其一，卵细胞拥有两个细胞核；其二，其中有一个细胞核和两个精子结合。不过这合理吗？比尔博士相信，这两件罕事是存在联系的，双核卵细胞催生三倍体的可能性也会更高。"双核卵细胞和精子结合的能力有可能会更强；它们的细胞膜更有易感性，能更顺利地接纳精子进入。"

如果上述情形出现在施密母亲的受孕过程中，那么在施密成年后，一些生理过程可能要变得更加复杂有趣。卵细胞是在减数分裂的过程中产生的。在减数分裂中，具有正常数量染色体（即46条）的细胞可以分裂成两个卵细胞（染色体含量为23条）。如果施密的细胞中含有69条染色体，那么分裂结果很有可能如下所示：一个含有正常染色体数量（即23条）的卵细胞，以及一个（和普通受精卵一样）含有46条染色体的卵细胞。如果想让子代成为男性，拥有46条染色体的卵细胞必须具有XY这对等位基因，即创造阿纳金所需要的全部遗传物质。

即便如此，卵细胞还是会"意识到"自己并非是受精卵。就像单性繁殖过程一样，某种"契机"会出现并"哄骗"卵细胞，使之"相信"自己已经受精。

在这里，迷地原虫可能会帮上一点忙。它会成功促使卵细胞"相信"自己已经受精，并分裂成长为胚胎吗？比尔博士解释道："这里需要一些必要的刺激，如电击、渗透刺激，甚至人工针刺等方式来改变细胞膜的性质。"

奎-刚大师的解释是，迷地原虫在施密受孕时起到了至关重要的作用。迷地原虫，或线粒体并不具备细胞核的 DNA，因此并不能完全取代精子的角色。不过，如果所有的细胞核 DNA 全部源自施密的异常细胞，那么迷地原虫则有可能改变细胞的某些特性，从而促使卵细胞"相信"自己已经受精。那么迷地原虫能否提供这样的刺激呢？比尔博士坦承，这样的可能性是存在的。我们甚至可以假设，施密的遗传镶嵌性也得到了迷地原虫的协助。

但为什么非要无辜的迷地原虫蹚这摊浑水？如果迷地原虫像线粒体那样遗传自母方，那么我们就算是白忙活了。不管阿纳金的父亲究竟是谁，都不会对阿纳金体内的迷地原虫质量产生任何的影响。阿纳金的原虫无论从 DNA 还是质量上来讲，都和施密无异。那我们不禁要质疑了，为什么施密不是所谓的"天选之子"。如果事实恰巧相反，即原虫来自父方遗传，那么原虫可能确实存在着协助施密完全脱离父方（其原虫质量可能不佳）完成单性繁殖的能力。在这种情形下，阿纳金的"原虫"质量还是和施密无二。

可能我们之前所讨论过的理论才是正解，即迷地原虫的 DNA 决定质量，细胞核的 DNA 决定数量。有鉴于此，我们就能理解为什么施密的原虫质量更为平庸，而阿纳金却如此超群。施密和阿纳金共享着相同的祖代——即施密的父母，因此他们母子俩携带着不同的细胞核 DNA，就像双胞胎兄弟那样。比如，我是左撇子，但我姐姐不是。类似地，我可能拥有生产高密度"原虫"的基因，而这类基因正是我姐姐所欠缺的。因此，施密体内的原虫可能确实质量拔群，但数量终归有限。

那么关于阿纳金的出生之谜，我们还剩下一个问题需要解答。比尔博士指出，我们还要确保阿纳金并非卵巢妊娠或输卵管妊娠的产物。"像卵巢、输卵管妊娠之类的宫外孕可能会夺取产妇的生命。因此，阿纳金的受孕过程必须发生在子宫内。"因此，迷地原虫还必须掌握好刺激受孕的时间。

如此一来，完全脱离父方的单性生殖是可能的，而且子代还会拥有与母方相异的特性。不过这一切必须满足三个极为苛刻的条件，即：卵细胞必须具备双细胞核，其中之一要与两个精子结合，且未受精的卵细胞能接受外界刺激，并成功分裂形成胚胎。但这些条件可能同时满足吗？对此，比尔博士说道："基于以上假设，在生物学上是可能的，但确实相当罕见，我推测，这个过程必须需要外界的附加条件——比如电场力、电源，甚至神迹的介入。"如果迷地原虫能够提供上述刺激，那么阿纳金的出生，虽然概率极低，但在科学上还是说得通的。

乔治·卢卡斯提出了迷地原虫这一微生物的概念，并将其解释为所有物种产生原力、和原力维持联系的原因，也为科学家们提供了探索和遐想的空间。也许《星球大战》前传的第二部、第三部电影会为我们揭示更多的隐情。不过最终，为原力提供一个科学注解还是难事一桩，而原力在宇宙中的普遍存在也会继续搅动科学家们的脑浆。不过，这正是原力的迷人之处，不是吗？

图书在版编目（CIP）数据

《星球大战》里的科学 ／（美）卡维洛斯著；周思颖，
曹烨，吴奕俊译. — 北京：北京联合出版公司，2016.3
ISBN 978-7-5502-7019-0

Ⅰ. ①星… Ⅱ. ①卡… ②周… ③曹… ④吴… Ⅲ.
①科学知识－普及读物 Ⅳ. ①Z228

中国版本图书馆CIP数据核字(2015)第312366号

北京市版权局著作权合同登记 图字：01-2015-0142

未讀 探索家　　关注未读好书

《星球大战》里的科学

作　　者：〔美〕珍妮·卡维洛斯
译　　者：周思颖　曹　烨　吴奕俊
出 品 人：唐学雷
选题策划：联合天际
特约编辑：边建强　吴　劢
责任编辑：李　征　刘　凯
顾　　问：王子小青

北京联合出版公司出版
（北京市西城区德外大街83号楼9层　100088）
北京鹏润伟业印刷有限公司印刷　新华书店经销
字数253千字　710毫米×1000毫米　1/16　16.75印张
2016年4月第1版　2016年4月第1次印刷
ISBN 978-7-5502-7019-0
定价：48.00元

联合天际Club
官方直销平台